KB091218

경성제국대학 법문학부와 조선 연구

일제 식민사학 비판 총서 6

경성제국대학 법문학부와
조선 연구

지양으로서의 조선, 지향으로서의 동양

2022년 3월 22일 초판 1쇄 찍음
2022년 3월 31일 초판 1쇄 펴냄

지은이 정준영
책임편집 최세정 · 엄귀영
편집 이소영 · 김혜림
표지·본문 디자인 김진운
마케팅 최민규

펴낸이 윤철호 · 고하영
펴낸곳 (주)사회평론아카데미
등록번호 2013-000247(2013년 8월 23일)
전화 02-326-1545
팩스 02-326-1626
주소 03993 서울특별시 마포구 월드컵북로6길 56
이메일 academy@sapyoung.com
홈페이지 www.sapyoung.com

* 이 저서는 2016년 대한민국 교육부와 한국학중앙연구원(한국학진흥사업단)의 한국학총서
  사업의 지원을 받아 수행된 연구임(AKS-2016-KSS-1230007)

경성제국대학 법문학부와 조선 연구

지양으로서의 조선, 지향으로서의 동양

정준영 지음

사회평론아카데미

'일제 식민사학 비판 총서'를 출간하면서

2016년 한국학중앙연구원에 '한국학총서' 지원사업으로 「일제 식민주의 역사학의 연원과 기반에 관한 연구」를 제출하였다. 일제 식민사학을 총괄적으로 다루어보자고 7명의 연구자가 모였다. "조선·지나(支那)·만몽(滿蒙)·동남아시아 통합지배를 향한 '동양사'와 식민사학 비판"이라는 부제가 출발 당시의 의욕을 상기시킨다.

일본제국은 한국의 국권을 빼앗은 뒤, 식민지로 영구 통치하기 위해 한국사를 왜곡하였다. 한국은 반도라는 지리적 조건으로 대외적으로 자주성을 잃고, 대내적으로는 당파적인 민족성으로 정쟁을 일삼다가 일본의 통치를 받게 되었다는 것이 골격이다. 1960년대에 접어들어 한국 역사학계는 이를 바로잡는 '식민주의 역사 비판'을 시작하여 한국사의 모습을 크게 바꾸어놓았다. 그런데 1960~1970년대에 확보된 비판의 틀은 시간이 지나서도 확장성을 보이지 못하였다. 한국은 일본제국의 대외 침략에서 가장 큰 피해국이었던 만큼 식민사학의 실체와 왜곡의 뿌리를 바닥까지 헤집어보는 확장력을 발휘할 권리와 의무가 있었다. 그러나 시간이 흘러도 그런 기세는 보이지 않았다. 비판의 시선도 한국사에서 좀체 벗어나지 못하였다. 만주 지역이 포함되었지만, 그것은 '만선사(滿鮮史)'가 제국 일본 역사 왜곡의 주요한 주제의 하나였기 때문이다. 일제의 대외 침략은 동아시아 전체를 대상으로 한 만큼 역사 왜곡이 조선, 만주에만 한정되었을 리 만무하다.

이 총서는 지금까지의 식민주의 역사학 비판의 틀에서 벗어나 제국 일본의 '동양' 제패 이데올로기 생산의 주요 조직, 곧 제국의 대학과 언론계(『일본제국의 '동양사' 개발과 천황제 파시즘』, 이태진), 조선총독부박물관(『조선총독부박물관과 식민주의』, 오영찬), 남만주철도주식회사의 조사부(『제국 일본의 동아시아 공간 재편과 만철조사부』, 박준형), 조선총독부 중추원과 조선사편수회(『조선총독부의 조선사 자료 수집과 역사편찬』, 서영희), 경성제국대학(『경성제국대학 법문학부와 조선 연구』, 정준영), 외무성 산하의 동방문화학원(『일본제국의 대외 침략과 동방학 변천』, 이태진) 등의 연구 및 홍보조직을 조사 대상으로 삼았다. 이 조직들에서 누가, 어떻게 역사 왜곡에 나섰는지, 일본의 대륙 침략에 따라 이를 역사적으로 옹호하며 조선과 만주는 물론 대륙 전체를 아우르려 하고(『만선사, 그 형성과 지속』, 정상우), 동남아와 태평양으로 '남진'하면서 '대동아공영권'을 내세우는 과정(『남양과 식민주의』, 허영란), 이 단계에서 새로 발족한 도쿄, 교토 양 제국대학의 동양문화·인문과학연구소(『일본제국의 대외 침략과 동방학 변천』, 이태진) 등을 살폈다. 일본제국 침략주의의 실체를 말 그대로 머리에서 발끝까지 뒤져본다는 심정으로 연구에 임하였다.

일본제국의 침략주의는 두 개의 베일에 가려져 있다. 하나는 '메이지유신'이란 '신화'이고, 다른 하나는 무임승차하듯 편승한 제국주의 일반론이다. 일본제국은 구미 바깥 세계에서 유일하게 근대화(서구화)에 성공한 나라라는 신화가 일본의 반성을 거의 기대할 수 없게 만들었다. 침략을 받은 나라에서조차 부러워하는 신화였다. 그리고 19세기 말, 20세기 전반기는 약육강식의 신제국주의 시대로서 일본제국의 대외 침략은 그중 하나일 뿐이라는 변론이 엄연하게 힘을 발휘했다. 이런 잘못된 인식의 덫이 그 엄청난 범죄적 침략 행위에 면죄부 효과를 가져와 비판의식을 더욱 흐리게 하였다. 일본제국의 대외 팽창은 천황의 영광을 위해 기획되었고, 그 천황제 국가주의는 구미 제국주의와는 뿌리가 다르고 행위 양상이 달랐다. 그래서 파시즘의 실황도 일본제국이 앞섰고, 더 무서웠다. 이 총서는 동아시아 세계의 평화공존 질서 확립을 위해 일본 역사학계가 서둘러 처리했어야 할 숙제를 대신하는 것일지 모른다.

한·중·일 3국의 동아시아는 현재 국제적으로 비중이 매우 커져 있다. 3국 관계는 전통적인 민족국가 기반 위에 냉전 시대 이데올로기 분쟁으로 빚어진 대치 관계가 복합하여, 새로운 평화공존의 질서를 세우기가 매우 불투명한 상황에 놓여 있다. 평화공존 체제의 확립을 위해서는 무엇보다도 과거 민족국가 시대의 패권주의 의식을 떨쳐버려야 한다. 중국은 지금 사회주의 국가이면서 역사적으로 오랜 종주국 의식이 남아 있는 실태를 자주 드러낸다. 일본 또한 제국 시대의 '영광'에 대한 기억을 쉽게 버리려 하지 않는다. 두 나라가 이렇게 과거의 유산에 묶여 있는 상황은 동아시아의 미래에 도움이 되지 않는다. 지난 세기 일본제국이 동아시아 세계에 끼친 악영향은 너무나 크기 때문에 일본의 반성 순위는 첫 번째가 되어야 한다. 이 총서는 같은 역사학도로서 일본 역사학계가 지금이라도 제국 시대 역사학의 잘못을 실체적으로 살펴 동아시아의 바람직한 질서 확립에 새로운 추동력을 발휘하기를 바라는 절실한 바람을 담았다. 바른 역사를 밝혀 바른 교육으로 일본 국민의 역사 인식과 의식을 바꾸어주기를 바라는 마음이다.

'일제 식민사학 비판 총서'는 5년여의 각고의 노력 끝에 세상에 나왔다. 무엇보다도 한국학중앙연구원의 지원에 감사한다. 공동연구에 참여한 연구원 모두 최선을 다하였으나 부족함이 많이 남아 있을 것이다. 이에 대한 강호 제현의 따뜻한 질정과 격려를 바라 마지 않는다.

공동연구 책임
이태진

책머리에

한국 사회가 해방을 맞은 지도 벌써 75년을 넘어섰다. 2002년 한일월드컵조차 이미 20년 가까이 지난 현재, 한국전쟁보다 앞선 '일제 식민 치하'는 이제 조선시대만큼이나 아득한 옛이야기가 되어버린 듯싶다. 일본의 지배를 받은 35년 남짓의 짧은 시기를, 한국의 근현대를 나누는 시기구분의 기점으로 삼는 것이 과연 적절한가라는 문제 제기가 새삼 설득력 있게 느껴지는 요즘이다. 하지만 그렇다고 해서 '식민지 경험'이 우리 삶에서 완전히 먼 과거의 일이냐 하면 꼭 그런 것만도 아니다. 주위를 둘러보면 여전히 식민통치의 폐해가 우리 사회 곳곳에 남아 과거와 현재를 바라보거나 미래를 설계하는 데 영향을 미치고 있다. 특히 역사인식과 관련해 식민통치의 유산은 과거의 문제가 아니라 지금도 여전히 우리들 사이를, 서로 적대하도록 만드는 살아 있는 문제다. 이는 학문의 영역에서도 마찬가지여서 관점의 차이는 쓸데없는 적대감을 불러일으키거나 창의적인 해석을 억누르며 생산적인 토론을 가로막아왔다.

이 책은 이처럼 오랫동안 우리 학계를 속박해온 식민사관의 문제를, 경성제국대학에서 활동했던 일본인 연구자들의 조선 연구 사례를 들어 새삼 따져보고자 시도한 것이다. 지금까지 식민사관 비판은 당시 활동했던 일본인들이 얼마나 노골적인 의도를 가지고 한국의 역사와 문화를 왜곡해왔는가에 초점이 맞추어져 있었다. 나아가 그런 조작과 왜곡이 개인 차원을 넘어 특정 기관이나 조직에 의해 체계적으로 시도되었다는 사실을 부각해왔다. 이러한 비판의 방향은 적절했으며 오랫동안 유용했다. 그 덕분에 많은 사실(史實)의 왜곡이 밝혀졌고, 비판을 통해 합당하게 고쳐졌으며, 그런 왜곡을 일으킨 역사적 편견이 어떤 기원과 계보를 가지고 있는지가 폭로되기도 했다.

하지만 진실(truth) 혹은 거짓(false)이라는 단순한 이분법적 관점에 입각한 연구는 그 한계가 명확했다. 그로 인해 진실과 거짓의 중간에 애매하게 걸쳐 있는 수많은 일본인의 조선 연구가 충분한 고려 없이 더 교묘한 왜곡으로 미리 단정되기 일쑤였으며, 모호함 그 자체에 주목할 여지는 기대하기 어려웠다. 물론 당연한 말이겠지만, 식민지 통치 시기 이루어진 조선 연구가 마냥 순수한 지식의 추구일 리는 없다. 당시 연구자가 얼마나 객관적이고 공정하게 '사실'을 다루었는가 하는 문제와는 별개로, 그들이 왜 그 사실을 그렇게 궁금해했는지, 왜 그들의 작업이 사회적으로도 주목을 받았는지 하는 문제는 그 사회가 처한 현실 상황, 그리고 그 사회에서 살아가는 행위자이기도 한 연구자의 존재방식과 분리해 사고하기 어렵다. 하지만 그렇다고 지식의 생산자가 식민자(植民者)의 위치에 선 일본인이니 그 생산물 또한 볼 것도 없이 '식민주의적'이라고 단정할 수도 없는 노릇이다.

일본인 연구자들 중에는 자신이 전공하는 분과학문의 엄밀함에 입각하여 객관적이고 사실적으로 조선을 연구했다고 믿었던 사람들이 많다. 그리고 그들 중 일부는 식민주의적 맥락과는 별개로 일본 본토에서 근대 분과학문의 역사에서는 나름의 평가를 받고 있다. 한국에서는 악의적인 왜곡으로 시종(始終)해서 식민사학자로 비판받는 이가 정작 일본에서는 엄격한 실증적 관점으로 분과학문의 발전에 기여한 근대 역사학자로 추앙받는 사례도 있다. 진실과 거짓만큼이나 근대 역사학과 식민사학 사이의 간극이 클 것 같지만, 실제로는 식민적인 것과 근대적인 것이 생각보다 명료하게 구분되지 않는 경우가 많다. 우리는 이런 현실을 어떻게 받아들이고 해석해야 할까?

필자가 이 책에서 '식민사학'이라는 표현을 쓰지 않고 굳이 '식민주의 역사학'이라는 새로운 용어를 써가며 이 문제를 비판적으로 접근하고자 하는 이유는 바로 여기에 있다. 식민지 시기 일본인 연구자들의 조선 연구가 가진 개별적인 오류에 대한 비판을 넘어서, 그런 연구를 생산할 수 있도록 만든 제도적 조건들 속에서 식민주의적인 것이 어떻게 근대적인 것과 체계적으로 결합되었는지, 그리고 이러한 결합구조가 해방 이후, 다시 말해 '탈(脫)식민'의 상황에서도, 어떻게 비판적 성찰 없이 유지될 수 있었는지까지도 '식민주의 역사학 비판'이라는 지평에 포함할 필요가 있다고 판단했기 때문이다.

필자가 이러한 문제에 관심을 가지게 된 것은 경성제국대학에 대한 제도적 고찰에 이어, 이 대학에서 활동했던 일본인 교수들의 연구활동을 분석하게 되면서부터였다. 경성제국대학은 식민지에서 학술적 연구가 공식적으로 허용된 유일한 제도적 공간이었다. 기본적으로는 조선총독부의 식민주의적 지향이 관철되는 공간이었지만, 제국대학으로 설립된 이상 반드시 이런 지향과 일치하지 않는 제국적 지향이나 근대 대학 특유의 보편적인 이상이 일정하게 통용되기도 한 독특한 장소였다. 애초에 식민적인 것과 근대적인 것을 명확하게 나누는 방식의 관점으로는 이해하기 힘든 식민지의 '이데올로기적 국가장치(ISA)'가 경성제국대학이었다고 한다면 지나친 평가일까? 이 책은 식민주의 역사학 비판이라는 문제의식을 경성제국대학의 독특한 성격을 이해하는 실마리로 활용해보고자 했다.

이 책은 논문에서 출발했지만 하나의 이야기로 읽힐 수 있도록 상당한 보완과 개고를 거쳤다. 그 과정에서 수많은 도움을 받았다. 필자의 문제의식이 이렇게나마 결실을 맺게 된 것은 오랫동안 같이 공부한 동학들, 가르침을 주신 선생님들 덕분이다. 지면상 일일이 언급하지는 못하지만 진심으로 감사의 말씀을 올린다. 다만, 총서 참여를 권유하여 문제의식을 벼릴 기회를 주신 이태진 교수님과, 지지부진한 필자의 작업 속도를 초인적인 인내로 감당하고 꼼꼼하게 다듬어준 사회평론아카데미 편집부에는 특별히 감사 인사를 전한다. 마지막으로 한결같은 나의 편, 아내와 가족에게 이 책이 그동안의 노고에 대한 작은 위로가 되었으면 좋겠다.

차례

경성제국대학과
식민지 조선 연구의 궤적

이 책은 식민지의 대표적인 연구 거점 중 하나였던 경성제국대학(이하 '경성제대')에서 조선 연구가 어떻게 진행되었으며 무슨 함의를 가지는지를 따져본 것이다. 구체적으로는 경성제대 법문학부에서 활동했던 일본인 교수들의 조선 연구 중 일부를 사례로 주목해, 그들의 연구가 하나의 지적 프로젝트(intellectual project)로서 어떤 궤적을 그리며 진행되었는지를 식민지 조선 연구의 자기모순과 한계라는 차원에서 추적해보려는 시도이다.

　경성제대는 설립 이래 식민지 조선의 최고학부(最高學府)로서 교육과 학술생산의 정점에 섰던 총독부 기관이었다. 경성제대의 설립을 계기로 각 분과학문의 전문가들이 대거 식민지로 건너왔고, 이 일본인 연구자들은 식민지에서 연구를 수행하면서 자기 분과학문의 이론과 방법론을 제자들에게 가르쳤다. 이 연구자들이 무엇을 연구하고 가르칠 것인가는 분과학문의 편제에 따르는 한 자율에 맡겨졌다고 하지만, 당연히 마냥 자유로울 수는 없었다. 제국대학의 일원으로서 경성제대 자체가 학술생산에서 대단히 명료한 방향성을 가진 기관이었기 때문이다.

주지하다시피, 일본의 제국대학은 19세기 스타일의 근대 대학 이념, 즉 가장 뛰어난 연구자가 가장 훌륭한 교사이며, 대학은 이런 학술지식의 생산을 배타적으로 영유해야 한다는 관념에 충실하려고 애썼다. 이러한 특성은 식민지에 신설된 제국대학이라고 해서 예외는 아니었다. 더군다나 경성제대는 제국대학 중 처음으로 식민지에 세워진 대학이었다. 그리고 확장을 꿈꾸는 일본제국의 입장에서는 그 길목에 세워진 '대륙 유일의' 제국대학이기도 했기에 설립의 의미가 각별할 수밖에 없었다. 식민통치의 안정화라는 식민지적 과제와 대륙 진출이라는 제국적 과제가 중첩되는 지점에 식민지 조선은 위치했다. 일본의 제국대학이었지만 동시에 조선총독부의 기관이기도 했던 경성제대가 식민지 조선을 학술 탐구 대상으로 설정하는 것은 너무도 당연했다. 이것은 일본의 다른 어떤 제국대학도 넘보기 어려운 독보적인 영역이었다.

하지만 이런 영역 선포와는 별도로, 조선이라는 탐구 대상을 어떻게 '학술화(學術化)'할 것인가라는 실질적인 과제는 뜻밖에도 그리 간단하지 않았다. 일본의 제국대학이 추구했던 학문적 이상은 "국가와 학문의 양립(兩立)"이었다고 하겠는데, 두 원리만 해도 충돌의 여지를 다분히 안고 있었기 때문이다. 사실 일본에서 제국대학의 역사 자체가 근대 학문의 보편적인 이념과 국민문화의 창출이라는 현실적인 과제 사이의 모순과 충돌을 한 축으로 삼고 있다고 해도 과언이 아니다. 관행으로 정착된 교수 중심의 대학자치 문화가 이 역사를 증거한다.[1] 그런데 경성제대에서는 여기에 또 하나의 차원, 즉 식민지적 차원이 덧붙는다. 학문의 자율성이라는 원칙과의 충돌은 물론이고, 일본 본토의 입장, 제국 전체의 관점과 반드시 일치하지 않는 식민권력의 고유한 특수이해도 충족해야 했던 것이다. 도식적으로 말하자면, 경성제대에서는 근대적인 것과 제국적인 것, 그리고 식민지적인 것 사이의 긴장과 길항(拮抗)이 불가피했다.

이러한 독특한 상황은 경성제대의 설립자가 조선총독부였다는 사정에서 비롯된다. 일본 문부성이 관할하고 특별회계 형태로 예산도 독립적이었던 본토의 제국대학과 달리, 경성제대는 기본적으로 조선총독부의 기관이었으며 예산 또한 총독부에 종속되어 있었다. 물론 조선총독부 또한 일본의 국가기관 중 하나였지만, 식민지라는 특수이해를 가진 권력기관으로서 상대적으로 독립성이 강했다. 이런 조선총독부에 대해서 경성제대는 항상 자신의 존재 이유를 증명해야 하는 상황에 놓여 있었다. 경성제대는 본토 제국대학과 같은 '격(格)'을 유지하기 위해 '학술', '보편', '제국' 따위의 가치를 등한시해서는 안 되지만 그것만으로는 충분하지 않았던 것이다. 식민통치의 인식을 뒷받침해야 함은 물론, 실제 정책 수립에 필요한 배경지식을 구축하는 데서도 가시적인 성과가 필요했다. 헛된 투쟁심으로 자신들의 사회를 객관적으로 보지 못하는 조선인 사회의 지식인들에 대해서는 과학이라는 이름으로 준엄한 비판을 가하는 엄격한 학술의 본보기가 되어야 했다. 경성제대는 이처럼 학문의 전당을 표방하면서 제국과 식민이 중첩된 공간 위에 서 있었다. 태어날 때부터 '국책(國策)과 학문 사이의 균열'이라는 모순된 운명으로부터 자유롭기 어려웠다. 이런 균열의 간극을 구체적으로 어떻게 메울 것이며, 이를 통해 궁극적으로 무엇을 지향할 것인가?

경성제대 초대 총장 핫토리 우노키치(服部宇之吉)에 따르면, 이 질문에 대한 해답은 조선 연구였고, 구체적인 청사진이 "동양 문화의 권위"라는 지향이었다. 당대 일본 학계에서 저명한 동양학자였던 핫토리 우노키치는 경성제대 설립 과정에서 그 구체적인 내용을 만들어낸 산파(産婆)였다. 제국대학의 초대 총장이 대체로 다 그랬다고도 할 수 있지만, 경성제대에서 그의 역할은 더욱 각별한 측면이 있었다. 당시 식민지 조선 사회는 오랜 억압정책 탓에 고등교육의 기반이랄 것이 거의 없는 상태였기 때문이다. 게다가 조선총독부는 대학을 빨리 설립하는 데만 관심이 있었을 뿐 대학의 실질이 어떠해야 하는지에 대해서는 거의 무관심했다. 따라서 그는 짧았던 총장 임기보다 더 긴 시간을 총장 내정자로 있으면서, 조선총독부와의 갈등을 불사하면서 신생 대학의 강좌 편제를 손수 정하고 적임자를 직접 찾아 교수로 선발했다. 특히 법문학부의 경우에는 하나부터 열까지 그의 손길이 안 미친 곳이 없었다. 그는 대학 시업식 식사(式辭)에서 경성제대가 나아가야 할 바와 그 이유를 이렇게 설명했다.

조선이라는 땅은 예부터 한편으로는 지나(支那) 즉 중국, 다른 한편으로는 내지(內地) 즉 일본에 대해서 깊은 관계를 맺고 있다. (…) 문화의 관계를 가지고 말해보아도, 일본의 문화에 관한 문제를 해결하는 데 조선의 연구가 밝혀주는 바가 적지 않으며, 조선의 문화에 관한 문제는 대체로 중국의 연구에 의해 분명해질 것으로 생각한다. 마찬가지로 조선의 문화에 관한 문제를 해결하는 데 중국의 연구가 밝혀주는 바가 적지 않으며, 일본의 문화의 연구가 조선의 연구에게 밝혀주는 바가 적지 않을 것임은 물론이다. 그러므로 한편으론 중국과의 관계, 다른 한편으로는 일본과의 관계를 가지고 여러 방면에서 폭넓게 조선을 연구해서 동양 문화의 권위가 되는 것이 본학(本學)의 사명이라 믿는다.[2]

그는 자신이 만든 학교가 "동양 문화의 권위"가 되기를 희망했다. 하지만 문제는 그러한 권위를 어떻게 마련할 것인가인데, 이 지점에서 주목해야 할 점이 조선이 중국과 일본을 연결해주는 교량 역할을 해왔다고 보는 그의 관점이다. 그는 조선이 본질적으로 중국과 일본을 이해하는 거울이라는 입장을 취한다. 따라서 조선 연구는 그저 조선에 대한 연구일 수도 있지만, 조선에 투사된 중국, 그리고 일본에 대한 연구가 되는 것도 불가능하지 않다. 아니, 핫토리 우노키치는 조선 연구는 조선에 대한 연구를 넘어서야 하며 조선 이상의 것을 밝힐 수 있어야 한다고 보았다. 조선을 실마리로 삼아 출발하지만, 조선을 넘어 중국과 일본에 대한 고찰로 뻗어가며, 최종적으로는 더 넓은 맥락에서 일본이 주도한 '동양 문화'에 대한 이해를 넓히는 연구, 이것이 경성제대의 조선 연구가 나아가야 할 지향이라는 것이다.

그의 관점은 학문적 분석의 단위로 국가나 민족을 암묵적으로 가정하는 경향이 지금도 여전한 가운데서 대단히 탁월한 통찰로 보일지도 모른다. 여기서 비교사회 분석의 가능성도 읽을 수 있으며, 좀 더 적극적으로 사유한다면 국가와 민족의 경계를 넘어서는 트랜스(trans)한 연구를 상상할 수도 있겠다. 하지만 그가 이렇게 관계성을 본질로 설정한 것은 일본도 중국도 아니며, 어디까지나 조선뿐이었다는 사실에 주의해야 한다. 이때 관계성이란 고유성의 부재를 에둘러 표현한 것에 불과할 수 있다는 말이다. 실제로 당시 식민지 조선은 일본인의 시각에서 애매한 존재였다. 과거 조선은 일본에게 중국이라는 문명을 전달함으로써 지금의 일본을 있게 한 존재였다. 하지만 강대국이 각축을 벌이며 제국주의가 횡행한 근대 시기 중국은 일본이 살아남으려면 반드시 극복하고 자신의 것으로 만들어야 할 타자로 전락했다. 그리고 일본의 입장에서 조선은 자국의 식민지가 되었기 때문에 더 이상 '그들'은 아니지만 그렇다고 '시세(時勢)와 민도(民度)'를 생각하면 아직 '우리'라고 확실하게 말하기도 어려운 애매모호한 존재가 되고 말았다. 일본의 시선에서 조선은 중국과 일본의 흔적을 동시에 발견할 수 있는 '이중의 타자'로만 모습을 드러낸다. 따라서 조선을 안다는 것은 그 안에 숨겨져 있는 '중국적인 것'과 '일본적인 것'을 발견해내는 것, 더욱 궁극적으로는 조선의 문화 속에서 '중국적인 것'의 껍질을 벗겨내고 그 안에서 '일본적인 것'의 속살을 발견하는 것에 다름 아니다. 그렇기에 언어와 문화가 같다고, 같은 역사를 공유한다고 해서 조선을 잘 알 수 있는 것이 아니다. 도리어 일본을 상세히 아는 연구자, 중국을 객관적으로 분석해온 연구자의 '객관적'인 시선이 조선적인 것을 제대로 파악하는 첩경(捷徑)이다.

이처럼 핫토리 우노키치는 조선 연구가 왜 경성제대에서 이루어져야 하는지, 그리고 경성제대에서 분과학문의 편제를 기반으로 "여러 방면에서 폭넓게" 이루어진 조선 연구가 조선을 잘 아는 조선인 연구자들에 의해 이루어지는 조선 연구에 비해 어떻게 우월할 수 있는지를 대단히 역설적인 방식으로 설명하고 있다. 조선 역사가 가질 수 있는 독자성은 관계성의 차원에서 해체되며, 조선 문화가 가질 수 있는 고유성은 근대 학문의 정신으로 상대화된다. 실증적인 과학의 정신으로 수행되지 않은 조선 연구는 제대로 된 조선 연구일 수 없으며, 참조와 대조의 차원에서 개입한 중국 연구 혹은 일본 연구에 합당하지 않은 발견이나 해석은 부정된다. 인문·사회과학 분야의 분과학문을 오롯이 갖추고 있으며, 입지 조건상 식민지 조선을 연구 대상으로 배타적으로 영유하는 경성제대 법문학부는, 따라서 과학적인 조선 연구를 위한 최적의 기관이 될 수밖에 없었다.

핫토리 우노키치는 기존과는 전혀 다른 방식으로 조선 연구를 규정함으로써 '조선인 없는 조선 연구'의 정당성을 주장하였고, 나아가 '조선이라는 지리적 경계를 넘어서는 조선 연구'의 가능성을 제시하고 있다. "동양 문화의 권위"라는 표현은 조선이라는 연구 단위의 독자성을 지양(止揚)하고 더 높은 단위의 동양 문화, 특히 일본이 주도권을 가지는 광역 문화까지 비상(飛上)하겠다는 지향을 드러낸다. 조선총독부의 요구에 호응해서 조선 연구에서 출발하겠지만 결국에는 '제국적 이해'로 수렴되는 관학 아카데미즘의 유사 보편적인 지향도 확보하겠다는 제국대학 특유의 발상이 여기에서도 잘 드러난다. 게다가 피식민자의 문화적 자긍심을 학문과 과학의 이름으로 해체해버림으로써 설립자인 조선총독부의 실질적인 관심을 충족할 수 있었음은 물론이다. 이러한 맥락에서 핫토리 우노키치는 경성제대가 "한편으론 중국과의 관계, 다른 한편으로는 일본과의 관계를 가지고 여러 방면에서 폭넓게 조선을 연구해서 동양 문화의 권위"로 성장할 수 있다고 강변할 수 있었던 것이다.

이처럼 경성제대는 존재 그 자체가 조선에 대한 지식의 체계적인 추구와 불가분의 관계에 놓여 있었다. 따라서 경성제대가 다른 제국 대학에 비해 조선학과 동양학을 표방하는 강좌들이 많았던 것도 당연했다. 조선학과 동양학은 식민지 '현지'를 직접적으로 다루는 학문 분야로서, 일본의 타자인 동양, 그리고 그 동양의 일부인 조선이 왜 일본의 지배 또는 지도를 받아야 하는지 역사적, 문화적 근거를 확보하는 것과 직접적으로 연관되기 때문이다. 이뿐만 아니라, 이 학문 분야들은 식민자의 입장에서 볼 때 "오류와 왜곡"에 빠진 현지 식민지 주민의 잘못된 역사관과 민족관을 "교정(矯正)"하는 수단이 될 수도 있었다. 그리고 이런 점에서 조선학과 동양학은 일제 식민주의 역사학이 구축·확산되는 데 핵심적인 역할을 한다고 하겠다.

이 밖에도 조선학 혹은 동양학을 표 나게 드러내지 않는 강좌들, 거기서 활동하는 연구자들에게도 조선의 역사와 문화, 그리고 식민지의 사회 현실은 중심적인 연구 대상이었다. 앞서 언급했듯이, 조선이라는 연구 대상은 주변을 참조하지 않고서는 볼 수 없는 고유성이 없는 텅 빈 대상이었고, 따라서 조선 연구 또한 '조선'을 열쇠 삼아 '동양'이나 '아시아'라는 제국적인 유사 보편성으로 나아가는 발판에 불과했기 때문이다. 다른 분과학문과는 다른 고유한 학문을 구축하는 것이 아니라, 도리어 인문·사회과학의 여러 분과학문들의 '개입'을 초래하여 '동양'이라는 더 큰 범주 속에서 용해될 수 있는 지식이 추구되었다고 하겠다. 그런 의미에서 경성제대의 조선 연구는 조선학과 동양학 연구자들에게만 배타적으로 부여되는 것이 아니었다. 경성제대 법문학부의 모든 학문 편제는 정도의 차이가 있을지언정 기본적으로 자신들이 발 딛고 있는 식민지 조선을 연구 대상으로 삼았고, 자신들의 분과학문에서 통용되는 이론과 방법론을 적용하는

데 적극적이었다.

따라서 이 책에서 다루는 경성제대 법문학부의 조선 연구는 일반적인 의미에서의 조선 연구보다 조금 더 넓게 설정된다. 조선의 역사와 문화를 대상으로 한 좁은 의미의 조선 연구뿐 아니라, 경성제대 법문학부의 다양한 학문적 스펙트럼 속에서 전개된 '조선'에 대한 연구까지 시야에 넣겠다는 의미다. 따라서 이 책에서 검토하고자 하는 식민지 조선 연구의 흐름은 경성제대의 조선사 연구에서 출발해 유동하는 경계를 구성하는 일본사[國史]와 동양사 연구로 확장되며, 식민정책학을 사례로 식민지 현실과의 긴장관계까지를 포함한다. 다시 말해 조선의 역사와 문화를 중핵(中核)으로 삼아 동심원적으로 확장, 변용, 그리고 역류해가는 과정으로 경성제대 법문학부의 조선 연구를 포착하고, 그런 조선 연구의 궤적을 추적하는 과정 속에서 '일제 식민주의 역사학'이라는 문제의식을 보다 적극적으로 해석하고자 한다. 그리고 이러한 시도가 우리 학문 속에서 여전히 지속되는 식민유산의 문제, 특히 '지(知)의 종속'이란 문제를 극복하는 데도 어느 정도 암시하는 바가 있기를 기대한다.

이런 주제의식 아래 이 책은 경성제대 법문학부에서 활동했던 다섯 명의 일본인 연구자에 주목한다. 두 사람은 조선사학 연구자였고, 두 사람은 동양철학 연구자였으며, 나머지 한 사람은 국제법 연구자였다. 이들은 전공 분야도 달랐고, 조선에 대한 접근 방식도 달랐다. 심지어 마지막의 국제법 연구자는 경성제대에 부임해서 도리어 조선에 대한 연구를 중단한다. 하지만 각 연구자가 보여주는 차이점에도 불구하고 경성제대 법문학부에서 조선학 연구란 어떤 것이었는지, 그리고 어떻게 제도화되었는지를 드러내고 있다는 점에서 같이

그림 1. 의학부 건물에서 바라본 경성제국대학 법문학부 건물
법문학부 건물을 중심으로 왼쪽과 오른쪽에 각각 도서관과 대학 본관 건물이 세워져 있다.
출처: 서울대학교 중앙도서관 고문헌 자료실.

그림 2. 경성제국대학 도서관의 내부 풍경
경성제국대학 도서관은 당시 조선총독부도서관을 능가하는 장서 규모를
자랑했던 일본 식민지의 최대 도서관이었다.
출처: 서울대학교 중앙도서관 고문헌 자료실.

그림 3. 경성제국대학 초대 총장
핫토리 우노키치
출처: 京城帝国大學同窓會, 1974,
『紺碧遙かに』.

묶어서 살펴볼 필요가 있다.

1장의 주인공 오다 쇼고(小田省吾)와 2장의 주인공 이마니시 류(今西龍)는 초창기 대표적인 조선사학 연구자로서, 조선 연구 특히 조선사학을 일본 관학 아카데미즘의 한 분야로 정착시키는 데 일조한 인물들로 평가된다. 두 사람은 도쿄제국대학(이하 '도쿄제대') 사학과에서 역사학을 배웠다는 공통점이 있지만, 그것 말고는 오히려 대조적인 측면이 두드러진다. 오다 쇼고가 조선총독부 학무국 편집과장 및 고적조사과장을 역임하면서 1910년대 식민지의 교과서 편찬과 검정을 관할했을 뿐 아니라 총독부 주도의 각종 고적조사를 주관했던 행정가였다면, 이마니시 류는 도쿄제대의 첫 조선사 전공자로서 총독부의 고적조사사업에 참여하면서 연구자로서 경력을 쌓았던 학자였다.

이 둘은 식민지 조선학의 제도화를 위해 '개입'하는 방식도 달랐다. 한 사람이 식민지 고위 관료로서 총독부가 주관하는 각종 사업을 지휘했던 경험을 충분히 활용하여, 식민지에 산재한 일본인 조선 연구자들을 결집해 '학회(學會)'라고 불릴 만한 학술조직을 만들려고 했다면, 다른 한 사람은 '본격적인' 조선사 전공자라는 정체성을 기반으로 이전 세대 동양사학자들이 조선사를 다루었던 것과 다른 관점의 이론과 방법론으로 '조선사학'이라는 분과학문의 실제 내용을 채우려 했다. 그런데 이들의 이러한 '제도화' 시도는 경성제국대학 법문학부가 설립되기 훨씬 이전부터 시작되었다. 이런 점에서 본다면 경성제대의 조선 연구란 조선사학을 형식과 내용 양쪽에서 제도화하려 했던 오다 쇼고와 이마니시 류, 이 둘의 시도가 낳은 결과물이라고도 할 수 있겠다. 과연 그들이 지향했던 조선사학의 제도화란 어떤 것이었을까? 그들이 조선사를 통해 추구했던 것은 무엇이었을까?

한편, 3장의 주인공인 후지쓰카 지카시(藤塚隣)와 아베 요시오(阿部吉雄)에게 경성제대는 조선 연구의 출발점이었다. 도쿄제대 지나철학과를 졸업한 두 사람은 처음부터 조선 연구에 관심을 가진 것은 아니었다. 경성제대에 부임하기 이전까지 이들은 일본 한학(漢學)의 전통에 서서 자신들의 학문적인 기원이 되는 중국철학의 전통으로 거슬러 올라가는 데 관심이 있었다. 후지쓰카 지카시는 청대 고증학에 관심이 컸고, 아베 요시오는 송대 성리학과 도학(道學)의 영향을 추적하고 있었다. 그들이 조선에 관심을 가지게 된 것은 경성제대에 부임하면서부터였다. 경성제대 초대 총장인 핫토리 우노키치의 직계 제자였던 이들은 그런 점에서 상관적인 연구를 통해 '동양 문화의 권위'를 지향한다는 창설 당시 경성제대의 이상을 가장 충실히 이행하려 애썼다.

후지쓰카 지카시는 청대 중국의 학술문화가 국경을 넘나드는 지식인들의 교류 속에서 동아시아로 확산되었음에 주목하였는데, 그 과정에서 도리어 중국 지식인들을 압도하기도 했던 지적 거인들, 즉 홍대용, 박제가, 김정희의 지성사적 가치를 발견하는 개가(凱歌)를 올린다. 이는 막부(幕府)의 해금(海禁)정책 탓으로 간접적인 방식으로 중국과 조선의 지식인을 접할 수밖에 없었던 에도(江戶)시대 일본 지식인 사회와 대비되는 모습이었다. 아베 요시오도 에도시대 일본 지성계의 송학(宋學) 전통, 특히 도학의 흐름을 거슬러 올라가면 그 원류에는 중국까지 거슬러 올라갈 것도 없이 퇴계 이황이 버티고 있었음을 확인한다.

이처럼 중국, 일본, 조선을 가로지르는 지식의 네트워크 속에서 조선의 지적 거인들, 영웅적 개인을 발굴하고 평가한다는 점에서 이 둘 사이에는 어떤 공통점을 발견할 수 있을지도 모르겠다. 그리고 이런 탓에 그들은 대표적인 친한(親韓) 연구자로 평가되기도 한다. 그런데 과연 그렇게만 볼 수 있을까? 그들의 궁극적인 목표는 중국 문화의 전파가 일본과 조선에서 어떤 차이를 드러내며 왜 그런 차이가 만들어지는지를 묻는 비교문명사적 고찰에 있었다. 그리고 그 차이가 한편을 식민자로 다른 한편을 피식민자로 만들었다는 사실을 우리는 알고 있다. 그렇다면 결국 핫토리가 제시하고, 후지쓰카와 아베가 충실히 구현했던 경성제대의 학문적 사명이란 무엇이었는지를 새삼 묻지 않을 수가 없다. 경성제대의 조선학, 이들이 지향했던 '동양 문화'란 도대체 무엇이었을지 하는 질문이다.

그리고 이 지점에서 우리는 경성제대에 부임한 한 사람의 일본인 연구자를, 특히 그의 침묵에 대해서 살펴보고자 한다. 4장의 주인공 이즈미 아키라(泉哲)는 국제공법 강좌의 교수로, 법문학부 교수들 중에서도 여러 가지 측면에서 이례적인 존재였다. 그는 제국대학을 나오지 않았고, 미국 유학을 통해 학문적 훈련을 받았으며, 독실한 기독교도였다. 더욱이 그는 국제법학 연구자로 알려졌지만, 경성제대 교수로 부임하기 이전에는 식민정책학자로 유명했던 인물이다. 그는 식민정책으로서 동화정책을 낡은 것으로 보았고, 식민지의 '자치', 제국의 분권화가 시대의 대세라고 생각했다. 그가 식민권력에 대한 강력한 비판자 중 한 사람으로 부상했던 것은 어찌 보면 당연했다. 타이완총독부의 식민정책을 강하게 비판하며 식민지 관료와의 논쟁도 서슴지 않았으며, 타이완 의회 설치를 통해 식민지 자치를 추구한 타이완 지식인들의 정신적 지주로 부상하기도 했다. 심지어 그는 3·1운동에 대한 조선총독부의 폭력적인 대처를 엄격하게 비난하는 글을 발표하기도 했다. 그는 경성제대 교수가 되기 이전에 식민지 조선의 현실을 가장 비판적으로 분석했던 일본인 연구자 중 하나라고 하겠다.

이런 이력의 소유자가 놀랍게도 경성제대의 교수가 되었다. 식민정책학자가 식민지에 부임한 것이다. 그에게는 자신의 이론이 식민지의 현실에 어떻게 통용될 수 있는지를 관찰할 수 있는 소중한 기회였을 터이다. 그런데 식민지로 건너온 이즈미 아키라는 돌연 식민정책학자로서의 발언을 멈춘다. 이후 그는 철저하게 국제법학자의 입장에서만 연구하고 발언하는 모습을 보였다. 식민정책학자로서 '조선' 연구가 기대되었던 그는 도리어 조선에 와서 식민정책학을 중단하고 '조선'이 아니라 '만몽'에 대해 주로 분석했던 것이다. 확실히 그의 사상을 문제 삼는 필화(筆禍) 사건이 일어났었다. 하지만 큰 문제 없이 넘어갔고, 그는 경성제대 교수 자리를 유지할 수 있었다. 그 정도의 위기는 일본에서도 있었기에, 그의 침묵은 여러모로 갑작스럽고 또 당혹스런 면이 없지 않다. 그의 연구 중단과 '침묵'이 의미하는 바는 무엇일까? 여기서 주목하고자 하는 것은 식민지 조선학의 궤적이 숨기고 있는 이런 침묵의 의미다.

물론 이 책에서 다루고 있는 경성제대의 일본인 학자 5인과 또 한 사람의 주인공인 초대 총장 핫토리 우노키치까지 일본인 학자 6인이 경성제대 법문학부를 중심으로 전개되었던 식민지 조선 연구의 흐름 전체를 대변하는 것은 결코 아니다. 도리어 이들은 경성제대 법문학부에서 이루어진 여러 조선 연구 중에서 극히 일부를 담당했을 뿐이며, 시기적으로 보아도 앞쪽에 치우치는 경향이 분명하다. 이 책에서 이처럼 분야와 시기 모두 편향적인 인물들을 연구 대상으로 검토하게 된 것은 필자의 능력과 식견 부족에 기인하는 바가 제일 크다. 다양한 분과학문에 종사했던 일본인 연구자가 어떤 방식으로 자신의 연구 프로젝트를 식민지 상황에 대입했는지, 그 공통과 변이를 추적하는 것은 연구자 한 사람이 감당하기에는 너무나 큰 과제다.

하지만 그럼에도 불구하고 이들을 한데 묶어 무모하게도 '경성제국대학 법문학부와 조선 연구'라는 제목을 붙인 데에는 이유가 전혀 없지 않다. 이 일본인 연구자들의 연구 이력은 경성제대 법문학부의 조선 연구가 어떤 조건 속에서 제도화되었으며 그 특징은 무엇이었는지, 그리고 어떤 모순과 도전에 직면해 있었는지를 잘 드러내고 있다고 생각하기 때문이다. 식민지와 관련된 학술지식을 생산하는 다른 기관들과는 다른 특징이다.

에필로그에서는 경성제대의 조선 연구가 일제의 본격적인 대륙 침략과 더불어 어떻게 대상을 바꾸어가며 확장되어갔는지를 간략하게 살펴보겠다. 말하자면, 핫토리 우노키치가 꿈꾸었던 '동양 문화의 권위'가 어떻게 '만몽 문화'와 '대륙 연구'로 확장되어갔는지, 그리고 이 과정에서 연구의 강조점은 어떻게 변해갔는지를 살펴본다.

경성제대는 1934년 만주국의 성립을 기점으로 전학적인 차원에서 만몽문화연구회를 설립하였고, 1937년에 대륙문화연구회로 확대하였다. 이러한 일련의 변화는 경성제대 법문학부의 조선 연구에도 영향을 미쳐 연구 대상이 점차 조선에서 대륙으로 확장해가는 계기가 되었다. 연구의 초점 또한 단순한 역사의 구축을 넘어서 새로 일본의 식민지가 된 '대륙'에 일본의 문화적 헤게모니를 확립한다는 현실적 과제, 즉 문화 전달자로서의 '현재적' 역할로 강조점이 옮겨간다. 그 과정에서 일본인 연구자들이 주도했던 식민지 조선 연구가 안고 있던 내적 모순과 분열은 어떻게 심화되어갔을까? 그리고 이러한 식민지 조선 연구가 보여주는 일련의 궤적이 의미하는 바는 무엇일까? 충분한 실마리를 제공하지는 못하겠지만, 이 책이 식민지 조선 연구가 가지는 현재적 함의에 대해서도 몇 가지 생각의 단초를 던질 수 있다면 다행이겠다.

1장

제도화되는 식민주의 역사학

오다 쇼고의 조선사학회와 경성제국대학

관료형 학자의 탄생

　경성제대의 '조선사학 제2강좌' 초대 주임교수였던 오다 쇼고(小田省吾, 1871～1953)는 역사학자보다는 교육행정관료로 더 잘 알려진 인물이다.[1] 1871년 일본 미에현(三重縣)에서 출생한 그는 도쿄의 제1고등학교를 거쳐 1899년 도쿄제대 사학과를 졸업했다. 당시 도쿄제대 사학과는 서양인 교사를 초빙해서 서양 역사학의 이론과 방법론을 체계적으로 소개하는 창구가 되었는데, 지금의 관점으로는 서양사학과에 해당한다. 참고로 당시 도쿄제대에 사학과와는 별도로 국사과(國史科)가 있었다. 메이지(明治) 정부가 추진했던 수사(修史)사업과의 관련 속에서 제도화된, 사학과와는 약간 계통이 다른 학과였다. 그런데 이런 차이가 오다 쇼고의 이력을 이해하는 데 중요할 것 같지는 않다. 왜냐하면 그의 경력은 역사학자가 아니라 교육자의 그것에 가까웠기 때문이다. 학부를 졸업하고 그는 여러 지역의 중학교와 사범학교에서 가르쳤다. 물론 서구의 근대 역사학 방법론을 일본 역사의 사례에 적용해보려 했던 사학과 학생 시절 오다의 관심이 전혀 무의미하지는 않았을 것이다. 그가 식민지에서 관료로서 하게된 일도, 나중에 조선사 연구에 뛰어들어 역사학자가 된 것도, 학부시절 역사학자로의 훈련과 전혀 무관하지는 않았기 때문이다.

하지만 오다 쇼고를 당시 반(半)식민지 상태였던 한반도로 이끌었던 것은 이런 역사학자로서의 동기나 자질 같은 것이 아니었다. 도리어 교육자로서의 경력, 교육행정가로서의 능력이 중요했다. 특히그는 일찍부터 교육현장에서 학생 분규를 진정시키고 갈등을 해결하는 데 뛰어난 역량을 보였다. 그가 조선의 교육제도를 '개혁'하는데 긴요한 실무를 맡을 인재로 발탁될 수 있었던 것도 이러한 역량과자질 덕분이었다. 당시 그의 부임은 대한제국 정부의 초빙을 받는 형식이었고, 그에 걸맞은 '간판'이 필요했다. 그는 자신의 모교인 제1고등학교 교수로 임명되었고, 곧 현해탄(玄海灘)을 건너 한국으로 건너갔다. 1908년의 일이었다.

그가 대한제국 학부(學部)의 서기관이 되어 맡은 업무는 초등교육에 해당하는 보통학교의 교과서 편찬사업이었다. 한편으로는 반일(反日), 배일(排日)로 격앙된 당시 한국 사회의 분위기를 억누르기위해서라도 학교에서 사용되는 교과서의 내용을 엄밀하게 관리할필요가 있었고, 다른 한편으로 이미 식민화의 궤적을 밟고 있던 당시한국의 상황에서 미래의 일본 신민(臣民)을 대상으로 어떻게, 무엇을교육할지에 대해서도 미리 준비해두어야 했다. 조선에 교육을 보급하고, 이런 보급을 돕는 일본의 시혜(施惠)를 선전하며, 조선인들이 일본의 지배를 받아들이도록 은밀하게 준비하는 것이었다.[2] 여기에 오다 쇼고가 맡았던 교과서 편찬 업무의 핵심이 있었다. 대한제국에 고용된 일본인 관료가 1910년 '병탄(倂呑)'과 더불어 자연스럽게 조선총독부의 관료가 되어 별 위화감 없이 교과서 편찬 업무를 계속할 수 있었던 이유도 여기에 있지 않았을까.

다만, 병탄 이후에는 대한제국 시절의 거짓 포장은 버린 만큼, 교과서 편찬과 교육을 통해 조선인들에게 어떻게 식민통치를 납득시켜 천황에 대한 충성심을 확보할 것인가 하는 과제가 본격적으로 부상한다. 조선인들에게 자신들이 '대일본 국민'이라는 확신을 주기 위해서는 일본인과 조선인 사이에 존재하는 차별의식과 편견을 타파하는 것이 필요한데, 오다 쇼고가 보기에 이런 오해는 역사적으로 "일선(日鮮) 양(兩) 민족"이 얼마나 친밀하고 농후하게 결합되어 있었는지를 모르기 때문에 생긴 것이었다.[3]

교과서 편찬사업에서 핵심이 되는 수신(修身) 교과서와 국어(國語), 즉 일본어 교과서 편수의 핵심도 여기에 있었다. 조선인들의 사정을 감안하고 그들의 심리, 사회, 역사를 제대로 살펴서 '친밀감'을 가질 수 있게 해야 교육의 효과는 극대화된다.[4] 조선총독부 관료로서 맡은 바 교과서 편찬의 업무를 충실히 하기 위해서라도 피식민자의 심리, 사회, 문화를 파악할 필요가 있으며, 특히 그들의 역사를 이해하는 것이 중요한 과제였다.

식민지 관료로 출발했던 오다 쇼고는 이처럼 관료로서의 정체성을 잃지 않고도 역사학 연구자로 회귀(回歸)할 수 있는 길을 뒤늦게 발견할 수 있었던 것이다. 이것은 다카하시 도루(高橋亨, 1878~1967),

그림 1-1. 경성제국대학 법문학부 교수 오다 쇼고

도쿄제대 사학과 출신의 오다 쇼고는 1910년대 조선총독부에서 교과서 편찬과 각종
고적조사사업을 주관한 식민지 관료였으나 1923년 조선사학회를 조직하며 역사학자로서의
면모를 보이기 시작했다. 1924년 경성제대 설립 후 예과부장으로 학교 운영을 담당했으며,
1926년 조선사학 제2강좌 초대 주임교수로 취임했다. 사진은 1929년 함경남도 이원군에 위치한
마운령 진흥왕 순수비 발굴 당시 현지 조사단장을 맡았던 때의 모습이다.
출처: 국립중앙박물관.

오구라 신페이(小倉進平, 1882~1944) 같은 인물들의 지적인 이력에
서 볼 수 있듯이, 식민통치의 실질적 필요성이나 관심에서 결코 간단
히 분리, 식별해내기 어려운 식민주의 역사학이 가진 하나의 특징이
며, 오다 쇼고야말로 그 전형을 보여주는 사례라 하겠다.

통치 업무로서 조선 연구

그렇다면 오다 쇼고는 어느 시점부터 조선사의 문제를 자신의 과제로 생각했을까? 단순히 관료적 입장에서 자신의 업무를 위해 조선 역사를 참조하는 수준을 넘어서, 그는 언제부터 스스로를 역사학자, 특히 조선사학자라고 생각하게 되었을까? 그가 식민주의 역사학, 특히 조선사 문제를 본격적으로 다루게 된 것은 식민지 관료로서 진행한 업무와 관련이 깊었다. 앞서 언급했지만, 조선총독부 관료로서 오다 쇼고가 주로 맡았던 일은 교과서 편찬사업이었다. 1910년 조선총독부가 출범할 때부터 1924년 경성제대가 설립되어 교수로서 관계(官界)를 떠날 때까지 오다 쇼고는 줄곧 편집과장의 자리를 지키고 있었다. 관료라고는 해도 15년을 한자리에 있었던 스페셜리스트(specialist)이자 테크노크라트(technocrat)였다고 하겠다. 그런데 업무의 특성상 일본인 고급 관료들 중에서도 조선의 역사와 문화를 잘 알 수밖에 없는 위치에 있다 보니, 1910년대 후반부터는 겸직의 형태로 조선총독부의 문화정책을 담당했다. 그는 1918년 중추원 편찬과장을 맡았다. 1915년 출범해서 당시 난항(難航)을 거듭하고 있던 '조선반도사(朝鮮半島史) 편찬사업'의 구원투수 역할이었다. 1921년에는 학무국에 신설된 고적조사과(古蹟調査課)의 과장 자리도 겸직했다. 박물관과 관련된 사무, 고적조사사업, 옛 건물의 건축 보존, 명승·천연기념물 보존 등 조선총독부의 역사·문화정책을 총괄하는 자리였다.

오다 쇼고는 1915년 일본인들을 대상으로 조선사를 강의하고 그 강의록을 묶어 『조선사요략(朝鮮史要略)』[5]을 펴냈다. 사실 이 책은 남만주철도주식회사 만선역사지리조사부(이하 '만철조사부')에서 간행한 2권짜리 『조선역사지리(朝鮮歷史地理)』(1913) 등의 연구 성과를 기초로 각 시기별 특징을 요약하고 개괄한 것으로, 연구서라기보다는 조선사 강의 교안에 가깝다. 사료(史料)를 직접 검토하여 기존 연구와는 다른 새로운 역사적 사실을 발굴하거나 해석을 제시하는 근대 역사학의 작업이라고 보기에는 부족함이 많다.

하지만 조선사에 관해 이 정도의 식견을 가진 일본인 고급 관료는 오다 쇼고 외에는 거의 없는 상황이었고, 당연한 이야기이지만 조선의 역사와 문화를 다루는 식민지 행정을 총괄하는 위치에서 그를 능가하는 적임자는 없었다. 식민주의 역사학의 제도적 기반을 만드는 실무를 담당하면서 그는 대학 강단에서 조선사를 전공하는 연구자들보다 훨씬 유리한 위치에서 식민지의 역사 만들기를 관찰할 수 있었고 또 직접 관여하기도 했다. 그는 조선사 연구를 촉발하는 '국책' 사업들을 주관했고, 그렇게 나온 연구 성과들을 정리하는 데 관여했으며, 식민통치에 도움이 되도록 공개하여 교육적 효과를 거두는 데도 관심이 많았다.

오다 쇼고의 주도로 1923년에 조직했던 '조선사학회(朝鮮史學會)'는 그 결실 중 하나라고 할 수 있다. 줄곧 관료로만 활동했던 오다 쇼고에게는 '외도(外道)'로 보이는 측면도 있지만 그가 역사학자로 '전신(轉身)'하는 데, 다시 말해 조선사학자 오다 쇼고가 탄생하는 데 결정적인 전기(轉機)로 작용했던 것이 조선사학회였다. 그는 1924년 경성제대 창설의 실무 작업을 총괄했고, 대학예과가 출범하자 교수 겸 예과부장으로 학교 운영을 담당했다. 그리고 1926년 학부가 정식으로 개교하여 '조선사학 강좌'가 설치되자마자 제2강좌의 주임교수로 취임한다. 제국대학 교수의 정년이 60세였던 그 당시 그는 56세가 되어서야 비로소 조선사학자라는 위상을 제도적으로 공인받게 된 것이다.

물론 이 위상은 학계에서 착실하게 연구자로서 경력을 밟아간 보통의 연구자들이 얻게 되는 것과는 차이가 있었다. 그는 본격적인 의미에서 역사 논문이라는 것을 별로 집필하지 못했으며, 저작으로 간행한 것들도 대체로 기존 연구 성과를 나름의 방식으로 요약·정리한 통사(通史) 형식의 역사서가 많았다. 역사학자의 역량보다는 역사를 가르치는 교육자로서의 관점, 교과서를 편수했던 식민지 관료의 감각이 돋보이는 작업이라고 하겠다. 동료 교수들 중에서 특히 연구자로서의 정체성이 강했던 이들이 오다 쇼고를 바라보는 관점도 대략 비슷했다. 연구자가 아니라 관료로 보는 사람들이 적지 않았던 것이다.[6]

하지만 그럼에도 그가 조선사학 강좌의 한 축을 차지한 것은 그저 대학 창설에 공헌한 담당 관료에 대한 예우(禮遇) 차원만의 문제는 아니었다. 그는 제대로 된 조선사 논문을 쓰지는 못했지만, '조선사'라는 제도적인 영역 자체를 만든 사람이었기 때문이다. 관변이 주도하는 식민주의 역사학은 경성제대가 설립되기 이전까지는 1915년에 시작된 조선반도사 편찬사업과 1923년에 조직된 조선사학회에서 중요한 제도화의 계기를 마련했다. 그리고 그 과정에서 결정적인 역할을 했던 사람이 오다 쇼고였다. 경성제대의 조선사학은 오다 쇼고가 구축했던 식민주의 역사학의 제도적 기반 위에서 탄생하여 성장했다. 경성제대의 조선 연구가 서 있는 제도적 계보를 드러내기 위해서라도 오다 쇼고의 조선사학, 그리고 그 태동이 되는 조선반도사 편찬사업과 조선사학회의 활동을 주목할 필요가 있다. 관료였던 그는 왜 '조선사'라는, 자기로서는 미지의 영역에 뛰어들었을까? 그 결정적인 전기가 되는 조선사학회란 어떤 단체였을까? 그리고 오다 쇼고는 이 조선사학회라는 단체를 통해 당시 식민주의 역사학이 직면했던 문제에 어떻게 대응했을까? 그리고 그 결과는 경성제대로 어떻게 이어졌을까? 이런 질문이야말로 이 장에서 오다 쇼고를 단서로 삼아 풀어보려는 숙제이다.

식민사학의 궤적과 조선사학회

본격적으로 오다 쇼고와 조선사학회에 대해 이야기하기에 앞서, 먼저 일제 식민사학의 흐름에 대해서 지금까지의 연구들이 어떻게 보고 있었는지를 간단히 짚어보자. 사실 일제 식민사학의 궤적을 비판적으로 검토하는 연구들은 엄청나게 많았고, 지금도 많이 나오고 있다. 관변적인 일본인 학자들이 중심이 되어 창출한 식민주의 역사학의 구체적인 면모도 그동안 많이 밝혀졌다. 하지만 우리가 여기서 다루고자 하는 조선사학회라는 단체를 특별히 주목한 연구는 생각보다 많지 않다.[7]

그도 그럴 것이 1920년대 말에 교정·간행된 『삼국사기(三國史記)』, 『삼국유사(三國遺事)』, 『신증동국여지승람(新增東國輿地勝覽)』 등의 출판사업이 '조선사학회'의 이름으로 이루어지기도 했지만,[8] 이 단체가 정말로 '학회'라는 이름에 걸맞은 학술활동을 전개한 것은 1923년 10월부터 1924년 11월까지 1년 남짓한 기간, 다시 말해 15호에 이르는 『조선사강좌』를 매월 간행했던 짧은 시기에 한정되기 때문이다. 이 『조선사강좌』 중에서 시대사 부분을 따로 편집하여 5권의 『조선사대계(朝鮮史大系)』를 출간한 것이 이 단체가 자기 이름으로 남긴 가장 두드러진 성과라고 할 정도였다.[9] 1930년에 출범한 후약 9년간 존속하면서 『청구학총(靑丘學叢)』이라는 학술지를 발간해 "조선사 연구의 중심을 도쿄에서 식민지로 옮겨놓았다"[10]는 평가를 받기도 했던 청구학회(靑丘學會)와 비교해본다면, 강의록을 발간하고 고사서(古史書)를 간행하는 데 급급했던 이 단체의 활동은 '조선사학회'라는 거창한 이름에는 다소 미흡해 보이는 것이 확실하다. 기존 연구들이 조선사학회를 당시 명멸(明滅)을 거듭했던 여러 형태의 다른 "일인(日人)의 조선사 연구 학회"들과 다를 바 없는, 시행착오의 측면이 강했던 과도기적인 조직 중 하나로 보았던 것도 무리는 아니었던 셈이다.[11]

그런데 식민주의 역사학의 문제를 단순히 '역사 왜곡'이나 '역사의 이데올로기적 활용'이라는 차원으로 좁히는 대신에, 무엇이 역사적 자료인지, 누가 역사학자인지, 어떻게 쓰는 것이 역사학적 작업인지를 규정하는 제도적 차원의 문제로 확장해서 생각해본다면, 조선사학회에 대한 '과도기적 성격'의 학회라는 평가도 새삼 다시 음미해볼 필요가 생겨난다. 조선사편수회와 경성제대의 조선학, 그리고 청구학회라는 식민주의 역사학 특유의 편제는 1920년대 후반 이후에야 제도적으로 확고하게 자리를 잡기 때문이다.

그렇다면 그 이전 시기에 식민주의 역사학은 어떻게 전개되고 있었으며, 그런 제도화의 흐름 속에서 조선사학회는 어디에 위치하고 있을까? 조선사학회에 부여되곤 했던 '과도기적'이라는 평가는 식민주의 역사학의 제도화를 둘러싼 일련의 흐름을 염두에 두고서야 비로소 그것이 구체적으로 의미하는 바를 확인할 수 있게 된다. 조선사학회가 조선총독부의 비호 아래에서 1910년대 이래 식민사학의 구축에 직간접으로 관여했던 일본인 '조선사 연구자'들이 집결하여 '학회'라는 이름과 형식으로 출범한 식민지의 첫 사례였다는 사실, 그리고 학회 차원의 사실상 유일한 사업이었던 『조선사강좌』, 즉 강의와 강의록의 발행이 1920년대 들어서 논란 속에 좌초되었던 통사 지향의 '조선반도사' 편찬사업과 밀접한 관련성을 가지고 있다는 사실 등이 새삼 쟁점으로 부상하는 것이다.

기존 연구에서 조선반도사 편찬사업은 대체로 조선사편수회 출범의 전사(前史) 정도로 취급되어왔다. 하지만 사업의 목적과 실행 방식 등에서 조선반도사 편찬사업은 훗날의 조선사편수회의 활동과는 다른 측면이 존재했다. 단지 역사 편찬을 표방하는 것을 넘어서, 애초에 체계적으로 구성된 식민지 통사를 편찬한다는 구체적인 목표를 설정하여 1915년 조선총독부가 의욕적으로 출범시킨 사업이었기 때문이다. 결과적으로는 목표했던 통사 역사책을 완성해서 출간하지 못했기 때문에 명백히 실패한 사업이 되고 말았지만 말이다.[12]

그리고 그 실패와 좌절의 결과로 조선총독부가 새로 발족한 사업이 조선사편수회였다. 1922년 조선총독부는 새롭게 조선사편찬위원회를 구축하여 식민지 통사 편찬의 새로운 전환을 모색했지만, 실제로 실현된 것은 1926년 출범한 조선사편수회가 1932년부터 1938년까지 35권으로 묶어낸 『조선사』의 발간이었다.

그런데 이 『조선사』는 애초에 의도했던 통사 역사책이 아니었다. 지금도 악명 높은 『조선사』의 실상이란 실은 수집된 사료를 기반으로 연대기 순으로 사건을 배치하고 이에 대한 강문(綱文)과 전거(典

據)를 다는 형태의 '색인집'에 다름 아니었던 것이다.[13] 이것은 식민사학이 1910년대 중반에 벌써 식민통치라는 과업을 정당화하고 여기에 학문적 엄밀성을 더하려는 취지에서 식민지 통사의 구축을 시도했지만 결과적으로 '차질(蹉跌)'을 빚고 말았으며, 식민통치가 끝날 때까지도 결국에는 실현하지 못했다는 것을 의미한다.

그런데 미완의 원고로 끝난 '조선반도사'의 집필자들 및 실무자들은 조선사학회의 『조선사강좌』에서 거의 고스란히 강사와 집필자로 다시 등장한다. 조선반도사 편찬사업은 총독부의 조선사편찬위원회가 아니라 표면적으로는 민간단체인 조선사학회가 계승하는 것처럼 보이기도 했다. 물론 이런 특징은 당시에도 제기되었고, 기존 연구들도 지적하는 바이다. 또한 이는 조선사학회의 관변적인 성격을 입증하는 증거로서 곧잘 제시되곤 했다.[14] 필자도 조선사학회가 관변적인 성격이 강했다는 데에 기본적으로 동의한다.

다만 왜 공식적인 관변 역사서의 출간이 아니라, 굳이 민간단체인 학회를 결성하여 통속역사학(通俗歷史學)'을 표방하는 지상강좌(紙上講座) 형식으로 발간하게 되었는지에 대해서는 역시 의문이 남는다. 게다가 총독부로부터 공식적인 학회로 인가를 받았지만, 조선사학회의 활동은 지금 우리가 생각하는 학회의 활동과는 다소 달랐다. 오늘날 우리는 학회라고 하면 이런 모습을 떠올린다. 대학이나 전문기관에서 훈련받은 같은 분야의 연구자들이 모여서 교류하고 논쟁하는 공간 같은 것을 말이다. 여기서 새로운 발견이나 해석은 논문의 형식으로 작성되는데, 학회의 학술잡지는 이런 성과를 학회의 구성원들에게 알리고 토론과 논쟁을 촉발하는 역할을 하게 된다.

그런데 이런 통념에서 보면 조선사학회는 이와는 상당히 다른 형태의 학회였다. 바로 뒤에 출범했던 청구학회나 진단학회(震檀學會) 만 하더라도 오늘날의 학회와 비슷한 모습을 보였던 것과도 대조적 이다. 지금 우리가 생각하는 학회와 학술잡지에 대한 관점이나 조직 형태와는 다른, 그 이전 단계가 어떠했는지를 보여주는 사례일지도 모르겠다.

이런 의미에서 식민사학이 1920년대 후반부터 식민지 조선에 대 한 관변 통사를 쓰는 것을 포기하는 대신에, 조선사 연구를 수행하는 데 반드시 필요한 물적 기반들, 즉 사료, 훈련받은 인재, 학술지를 장 악하는 방향[15]으로 제도화의 방침을 바꾸어나갔다고 한다면, 조선사 학회는 그런 제도화의 직전 단계를 보여주는 조직이었다고 할 수 있 겠다. 그리고 오다 쇼고는 '조선반도사 편찬사업 → 조선사학회 → 경성제대 조선사'로 이어지는 식민사학 제도화의 한 축을 맡고 있었 다. 조선사학회가 가지는 '과도기적 성격'이란 어떤 것인지, 그리고 거기서 오다 쇼고의 역할이 어떠했는지를 짚어보려는 시도가 나름 의 의미를 가지는 이유도 여기에 있었다. 역사학자로서 오다 쇼고가 본격적으로 등장하는 무대가 되기도 했던 조선사학회의 위상과 역 할은 곧 경성제대 법문학부의 조선학 연구가 서 있는 자리와 직결되 기 때문이다.

조선사학회의 출범과 그 이면

조선사학회는 1923년 4월 "조선 역사의 연구 및 그 보급"을 내 세우며 본격적인 활동을 시작했다. 정식으로 학회 설립 인가도 추진하였는데, 두 차례의 회칙 수정을 거쳐 1923년 8월 30일 조선총독부 학무국의 인가를 받았다.[16] 정무총감인 아리요시 주이치(有吉忠一, 1873~1947)가 학회의 총재였고, 조선총독부의 고위 관료나 식민지 안팎의 유력 인사들, 일본 내 조선사 연구의 권위자들이 학회 고문으로 가담했다.[17] 조선총독부의 정식 조직은 아니었지만 엄청나게 화려한 인적 구성이었다. 고문으로 추대된 인물들의 면면만 보더라도 1922년 조선총독부가 설치했던 조선사편찬위원회를 넘어서는 진용이었다. 하지만 조선사학회의 실제 운영을 살펴보면, 이상과 현실의 괴리는 생각보다 컸다. 화려한 조선사학회 이사진의 면면은 그저 허울에 불과했기 때문이다. 현실은 학회의 회장과 평의원 몇 사람, 그리고 실무 간사들이 업무를 도맡는 상황이었다.

물론 그중에서 핵심은 회장 오다 쇼고였다. 조선사학회를 창설하는 데 중추적인 역할을 했으며, 실제 학회활동에서도 큰 몫을 차지했다. 그는 조선사학회에서 '조선상고사(朝鮮上古史)' 강의를 맡아서 집필했는데, 이것은 다른 강사가 사정으로 강술(講述)하지 못한 강의를 대신 떠맡은 것이었다. 이전까지 학무국 편집과장과 고적조사과장, 중추원 편찬과장 같은 책임 있는 요직을 맡았던 그의 이력으로 볼 때, 예상치 못한 행보라고도 하겠다. 즉, 조선총독부 관료가 아니라 조선사학자로서의 면모가 본격적으로 드러나기 시작한 시점이라고 보아도 될 것 같다.

회장을 도와 학회의 활동을 꾸려야 하는 평의원 자리도 회장 오다와 깊은 인연을 가진 여러 방면의 인물들로 채워졌다. 평의원은 모두 8명이었는데, 그중 다카하시 도루, 오구라 신페이 두 사람은 학무국 관헌으로 오다 쇼고의 지휘를 받는 수하들이었다. 나머지 6명의 평의원은 오하라 도시타케(大原利武), 가야하라 마사조(栢原昌三), 오기야마 히데오(荻山秀雄), 이나바 이와키치(稻葉岩吉, 1876~1940), 이능화(李能和, 1869~1943), 이마니시 류(今西龍, 1875~1932)였는데, 이들은 중추원 촉탁(囑託)으로 활동하면서 중추원 편찬과장 오다와 함께 일했던 경험을 가진 인물들이었다. 참고로 이들 중 다카하시, 오구라, 이마니시는 오다와 더불어 경성제대 조선학 관련 강좌 교수로 취임해서 관변 조선학 연구를 주도하게 된다(〈표 1-1〉 참조).

이러한 오다 쇼고와의 관련성은 학회 주력 사업이었던 강의에 참여했던 강사들의 면면에서도 마찬가지로 확인된다. 〈표 1-1〉에서 볼수 있듯이 조선사학회 강사진으로 처음 소개된 21명 중 10명은 평의원이나 간사였는데, 그렇지 않은 나머지 11명도 대체로는 중추원, 학무국 편집과와 고적조사과 등 오다 쇼고와 인적 네트워크로 연결된다. 조금 과장하자면 조선사학회는 오다 쇼고를 중심으로 하는 인적 네크워크 조직이었고, 1910년대부터 1920년대 초반까지 조선총독부가 주도했던 각종 조사·편찬사업에 관여하고 있던 인사들이 여기에 집결했던 것이다.

그리고 그중에서도 제일 두드러진 네트워크는 조선반도사 편찬사업 관련이었다. 편찬사업의 핵심 인물 대부분이 조선사학회에 참여했기 때문이다. 우선, 조선반도사의 초창기 편집주임은 도쿄제대 교수 구로이타 가쓰미(黑板勝美, 1874~1946), 교토제국대학(이하 '교토제대') 교수 미우라 히로유키(三浦周行, 1871~1931), 그리고 교토제대 조교수 이마니시 류였는데, 구로이타와 미우라는 조선사학회의 고문이 되었고 이마니시는 학회 평의원으로서 강사도 맡았다. 당시 편집주임 중에서 유일하게 오다 미키지로(小田幹治郎)만이 조선사학

표 1-1. 조선사학회 강사들의 이전 이력

강사 명단	1920년대 초반까지의 이력	학회활동
이나바 이와키치(稻葉岩吉)	중추원 조사과 촉탁, 조선사편찬위 간사	평의원
이마니시 류(今西龍)	중추원 조사과 촉탁, 고적조사위 위원, 조선사편찬위 위원	평의원
이능화(李能和)	중추원 조사과 속(屬)	평의원
와타나베 아키라(渡邊彰)	학무국 종교과 속, 학무국 고적조사과 촉탁	
와타나베 교시(渡邊業志)	순사부장 출신, 중추원 조사과 속	
가야하라 마사조(栢原昌三)	중추원 조사과 촉탁	평의원, 간사장
가쓰라기 스에지(葛城末治)	중추원 조사과 속	간사
다카하시 도루(高橋亨)	학무국 시학관, 조선제대창설위 간사	평의원
무라야마 지준(村山智順)	중추원 조사과 촉탁, 중추원 편집과 촉탁	
오다 쇼고(小田省吾)	학무국 편집과장, 고적조사과장, 중추원 편찬과장, 조선사편찬위 위원	회장
오구라 신페이(小倉進平)	학무국 편집과 편수관	평의원
오기야마 히데오(荻山秀雄)	중추원 편집과 촉탁, 학무국 고적조사과 촉탁, 조선총독부도서관 관장(1924년 이후)	평의원
오하라 도시타케(大原利武)	고적조사위 촉탁, 중추원 조사과 촉탁	평의원, 간사
후지타 료사쿠(藤田亮策)	학무국 고적조사과 촉탁	
홍희(洪熹)	조선사편찬위 위원, 중추원 조사과 촉탁	
아유카이 후사노신(鮎貝房之進)	박물관협의회 의원	
아소 다케키(麻生武龜)	중추원 조사과 촉탁	
세노 우마쿠마(瀨野馬熊)	중추원 편집과 촉탁, 조사과 촉탁	
세키노 다다시(關野貞)	도쿄제대 교수, 고적조사위 위원, 박물관협의회 의원	
스기모토 쇼스케(杉本正介)	중추원 편집과 촉탁	
간노 긴파치(菅野銀八)	중추원 편집과 속, 조사과 속	

회에 참여하지 않았는데, 애초에 그는 학자 출신이 아니라 편찬사업을 관할하는 역할을 맡은 관료였다. 오다 쇼고는 오다 미키지로를 대신해서 조선반도사 편찬사업에 참여했는데, 편찬사업은 오다 쇼고의 부임을 기점으로 대대적으로 개편된다. 따라서 오다 쇼고와는 직접 관련은 없더라도 서로 편하게 지내기는 어려운 관계였을 것이다.

참고로 1918년 오다 쇼고가 중추원 편찬과장을 새로 맡을 당시 편찬사업은 지지부진한 상태였다. 이 무렵에 기존의 편집주임 체제를 해체하고 시대별로 집필 담당자를 임명하여 집필을 독려하는 체제로 편찬사업 체제를 바꾸는 조치가 이어졌고, 그 중심에 오다 쇼고가 있었다.[18] 4명의 편집주임, 즉 구로이타, 미우라, 이마니시, 오다 미키지로 가운데 바뀐 체제에서 집필 담당자가 된 사람은 고대사 집필을 맡은 이마니시 류뿐이었다. 나머지 3명의 집필 담당자는 새로 정해졌고, 이들을 관리하는 역할은 오다 쇼고가 맡았다.

그런데 이마니시 류를 비롯해 새로 선정된 3명의 조선반도사 집필 담당자들은 고스란히 조선사학회에 참여했을 뿐 아니라 일부는 강사로 내정되는 등 그 역할이 만만치 않았다. 집필 담당자들의 조선사학회 활동 내역을 정리하면 〈표 1-2〉와 같다.

〈표 1-2〉에서 확인할 수 있듯이, 집필 담당자들은 조선반도사 편찬사업에서 집필을 맡았던 시대구분을 거의 그대로 계승해서 조선사학회에서도 같은 시대사의 강의를 맡게 되는데, 이것은 조선반도사 편찬사업이 결국에는 실패로 끝나서 원고들이 출간되지 않았다는 사정을 감안하면 특히나 의미심장한 대목이다. 다만, 이마니시 류는 시대사 강의를 맡지 못했다. 그는 1922년에 경성제대 교수 내정자 자격으로 베이징 유학을 떠났다. 그리고 이마니시가 담당했던 '상

표 1-2. 조선반도사 집필 담당자와 조선사학회 활동

조선반도사 편별 구성	집필 담당자	조선사학회 활동	조선사학회 담당 강좌
제1편 상고삼한 (上古三韓)	이마니시 류 (今西龍)	평의원, 강사	없음 (오다 쇼고가 대신 강술)
제2편 삼국시대			
제3편 통일신라			
제4편 고려시대	오기야마 히데오 (荻山秀雄)	평의원	중세사
제5편 이조(李朝) 시대	세노 우마쿠마 (瀨野馬熊)		중세사, 근세사, 울산산성과 아사노마루 (淺野丸)
제6편 최근세 (最近世)시대	스기모토 쇼스케 (杉本正介)		최근세사

대사(上代史)' 강의는 회장인 오다 쇼고가 대신해서 맡았다.[19] 이러한 사정은 당시 학계에서도 잘 알려져 있었다. 그래서인지 조선사학회가 준비하고 있는 강의를 조선반도사 편찬사업의 연장선으로 보는 경우가 많았다. 조선사학회가 조선총독부의 하부 조직이 아니었음에도, 조선사학회의 강좌를 "조선총독부 관찬(官撰) 역사(歷史)라고 말할 수 있다"라는 평가가 나왔을 정도였다.[20]

실패한 전통, 조선반도사 편찬사업

하지만 조선사학회를 그저 조선반도사 편찬사업을 계승한 '관찬 역사'라고 간단히 평가해버리기에는 생각보다 여러모로 석연치 않

은 점도 존재한다. 먼저, 조선총독부가 공식적으로 언급하지는 않았지만, 조선반도사 편찬사업은 현실적으로는 실패한 사업에 가까웠다. 1915년 야심차게 출범했지만 조선사학회가 활동할 무렵까지도 지지부진한 상태였고, 결국에는 조선반도사라는 관찬 통사는 나오지 못했기 때문이다. 사실 추진 과정부터 조선반도사 편찬사업은 난관의 연속이었다. 사업이 출범할 당시 중추원은 2년 정도의 시간이면 관찬 통사를 편찬하는 데 충분하다고 생각했던 모양이다. 하지만 편찬주임들은 작업을 시작하고 1년이 채 되기도 전에 이런 계획은 불가능하다는 것을 깨달았다. 다른 것을 다 떠나서 사료 수집과 정리에 막대한 시간이 걸렸기 때문이다. 편찬주임들은 당국에 사업 기간 연장을 요청했고, 조선총독부는 이를 수용했다. 사업 기간은 1년이 연장되어 1918년 12월 완료 예정으로 변경되었다.[21] 그런데 이 시한도 결국 지키지 못했다. 당국은 부랴부랴 대응책 마련에 고심했다.

그리고 그 결과가 중추원 편찬과의 신설이었다. 편찬과장 자리에 학무국 편집과장 오다 쇼고가 겸직의 형태로 부임했다. 편찬과의 업무는 '사료의 수집과 편찬'으로 규정되었는데, 이것은 사업의 방향이 미묘하게나마 바뀌고 있음을 암시했다. 실패의 가능성이 높아진 통사의 간행을 대신해서 조선사 사료의 수집과 편찬 쪽을 강조한 것이기 때문이다. 물론 최종 결과물이 통사의 간행이라는 계획 자체에 변경은 없었다. 그리고 사업 완료 기한을 무기한 늘릴 수는 없었기에 일본 본토에서 초빙한 편집주임을 대신해서 시대별 집필 담당자를 선정하는 식으로 업무 방식을 바꾸는 조치가 이어졌다. 오다 쇼고의 중추원 편찬과는 집필 지침 등을 세세하게 규정하는 한편, 집필자의 초고 작성을 재촉했다. 앞서 설명한 집필 담당자들이 이제 사업의 전면에 등장하게 된 것이다. 하지만 이처럼 체제를 바꾸어도 완성은 여전히 요원했다.

심지어 1920년대가 되어서도 통사 원고가 완성되었다는 소식은 들리지 않았다. 오늘날 조선반도사 원고로 추정되는 자료들이 일부 남아 있다. 이 자료를 보면 그마나 완성된 것은 상세사(上世史)에 해당하는 조선반도사 제1편~제3편의 원고뿐이다. 조선시대를 다룬 제5편의 원고가 미완성된 채로 남아 있고, 제4편과 제6편은 전하지 않는다. 집필자의 이름은 원고에 나와 있지 않는데, 해당 부분의 집필 담당자로 선정된 이들이 이마니시 류와 세노 우마쿠마(瀨野馬熊, 1874~1935)였기에 대체로 그들이 아닐까 추정할 뿐이다. 고려시대를 다루는 제4편의 경우는 남아 있는 자료의 상황으로 추측건대 아예 원고 집필 자체가 이루어지지 못했을 가능성도 적지 않다.

참혹한 결과였다. 사업이 실패로 돌아감에 따라 사업을 추진했던 중추원 편찬과도 1922년에 폐지되었다. 그리고 이를 대체하는 형태로 조선사편찬위원회가 출범했다. 그런데 이 조직은 그저 명칭만 '조선반도사'에서 '조선사'로 바뀐 것이 아니었다. 핵심적인 인적 구성이 전면적으로 물갈이되었을 뿐만 아니라 편찬 방식 자체의 근본적인 변화도 모색되었기 때문이다. 식민당국은 더 이상 '관찬 통사'를 언급하지 않았다. 통사의 집필과 편찬을 사실상 포기한 것이다. 대신에 수집된 자료에 바탕을 두고 사료 색인집을 편찬하는 것으로 방향 전환을 모색했다.

이것이 이후 조선사편수회에서 본격적으로 전개되는 사업의 흐름이었다. 조선반도사 편찬사업은 실패했고, 식민당국은 사업의 성격을 바꾸어 통사보다는 자료의 수집과 정리, 그리고 정전화(正典化,

canonization)에 초점을 맞추었다. 그런데 이런 미묘한 시점에 오다 쇼고가 주축이 된 조선사학회에서 『조선사강좌』라는 통신강좌를 기획했고, 실패한 조선반도사 편찬사업의 집필 담당자들을 비롯해 관계자들이 대거 참여했다. 이러한 조선사학회의 동향은 비록 사업은 실패했지만 "'조선반도사'의 성과를 외부에 발표하려는 움직임"[22]으로 읽을 수 있다. 충분히 일리 있는 해석이다.

하지만 이렇게 보면 왜 하필이면 조선사학회였을까 하는 의문은 여전히 남는다. 중추원 편찬과를 대신했던 조선사편찬위원회가 이를 맡으면 안 되었던 것일까? 비록 관변이라고는 해도 조선사학회는 조선총독부의 외부 단체가 아닌가. 조선사학회에 집결한 조선반도사 사업 관련자는 어쨌거나 사업에 실패했고, 또 그 실패에 일정한 책임이 있으며, 따라서 후속 사업에서 일정하게 배제된 인사들이 많았다. 이런 이들이 외부 단체에 집결해서 실패한 사업을 계승하려는 상황은 당국의 의구심을 불러일으킬 수도 있었다. 그리고 이런 미묘한 기류는 식민지 통사 편찬이란 무엇이었고, 그 실패가 무엇을 의미하는지와 같은 남은 문제와 깊은 관련을 맺고 있었다.

식민지 통사 편찬의 딜레마

식민지 통사 편찬의 실패를 어떻게 봐야 할까? 먼저 다음과 같은 사실을 지적해둘 필요가 있을 것 같다. 그것은 이 실패가 조선반도사 편찬사업에 한정된 문제가 아닐 수도 있다는 사실이다. 오히려 이 실패는 식민 지배자들이 공적인 권위를 가지고 식민지 피지배자의 역사를 통사로 쓰려고 했을 때 일어날 수 있는 전형적인 위험을 담고 있다. 보다 넓은 의미에서 식민주의 역사학이 안고 있는 구조적인 모순과 밀접하게 관련되며, 제국주의 일반의 결함과 직결되는 문제일 가능성도 높다.

물론 서구 열강의 사례를 살펴보면, 서양인 지배자들이 유색인종 식민지인들의 통사를 쓴다는 것은 쉽지 않는 일이었고, 따라서 실제로 관 주도의 통사 편찬 시도는 흔치 않았다. 인적·물적 비용이 막대하게 든다는 문제가 있었지만 꼭 그것 때문만은 아니었다. 과학과 문명의 이름으로 식민지 지배를 이데올로기적으로 정당화하는 것은 어렵지 않았지만, 그 역사적 필연성을 실증과 객관으로 입증하는 것은 그리 만만한 문제가 아니기 때문이다.

게다가 통사 만들기란 서구 제국주의적 주체가 철저히 '타자'로 간주하여 분열시킨 식민지인들을 다시 역사의 주체로 만들어 일관된 내러티브(narrative)로 엮어내는 작업이 아니었던가? 식민지인을 주인공으로 삼아 그들이 식민지배를 받게 되는 이유를 하나의 역사 — 이야기 — 로 만드는 작업은 쉽지 않을뿐더러 독자(讀者)들의 오독(誤讀), 다시 말해 의도와 달리 이 이야기에서 억압받고 저항하는 민족의 이야기를 읽어내는 식민지인 독자들을 양산할 위험도 존재한다. 차라리 식민지인들을 '역사 없는 사람들', '분열된 역사적 주체'로 남겨두는 것이 낫지 않을까? 이런 딜레마적 상황은 이미 영국이 인도에 대한 역사서술 과정에서 봉착했던 문제이기도 하다.[23]

그렇다면 이러한 식민지 통사 만들기의 딜레마는 조선반도사 편찬사업에서 어떤 방식으로 나타났을까? 주지하다시피 조선반도사의 편찬이 공식화된 것은 1916년 1월 중추원 서기관장 고마쓰 미도리(小松綠, 1865~1942)의 취지 발언에 의해서였다. "종래 조선의 역사 편찬이 편찬 당시의 시대사상의 영향을 받아 공평무사(公平無私)한 기술(記述)이 없"으며 "정확하다고 인정하여 준거(準據)"하기 어렵다. 때문에 "현재의 입장에서 냉정한 태도로 역사상의 사실을 편벽되거나 누락 없이 오직 선의(善意)로 기술하여 유일하게 완전무결한 조선사를 편찬"하고자 한다.[24] 여기서 고마쓰는 새로 발족할 사업이 식민지 조선에 대한 관변 통사 만들기임을 명확히 했다.

그리고 편찬주임들이 임명되었는데, 이들은 협의를 거쳐 조선반도사 편찬의 목적과 주안점을 마련했다.[25] 이렇게 정리된 편찬 목적은 중추원 서기관장의 취지 발언과 궤를 같이했다. 식민통치상의 필요성, 즉 동화(同化) 목적에서 통사 편찬이 시작되었다는 것이다. "병합(倂合)의 은혜(恩惠)"를 밝혀 "조선인의 정신적 동화"를 달성하기 위해서는 이들을 무지몽매한 상태로 남겨두어서는 안 된다. 오히려 "공명적확(公明的確)한 사서(史書)"로 "이들을 교화하여 인문(人文)의 영역으로 나아가게 하고 일치합동(一致合同)의 단합된 힘으로 제국 일본의 앞날의 융성(隆盛)을 도모(圖謀)"해야 한다.

그런데 왜 군이 관찬 통사였을까? 이들의 설명은 이렇다. 서구 열강의 식민지와 달리 조선인은 "독서(讀書)와 문장(文章)에서 문명인에 뒤지지 않"으며, 따라서 "고래(古來)의 사서가 많이 존재하고 신서적(新書籍)도 적지 않"은 상황이다. 다만 이 서적들이 "일의 진상(眞相)을 연구하지 않은 채 함부로 망설(妄說)을 풀고" 있다는 것이 문제인데, 이를 "금지하고 억압할" 것이 아니라 "공명하고 적확한 사서를 준비하는 것이 첩경(捷徑)"이다.[26] 요컨대 '식민지 통치를 위한 필요성'이 '객관적 사실과 엄밀한 연구에 입각한 사서 편찬'과 모순되지 않으며, 오히려 관찬 통사의 엄밀한 실증성과 객관성이 식민지 지배자 일본의 '문명적 우월성'과 식민통치의 필연성을 보장할 것이라는 것이 이들의 입장이었다. 다분히 문명적인 관점에 바탕을 둔 발언이다.

그리고 이들은 조선반도사 편찬의 기본 원칙을 다음과 같이 제시했다.

첫째, 일선인(日鮮人)이 동족(同族)인 사실을 밝힐 것.

둘째, 상고(上古)에서 이조(李朝)에 이르기까지 군웅(群雄)의 흥망기복(興亡起伏)과 역대(歷代)의 역성혁명(易姓革命)으로 인해 민중(民衆)이 점차 피폐해지고 빈약에 빠진 실황(實況)을 서술하여 지금 시대에 이르러 성세(聖世)의 혜택(惠澤)으로 비로소 인간의 행복을 다할 수 있다는 사실을 상술할 것.

셋째, 편성은 모두 신뢰할 만한 사실을 기초로 할 것.[27]

대단히 유명한 이 편찬 원칙은 식민사관(植民史觀)의 전형적인 특징들을 포함하고 있다. 식민사관이라고 하면 보통 일선동조론(日鮮同祖論), 타율성론(他律性論), 정체성론(停滯性論), 사대주의론(事大主義論), 당파성론(黨派性論), 반도적 성격론 등이 거론된다.

물론 여기서 거론된 여섯 가지 특징은 서로 맞물리며 연결된다. 사대주의론과 당파성론이 각각 타율성론과 정체성론의 구체적인 내용에 해당되며, 반도적 성격이란 이런 성격이 배양되었던 지정학적 배경을 지칭한다는 식이다. 따라서 식민사관은 대체로 일선동조론, 타율성론, 정체성론으로 수렴되는 양상을 보인다. 조선반도사 편찬 원칙을 예로 들어도 일선동조론은 첫째에 해당하며, 타율성과 정체성은 둘째에 나타난다.

한편, 이런 식민사관을 조선인들에게 납득시키려면 이것만으로는 충분하지 않다. 셋째에 해당하는 "신뢰할 만한 사실을 기초로" 해야 한다. 사료로서 신뢰할 수 있는 정보를 축적해야 하고, 이런 축적된 역사적 정보를 최대한 객관적으로 시간의 흐름에 따라 구성해내서 "일의 본말(本末)"을 밝히는[28] 새로운 역사학적 방법론이 요청되는 것이다. 조선반도사 편찬사업의 출범이 한국통감부 이래 구관조사사업(舊慣調査事業)의 명목으로 구축된 방대한 고문헌 데이터베이스의 정리 작업이 일단 완료되는 시점과 시기적으로 맞물렸던 이유도 이와 무관하지 않았다.[29]

게다가 조선총독부가 편찬주임으로 위촉했던 인물들은 당시 일본 아카데미 역사학의 흐름 속에서도 엄밀하고 실증적인 문헌 고증 방법을 구사하는 연구자들이었다.[30] 모두 셋째의 요건을 충족하려는 노력이었다. 조선반도사의 목적, 즉 첫째와 둘째가 한갓 '이데올로기'로 치부되지 않고 실제로 역사의 보급을 통해 '통치 효력'을 가지기 위해서도 셋째는 식민주의 역사학이 성립하기 위한 필수적인 요건이 되어야 했다.

그런데 조선반도사의 편찬 과정은, 앞에서도 설명했지만, 편찬사업의 책임자 및 실무자들의 '낙관적 전망'에도 불구하고 실제로는 좌충우돌 속에서 좌초하는 과정에 다름 아니었다. 그리고 이와 같은 차질은 얼핏 강고해 보이는 식민주의 역사학이란 것도 실상을 보면 대단히 모순에 가득 찬 것이라는 사실을 폭로한다.

앞서 편찬주임들은 조선인들에 의해 이루어진 기존의 사서 편찬이 객관성과 실증성이 부족하기 때문에 조선반도사 편찬이 필요하다고 주장했다. 자신들이 만들 통사는 "신뢰할 만한 사실을 기초로"한 "공명적확한 사서"일 것이라고 자신했다. 이것은 관학 아카데미즘의 실증사학이 조선인들의 민족사학을 압도할 만한 과학적·문명적 성격을 가지고 있으리라 확신했기 때문에 나올 수 있는 발상이었다. 즉, 오류와 신화가 뒤섞인 식민지의 옛 자료들을 실증사학이라는 근대적인 잣대로 엄밀하게 신문(訊問)하여 분류·체계화하는 한편, 일본·중국 등 주변 국가들의 '신뢰 가능한' 역사적 자료와 비교하는 과정을 거치고 나서야 비로소 '일선동조'와 '내선동화'의 정황이란 것이 객관적으로 파악될 수 있다는 것이다.

그리고 이것은 "신뢰할 만한 사실"들의 방대하고 체계적인 축적을 통해서만 가능하다. 그런데 아무리 찾아도 '신뢰할 만한' 사료가 거의 남아 있지 않을 때에는 어떻게 할 것인가? 조선반도사 편찬이 직면했던 여러 문제 중 하나가 이것이었다.

한편, 조선반도사 편찬사업은 "식민통치에의 효용"이라는 취지에 적극적으로 부응하기 위해서 "일선인이 동족인 사실", 즉 일선동조를 밝히는 데 초점을 맞추었다. 그 결과 총6편의 조선반도사 편제에서 제3편이 '상대사(上代史)'에 해당할 정도로 고대사의 비중이 강화되는 양상으로 나타났다. 게다가 편찬주임들 모두가 일본의 역사적 기원에 대한 관심에서 연구의 초점을 '조선사'로 옮겨온 이력을 가지고 있었다. 이들은 개인적인 연구 관심의 차원에서도 조선 상대사에 각별한 의미를 가졌다.

그런데 문제는 상대사에서 입증되어야 할 '일선동조'의 흔적이 식민지 내에서는 신뢰할 만한 문헌 자료를 거의 남겨놓지 않았다는 사실이다.[31] 극도로 제한된 사료들만 가지고는 제아무리 실증적 방법을 구사한다고 해도 역사적 분석은 제한적일 수밖에 없다. 게다가 준거가 되는 주변 국가의 사료들의 신뢰성도 크게 높다고 볼 수 없는 상황이었다. 특히 『일본서기(日本書紀)』와 『고사기(古事記)』로 대표되는 일본의 고대사 관련 자료는 엄밀한 실증사학의 관점에서는 '허구적 신화'라고 보는 게 합당하겠지만, 일본의 주류 실증사학은 천황제라는 현실 권력과 연관된 반발로 몇 번의 필화 사건을 겪으면서 이 문제를 애매모호한 상태로 남겨두고 있었다.

자료는 제한이 있고 준거도 모호하니 연구자에 따라 학설과 의견이 분분한 것도 당연했다. 이런 상황에서는 연구자의 편견, 특히 식민주의적 편견이 개입될 여지도 커진다. 오늘날 연구자들 사이에서는 당시 실증사학이 주류였던 일본 관학 아카데미즘에서 '일선동조론'의 위상이 의외로 확고하지 않았다는 논의도 있고,[32] 조선반도사 편찬주임을 맡았던 구로이타 가쓰미, 미우라 히로유키, 이마니시 류 사이에 조선 상대사와 일선동조론에 대한 입장 분열이 생각보다 컸다는 지적[33]도 있다. 이 문제에 대해서는 좀 더 상세한 연구를 기다릴 일이다. 하지만 지금까지의 연구만으로도 식민지 통사를 구축하는 데 '보급의 대상으로서의 역사'와 '연찬(研鑽)의 대상으로서의 역사' 사이의 균열이 생각보다 크며, 쉽게 봉합되지 않는다는 것은 확실히 드러난다.

게다가 이들이 최소한 실증적 학자로서 '과학적 연구'를 지향한다고 표명하고 있는 이상, 이런 균열은 '식민통치를 위한 필요성'이라는 편찬의 정치적 의도로는 조율되기 어려운 성질의 것이 된다. 결과적으로 편찬사업이 원하는 결과에 도달하기 위해서는 새로운 자료를 기다릴 수밖에 없는 상황이 되고 마는 것이다. 조선반도사의 편찬이 미비한 자료를 수집·정리한다는 이유로 끊임없이 지연될 수밖에 없었던 것도, 그리고 최종적으로는 식민지 통사인 '조선반도사'가 좌절되고 수집된 자료에 대한 색인집인 『조선사』로 귀결될 수밖에 없었던 것도, 이러한 식민주의 역사학의 근본적인 '차질' 및 결함과 무관하지 않았던 것이다.

강좌라는 형식과 학회라는 이름

그리고 이 지점에서 조선사학회와 조선반도사 편찬사업 사이의 관련성이 새삼 문제로 부상한다. 1923년 5월 조선사학회의 등장은 식민주의 역사학이 직면했던 이런 딜레마에 대한 대응으로 이해할 수 있는 것은 아닐까? 앞서 살펴보았듯이, 식민사관의 보급을 통해 '통치의 정당성'을 확보하겠다는 의도와 식민지 '조선'의 불완전한 역사기술을 압도하는 '과학적'인 식민사학을 구축하겠다는 지향은 반드시 일치하는 것은 아니고, 오히려 모순을 일으키며 충돌할 가능성이 높다. 조선반도사 편찬사업이 "공명적확한 사서"라는 굴레에 갇혀 지지부진하다가 결국 좌초하고 말았던 것도 이 때문이다.

그렇다면 조선사학회는 어떠했을까? 일단 조선반도사 편찬사업의 핵심 인물들은 조선총독부의 후속 편수사업에서 사실상 배제되었다. 도쿄제대의 일본사학자 구로이타 가쓰미, 교토제대의 동양사학자 나이토 고난(內藤湖南, 1866~1934)이 편수회의 인사와 편수 방향을 주도하는 가운데 오다 쇼고는 후속 사업에서 배제된다.[34] 그리고 오다 쇼고가 세운 조선사학회는 '식민사관의 적극적인 보급' 쪽으로 방향을 트는 모습을 보인다. 조선반도사 편찬사업과 같은 듯 다른 면모이다.

조선사학회는 일단은 조선반도사의 편찬 취지를 그대로 계승하는 자세를 보이는데, 이는 학회의 핵심 사업인 『조선사강좌』와 『조선사대계』의 발간사에서 확인할 수 있다. 『조선사강좌 요항호(朝鮮史講座 要項號)』(이하 '『요항호』')는 앞으로 시작될 '조선사강좌'를 소개하는 일종의 수강 편람에 해당하는 것인데, 먼저 여기에 실린 「조선사강좌 발간의 사」를 잠깐 살펴보자.[35] 이 글에서 학회 측은 우선 "조선 역사를 이해하는 것이 곧 조선 그 자체를 이해하는 것"이며 "조선에서의 모든 사업을 성공시키기 위한 유일한" 첩경이라고 선언한다.

> 무릇 정치, 경제, 종교, 교육 등 어느 분야든, 적어도 조선에서 사업을 행하려는 자는 반드시 우선 반도의 토지, 민정을 연구하여 유래와 연혁을 깊이 알아야 한다. 만약 예비지식 없이 사업에 뛰어들려 한다면, 마치 공중(空中)에 누각(樓閣)을 세우는 것, 모래 위에 전당을 세우는 것과 다름없는 것으로, 결코 기대한 바의 성과를 거둘 수 없다. 하물며 영원한 내선의 융화(融化), 결합(結合)을 도모하여 공존공영(共存共榮)의 이상을 실현함에 있어서랴.

그런데 조선의 상황은 피식민지인들의 "유래와 연혁"을 아는 데 필수적인 사서(史書)들이 부족한 것이 늘 문제가 되었던 다른 구미의 식민지들과는 달랐다. 오히려 조선은 역사서들이 넘쳐나는 것이 문제였다. 게다가 과거 조선인들에 의해 쓰인 사서들은 "엄정한 학술적 고핵(考覈)을 거치지 않은 채"[36] 조선인들에게 그릇된 역사의식을 심어준다. 예부터 조선에는 역사서는 많았지만 엄밀하지 않은 것이 적지 않으며, 특히 식민통치에 대한 반발과 적개심을 유발하고 있는 것이 문제라는 지적이다. 물론 이러한 불만은 식민당국이 조선인들에 대해 일관되게 가지고 있던 시각이기도 했다.

이런 관점은 서구 제국주의 열강이 자신들의 식민지를 바라보는 관점이나 태도와 비교해보면 좀처럼 유례를 찾기 어려운, 상당히 차별적인 상황임이 분명하다. 하나로 규정하기는 어렵지만, 백인 지배자의 시선 속에서 유색인 피지배자는 대체로 '역사 없는 민족(혹은 인종)'으로 비치기 때문이다.

물론 이것은 이 피지배자들이 정말로 역사가 없었는지, 그런 역사서가 얼마나 남아 있는지 여부와는 별개의 문제였다. 있든 없든 지배자들의 눈에는 거의 없다시피 하고, 없는 거나 다름없는 것으로 보이기 때문이다. 그들은 언제부터인가 멈춰 섰고, 정체(停滯)되었다. 그들에게 역사를 부여하고 변동의 가능성을 부여하는 것도 문명인의 사명이자 지배자의 업무로 간주되었다. 식민지인들의 역사는 하나부터 열까지 모두 지배자의 손에서 쓰여야 했다. 타자성의 관점에서 식민지인들의 '역사'를 쓰고 그들에게 부여하는 것, 이런 관점에서 식민주의 역사학은 문명적인 과업이 될 수 있었다. 그런데 식민지 조선에서는 상황이 달랐다. 역사의 결여가 문제가 아니라 역사의 과잉이 문제였다.

조선인들이 쓴 역사서는 넘쳐나고, 식민지 피지배자인 조선인들은 이런 책을 읽으면서 '과잉된 역사의식'을 빚어낸다. 편견과 오해 속에서 식민통치의 '시정(施政)'이 끊임없이 의심의 도마에 오른다.

일본이 보기에 조선 민족은 '역사 없는 민족'이 아니라 '역사가 과잉된 민족'이며, 그렇기 때문에 식민지 역사서술은 반드시 개입해야 할 첨예한 쟁점이다. "그 내용의 정확함과 충실함을 담은" 올바른 역사서가 필요한 이유도 여기에 있다. 그리고 이를 위해 "조선반도의 연혁 및 조선 민족의 과정을 가장 온건한 태도를 가지고 가능한 한 정확하게 연구"해야 할 필요성도 제기된다. 정확하고 객관적인 사실에 바탕을 둔 통사의 간행이 결과적으로는 조선 역사에 대한 식민지인들의 오해를 시정하고, 식민지 역사에 대한 이해를 높여서 "조선에서의 모든 사업" 즉 식민통치에 기여하게 만드는 첩경이 된다는 발상이다.

하지만 "심원(深遠)한 연구를 발표하여 그 시비(是非)를 학계에 묻는 것이 아니"라고 분명히 했듯이, 조선사학회는 과거에서 지금에 이르기까지 역사를 가로지르는 통사, 즉 시대사를 지향하기는 했지만 그것이 반드시 엄밀한 학술적 검증을 거치는 공식적인 관변 통사일 필요는 없다고 보았던 듯하다. 오히려 다른 방법을 생각했다. '지상강좌'라는 형식으로 출간하여 '조선 역사의 보급'이라는 측면에서 실효를 거두는 방식을 모색했던 것이다. 때문에 조선사학회는 우리가 통상적으로 생각하는 '학회'와는 달리 이처럼 지상강좌의 출판과 보급을 위해 만들어진 조직으로 출발하는 양상을 보이게 된다.

『요항호』에는 조선사학회의 회칙이 수록되어 있는데, 학회의 성격과 관련하여 중요한 항목을 추려보면 다음과 같다.[37]

제1조 본회는 조선사학회라고 칭함.
제2조 본회는 조선 역사의 연구 및 그 보급을 꾀하는 것을 목적으

로 함.

제3조 본회의 사무소를 경성부 장곡천정(長谷川町) 76번지에 둠.

제4조 본회는 그 목적을 달성하기 위해 아래와 같은 사업을 실시함.

　　一. 강의록『조선사강좌』의 발행.

　　二. 조선 역사에 관한 저작물의 간행.

　　三. 강습회의 개최.

제5조 본회 발행의 강의록『조선사강좌』는 매월 1회 발행하여 만
　　1개년으로 완료함.

제6조 본회의 회원은 본회 발행의 강의록『조선사강좌』를 구매하는
　　사람으로 함.

제7조 본회 발행의 강의록『조선사강좌』의 대금은 책마다 1원으
　　로 함.

제8조 회원이 되고자 하는 자는 입회 원서에 3개월 이상의 구독료를
　　첨부해서 본회 사무소로 보낼 것.

제9조 퇴회(退會)하고자 하는 자는 퇴회 원서를 제출해야 함. 다만
　　이미 납부한 구독료는 반환하지 아니함.

(…)

제11조 본회의 경비는 설립자의 출자 및 회원의 수강료로 충당함.

이 회칙에서 알 수 있듯이 조선사학회는 "조선 역사의 연구 및
그 보급"을 표방하고 있었지만 실제 사업의 역점은 '조선 역사의 보
급', 즉『조선사강좌』의 발행에 두었다. 제5조에서 제9조까지는 이런
'지상강좌' 또는 '통신강좌'의 운영 방식을 잘 드러낸다. 즉 조선사학
회는 매달 1회『조선사강좌』를 발행해 3개월분 구독료를 미리 입금

한 회원들에게 배포했다. 그리고 이외의 회칙에는 회원들이 강의록을 읽고 생긴 의문을 서면질의로 보내주면 답변과 더불어『조선사강좌』말미에 수록되는「잡록(雜錄)」에 게재한다는 내용이 포함되어 있었다. 기존 연구들은 조선사학회가『조선사강좌』와『조선사대계』의 간행을 제외하고는 별다른 활동을 하지 않았다는 평가를 내리기도 했지만, 회칙을 보면 사실 이것은 당연한 것이다. 애초에 조선사학회는『조선사강좌』를 간행하기 위해서 만든 단체였기 때문이다.『조선사강좌』가 종료되고 나면, 일부 조선사 관련 서적을 출간하는 것 외에는 회칙상 다른 활동이 있을 수가 없었다. '학회'라는 용어 자체가 글자 그대로 배우려는 사람들의 모임, 즉『조선사강좌』를 구독하는 사람들의 조직화에 다름 아니었던 것이다.

통신강좌로서『조선사강좌』

그렇다면『조선사강좌』라는 통신강좌는 어떻게 배포되었을까? 학회의 회칙 제5조에도 나와 있지만, 학회는 애초에『조선사강좌』를 월 1회 발간하여 구독자에 배포하고 12회로 완결 짓는 것을 목표로 하고 있었다. 제1호는 1923년 9월 15일에 발행되었는데, 여기에는 매월 15일 간행해서 1924년 8월 제12호로 종료하겠다는 공지가 실려 있었다.[38] 실제로『조선사강좌』는 제1호부터 서론을 포함해서 일반사강의 4개, 분류사강의 10개, 특별강의 6개가 일정한 분량으로 게재되었다. 이후 발행된 각호의 구성도 대동소이했다.

각 강의의 매월 연재는 그 내용이 갑작스레 끝나는 경우가 많은

그림 1-2. 『동아일보』 1면에 실린 '조선사강좌' 신문 광고
이 광고를 통해 조선사학회의 '조선사강좌'가 기본적으로 유료 회원들에게 강의록 『조선사강좌』를 제공하는 통신강좌였음을 알 수 있다.
출처: 『동아일보』, 1923년 11월 25일자.

데, 강사에게 매월 원고를 받아 편집한 것이 아니라, 완성된 원고를 받아두었다가 월별로 분량에 따라 기계적으로 나누어 실었기 때문에 생긴 특징이었다. 이런 구성은 나중에 강의별로 분철하여 따로 묶어 편리하게 이용할 수 있도록 배려한 것이기도 했다. 실제로 연재가 끝날 무렵에는 출판사가 각 강좌를 분철해서 다시 편집한 버전을 판매하기도 했다. 국립중앙도서관 등에 소장된 『일반사강의』, 『분류사강의』, 『특별강의』 등의 표제를 붙인 조선사학회의 책은 실제로는 단행본이 아니라 이 편집본이다.[39] 각호에 페이지 표시가 없었던 이유도 이런 분철을 염두에 둔 배려라고 하겠다. 그런데 『조선사강좌』

는 예고된 총12호가 아니라 3회 늘려 1924년 11월 총15호 간행으로
종결되었다. 예상했던 것보다 분량이 늘어났기 때문이다. 그리고 강
사들의 사정으로 『요항호』에 예정된 강의가 취소되거나 변경되는
일도 적지 않았다. 일정을 펑크 낸 강사들이 뒤늦게 보내온 글은 제
13~제15호에 특별강의의 형태로 실리기도 했다.

이렇게 조선사학회가 실은 통신강좌를 위한 조직이었다면, 역
시 학회에서 가장 중요한 존재는 강좌를 듣는 회원들이었다. 그렇다
면 『조선사강좌』를 구독하는 유료 회원들은 어느 정도 규모였을까?
1924년 6월 15일에 발행된 『조선사강좌』 제10호에 따르면, 학회
가 확보한 회원 수는 4,062명이었다(〈표 1-3〉 참조). 『조선사강좌』
제10호에는 이 회원들이 어떤 사람들이고 지역적으로 어떻게 분포

표 1-3. 조선사학회 회원의 지역적 분포(1924년 4월 현재)

지역별	회원 수
경성	601(14.80)
경기도(경성 제외)	286(7.04)
충청도	429(10.56)
전라도	563(13.86)
경상도	776(19.10)
황해도	157(3.87)
평안도	433(10.66)
강원도	147(3.62)
함경도	218(5.37)
일본 본토	439(10.80)
중국, 만주	13(0.32)
전체	4,062(100.00)

되어 있는지, 그리고 강의에 대한 회원들의 소감 등이 비교적 상세히 나와 있어 회원들의 특징을 파악하는 데 유용하다.[40]

회원들은 어떤 사람들이었을까? 우선, 조선총독부 등 중앙과 지방의 주요 관청의 관료들, 관공립학교의 교원들, 경찰들, 관청과 밀접한 관련을 맺고 있는 주요 기업체에 속한 인물들이 눈에 띈다. 대체로 일본인들이었다. 그런데 지방으로 갈수록 경찰과 교원의 비중이 늘어나는 양상도 확인된다. 이들은 조선인들을 '선도(善導)'해야 할 입장에 있었고, '관변적인' 조선 역사의 보급과 관련하여 실질적인 이해관계를 가지고 있었기 때문에 당연한 현상이었다. 지방 회원들의 지역적 분포가 주로 도시 지역에 집중되었던 이유도 마찬가지였다. 여기에 관청, 경찰서, 학교 등이 집결되어 있었기 때문이다.

조선사학회의 재원은 총12회를 예정으로 간행된 『조선사강좌』의 구독료가 중심이 되었는데, 학회 고문으로 위촉된 기관들은 기관회원으로 재정을 후원했을 뿐 아니라 소속 기관 직원의 가입을 독려함으로써 학회를 측면 지원했다. 학회 고문이 된 유력 기관장들의 실질적인 역할은 이것이 아니었나 추정된다. 조선인이 회원으로 가입하는 경우도 전혀 없지는 않았다. 하지만 이런 경우는 조선총독부 및 중앙 관청의 소속원이거나 식민권력과 밀접한 연관을 가진 은행, 기업, 학교의 소속원이기 십상이었다. 그렇기 때문에 이 학회에서 회원의 민족적 분포는 사실상 큰 의미가 없었다.

오히려 흥미로운 지점은 전체의 10.8%, 439명에 이르는 일본 본토의 회원들이다(〈표 1-3〉 참조). 이들 중 직업을 밝힌 회원은 대부분 학교 교원들이었는데, 이들에게는 학회의 회원이 될 만한 충분한 이유가 있었다. '문부수험(文部受驗)', 즉 보통문관시험과 관련해서 학생을 지도하는 데 조선 역사에 대한 정보가 필요했던 것이다.[41] 당시 조선과 일본에서 시행되고 있던 보통문관시험에는 역사 과목이 포함되어 있었는데, 한일관계사와 관련된 문제들이 종종 출제되고 있었다. 따라서 일본 본토에서도 조선사에 대한 일정한 지식의 습득이 요청되고 있는 상황이었다.[42] 하야시 다이스케(林泰輔)의 『조선사』 등이 절판되어 마땅히 조선 역사를 통사적으로 파악하기에 어려움이 많았던 당시 일본 본토의 교육계에서 조선사학회의 『조선사강좌』는 유용한 참고서적으로서 환영받았다.

이처럼 조선사학회는 『조선사강좌』를 정기적으로 구독하는 회원을 4,000명 정도 확보함으로써, 그 밖의 학회활동도 비교적 안정적으로 추진할 수 있었던 것으로 보인다. 다만 학회의 활동은 10여 차례 개최된 강연회를 제외하고는 대체로 출판에 국한되었다. 따라서 강의록을 출판했던 짧은 시기를 제외하고 '조선사학회'의 활동은 학회의 출판을 도맡았던 지카자와쇼텐(近澤書店)의 출판사업과 중첩된다. 지카자와쇼텐의 명의로 책을 출간하는 것이 곧 조선사학회의 활동이 되었던 것이다.

지카자와쇼텐은 『조선사강좌』를 발행했던 1923~1924년 무렵, 『고등국어독본상해(高等國語讀本詳解)』, 『이과학습장(理科學習帳)』, 『새로운 이과 교과서 연구와 교육 지침(新理科書の研究と敎育指針)』 같은 교육 참고서적 및 독학용 교육서를 발간하는 등 교육 보조교재를 발간하는 출판사로서 위상을 확고히 하고 있었다. 『조선사강좌』가 3회 연장되어 총15호로 완결되는 1924년 11월 무렵이 되면 출판사는 지금까지 간행된 강좌를 강의별로 묶어서 『일반사강의』, 『분류사강의』, 『특별강의』의 제본본을 발간하기도 했다.[43] 그리고 이것은 조선

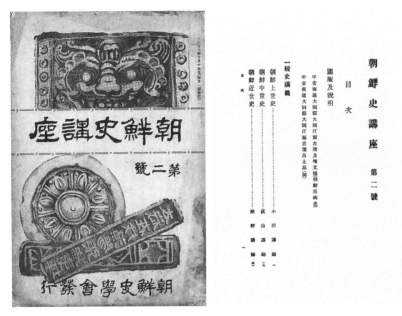

그림 1-3. 조선사학회 『조선사강좌』 제2호의 표지와 목차
출처: 독립기념관.

사학회가 사실상의 활동을 중단한 이후에도 계속 발간되어 출판사의 수입원이 되었다.

이마니시 류의 '조선사강좌'를 계승하여 경성제대 교수가 된 스에마쓰 야스카즈(末松保和, 1904~1992)는 1941년 이마니시가 교감했던 지카자와쇼텐의 『삼국사기』 3판의 후기에서 "이미 유명무실해진" 조선사학회와 지카자와쇼텐과의 관계를 "어떤 의미에서 동체일신(同體一身)"이라고 평가한 적이 있는데,[44] 조선사학회의 이러한 특징을 잘 지목한 것이라 하겠다. 조선사학회의 이름이 1930년대 이후에도 계속 등장하게 된 이유도 여기에 있었다.

『조선사강좌』의 면면

그렇다면 조선사학회의 통신강좌『조선사강좌』란 구체적으로 어떤 것이었을까? 앞서 언급한『요항호』는 지금의 관점으로 보면 '조선사강좌'의 수강 편람에 해당하는 자료인데, 여기에 제시된 목록에 따르면 강좌는 크게 세 종류가 있었다. '일반사강의, 분류사강의, 특별강의'가 그것이다.

첫째, '일반사강의'는 통신강좌『조선사강좌』가 제15호까지 발행되는 동안 계속 연재되었는데, 전체 강연록을 15회 분량으로 나누어 인쇄해서 매달 배포하는 형식이었다. 내용적으로는 "조선반도의 연혁 및 조선 민족의 과정"을 통사적으로 더듬어나간다. 앞에서도 검토했지만, 이 일반사강의 시리즈는 조선반도사 편찬사업을 직접적으로 계승한 것으로 분량과 비중의 측면에서 '조선사강좌'의 핵심을 이루고 있다(〈표 1-4〉 참조).

그리고 이 일반사강의에서도 오다 쇼고의 역할과 영향력은 절대적이었다. 진두지휘하듯이 강좌 기획만 한 것이 아니라, 일반사강의 원고 중 상당 부분을 그가 떠맡았다. 심지어 원고에 문제가 생긴 부분도 그가 직접 나서서 감당했다. 애초 '조선상고사' 강의의 원고는 이마니시 류가 맡기로 했던 것이라고 이미 언급했다. 하지만 이마니시 류가 경성제대 교수요원으로써 중국 유학을 가게 되자 오다 쇼고가 이 부분을 맡아 집필했다.

그것 말고도 문제는 여러 군데서 생겨났다. '조선중세사'의 강의를 맡은 오기야마 히데오가 연재 도중인 1923년 12월, 조선총독부도서관 관장에 임명되면서 더 이상 집필을 할 수 없게 된 것이다. 설상

표 1-4. 조선사강좌 '일반사강의'의 상세 내역

『조선사강좌 요항호』		실제 발간된 『조선사강좌』		비고
강의명	강사명	강의명	강사명	
전체 서문	—	전체 서문	오다 쇼고	
조선상고사 (朝鮮上古史)	오다 쇼고 (小田省吾)	조선상세사 (朝鮮上世史)	오다 쇼고	'상고(上古)'에서 '상세(上世)'로 강의명이 바뀜
조선중세사 (朝鮮中世史)	오기야마 히데오 (荻山秀雄)	조선중세사	오기야마 히데오 세노 우마쿠마	
조선근세사 (朝鮮近世史)	세노 우마쿠마 (瀬野馬熊)	조선근세사	세노 우마쿠마	
조선최근세사 (朝鮮最近世史)	스기모토 쇼스케 (杉本正介)	조선최근세사	스기모토 쇼스케 오다 쇼고	
		조선역사지리	오하라 도시타케 (大原利武)	애초 계획에는 없었음 제7호에 게재

가상으로 '조선최근세사'를 집필하고 있었던 스기모토 쇼스케(杉本正介)는 원고를 미완으로 남긴 채 사망하고 말았다. 오다 쇼고는 '조선근세사' 강의를 담당했던 세노 우마쿠마에게 오기야마가 미완으로 남긴 '조선중세사'의 남은 부분을 집필토록 부탁하는 한편, '조선최근세사'는 자신이 직접 남은 부분을 감당했다.

그리고 이러저러한 사고의 여파로 줄어들고 축소된 부분을 보완할 방안으로 원래 계획에는 없었던 오하라 도시타케의 원고를 받아 '조선역사지리'를 추가했다. 어쨌든 고대부터 최근세까지 방대한 시기를 다루는 일반사강의에서 이처럼 심각한 문제들이 계속 생겨났지만, 오다 쇼고는 기민하게 대처하면서 그럭저럭 일반사강의를 완성할 수 있었다. 그가 조선반도사 편찬사업의 실무를 총괄하는 위치에 있으면서 조선반도사의 전반적인 구성과 내용을 숙지하고 있었기에 가능했던 일이다.

더군다나 사고를 수습하는 과정에서 오다 쇼고는 교육행정가나 교과서 편찬 전문가가 아니라 역사학자로서의 자질과 가능성을 새삼 발휘했다. 그는 조선반도사 편찬사업을 총괄했던 1918년 무렵부터 『조선휘보(朝鮮彙報)』, 『조선과 만주(朝鮮及滿洲)』, 『조선』 같은 잡지에 조선 역사에 관한 글을 쓰기 시작했다. 이 시기 그의 글은 대체로 조선총독부의 각종 학술사업에 관여할 수 있는 자신의 위치를 십분 활용하여 유적을 조사·고증하거나 사료를 소개·해제하는 학술소품이 많았다.[45] 오다 쇼고는 조선사학회 일반사강의의 집필과 더불어 본격적으로 역사학자로서의 글쓰기를 시도했다고도 할 수 있는데, 이는 그의 대표적인 저작이라 할 만한 『조선사대계』로 이어졌다. 의도했든 아니든 조선사학회의 『조선사강좌』는 역사학자 오다 쇼고를 실질적으로 배태한 인큐베이터 역할을 했던 것이다.

다음으로 '분류사강의'가 있는데, 일반사강의에서 다루어지는 '통사=시대사'가 아무래도 정치사를 위주로 전개되기 때문에 여기서 충분히 다루어지지 않은 주제를 분류·선정해서 좀 더 상세하고 전문적인 강의를 제공하는 기획이다(〈표 1-5〉 참조). 기획 단계에서는 17개의 주제가 분류사강의로 발표될 예정이었다.

그런데 법제사가 '강사 미정'이라는 것에서 추측할 수 있듯이 조선사학회 차원에서 주제를 미리 결정하고, 적임자가 마땅치 않은 경우에는 추후 섭외할 계획이었던 것으로 보인다. 참고로 미정이었던, 법제사는 당시 경성복심법원 판사로 경성전수학교의 강사를 겸임하

표 1-5. 조선사강좌 '분류사강의'의 상세 내역

『조선사강좌 요항호』		실제 발간된 『조선사강좌』	
강의명	강사명	강의명	강사명
민족사(民族史)	이나바 이와키치(稲葉岩吉)	민족사	이나바 이와키치
재정사(財政史)	아소 다케키(麻生武龜)	재정사	아소 다케키
일선관계사(日鮮關係史)	가야하라 마사조(栢原昌三)	일선관계사	가야하라 마사조
일만관계사(滿鮮關係史)	이나바 이와키치	일만관계사	이나바 이와키치
법제사(法制史)	(강사 미정)	법제사	하나무라 미키(花村美樹)
중앙 및 지방제도 연혁사 (中央及地方制度沿革史)	아소 다케키(麻生武龜)	중앙 및 지방제도 연혁사	아소 다케키
군제사(軍制史)	아소 다케키	군제사·부록 경찰제도사 (軍制史附警察制度史)	아소 다케키
교육제도사(敎育制度史)	오다 쇼고(小田省吾)	교육제도사	오다 쇼고
사회제도사(社會制度史)	무라야마 지준(村山智順)	사회제도사	무라야마 지준
사회사(社會史)	다카하시 도루(高橋亨)	(미개설)	
정쟁사(政爭史)	세노 우마쿠마(瀨野馬熊)	이조정쟁약사 (李朝政爭略史)	오다 쇼고
학예사(學藝史)	홍희(洪喜)	학예사	홍희
불교사(佛敎史)	이능화(李能和)	불교사	이능화
서교사(西敎史)	스기모토 쇼스케(杉本正介)	(미개설)	
미술사(美術史)	세키노 다다시(關野貞)	미술사	세키노 다다시
미술사(도기陶器)	아유카이 후사노신 (鮎貝房之進)	(미개설)	
어학사(語學史)	오구라 신페이(小倉進平)	어학사	오구라 신페이

던 하나무라 미키(花村美樹)가 맡았다. 그는 1926년 경성제대의 학부 개설과 더불어 형법·형사소송법 강좌 교수로 취임하여 조선 법제사 연구를 계속했다. '정쟁사(政爭史)'는 원래는 세노 우마쿠마가 집필할 예정이었는데, 일반사강의에서 오기야마 히데오를 대신해서 '조선 중세사' 강의에 투입되면서 부담이 가중되자, 회장인 오다 쇼고가 이를 떠맡은 것을 보인다. 오다 쇼고는 1923년 9월 잡지 『조선』에 「이조당쟁개요(李朝黨爭槪要)」를 발표한 바 있는데, 이를 기반으로 약간 보완한 것이 「이조정쟁약사(李朝政爭略史)」였다.

스기모토 쇼스케가 강의하기로 했던 '서교사(西敎史)'는 강사의 사망으로 결국 실현되지 못했다. 다카하시 도루는 애초 '사회사'를 저술하기로 했지만, 무라야마 지준의 '사회제도사'와 상당 부분 겹쳤기 때문에 이를 포기하는 대신에 특별강의로 '조선유교대관(朝鮮儒敎大觀)'을 저술했으며, '조선미술사'에서 도기 부분을 맡을 예정이었던 아유카이 후사노신(鮎貝房之進, 1864~1946)은 세키노 다다시(關野貞, 1868~1935)의 '조선미술사'가 도기에 관해서도 상당 부분 다루게 되자 중복을 우려해서인지 개설하지 않았다. 세키노의 '조선미술사'는 애초 매월 배포된 『조선사강의』에서는 '분류사강의'에 포함되어 있지만 제본본에는 특별강의로 묶여 있다. 그 이유는 현재로서는 알 수 없다.

그 밖에 홍희, 이능화가 저술한 '학예사'와 '불교사'는 원문이 국한문 혼용으로, 국문 부분에 일본어 후리가나(振り仮名)가 달려 있는 것이 특징이었다. 애초의 관변 조선사의 보급이 목적이었다면 일본어 원고는 조선어로, 조선어 원고는 일본어로 번역하여 같이 수록하는 것이 이상적이었을 것이다. 하지만 시간과 재원의 한계로 번역 출

간은 이루어지지 않았던 것으로 보이는데, 조선사 보급에 역점을 두었던 조선사학회의 '의도'와 달리 실제로는 일본인을 대상으로 하는 데 불과했다는 '결과' 사이의 모순을 엿볼 수 있는 대목이다.

한편, '특별강의'는 일반사와 분류사에 포함되지 못한 비정규 강의들을 포괄했다(〈표 1-6〉 참조). 8개 주제가 예고되었던 특별강의는 실제로는 25개의 글이 통신강좌에 포함되었다. 앞에서 살펴본 것처럼, '일반사강의' 및 '분류사강의'에서 예기치 못한 사고들이 자주 발생했는데, 이를 메우기 위해 결과적으로 짧은 분량의 글을 다수 섭외한 결과였다.

특별강의 중에는 기존에 발표된 것을 약간 보완한 것이 많았다. 저자들은 대체로 조선사학회의 핵심 인사들이었다. 회장 오다 쇼고를 비롯하여, 오하라 도시타케, 가야하라 마사조, 이나바 이와키치('이나바 군잔稻葉君山'이라는 필명도 사용했다) 등이 특별강의의 강사로 이름을 올렸다. 미리 준비된 강의들이 시대나 주제를 전반적으로 개괄하는 개설(槪說)의 특징이 강했다면, 이 특별강의는 집필자의 연구 관심이 강하게 투영된 학문적 에세이의 성격이 두드러졌다. 일부 글은 엄밀한 학술논문의 형태를 지향하기도 했다.

마지막으로 특별강의와 별도로 조선사를 이해하는 데 참조가 되는 정보를 '부록'으로 묶었다(〈표 1-7〉 참조). 참고로 가토 간카쿠(加藤灌覺)의 「조선구사회사정(朝鮮舊社會事情)」은 매월 배포되는 『조선사강의』에서는 '분류사강의'로 게재되었는데, 나중에 합본한 편집본에는 부록으로 분류되었다.

표 1-6. 조선사강좌 '특별강의'의 상세 내역

『조선사강좌 요항호』		실제 발간된 『조선사강좌』	
강의명	강사명	강의명	강사명
고적유물 (古蹟遺物)	후지타 료사쿠(藤田亮策)	조선 고적 및 유물 (朝鮮古蹟及遺物)	후지타 료사쿠
관습법(慣習法)	와타나베 교시(渡邊業志)	―	―
도서해제 (圖書解題)	오기야마 히데오(荻山秀雄)	조선사관계도서해제 (朝鮮史關係圖書解題) 제1회(第一回)	오기야마 히데오
금석문(金石文)	가쓰라기 스에지(葛城末治)	조선 금석문(朝鮮金石文)	가쓰라기 스에지
국문(國文), 이두(吏吐), 속증(俗證), 조자(造字), 속음(俗音), 차훈자(借訓字)	아유카이 후사노신 (鮎貝房之進)	국문, 이두, 속증, 조자, 속음, 차훈자	아유카이 후사노신
풍수설(風水說)	무라야마 지준(村山智順)	풍수에 대해서 (風水に就て)	무라야마 지준
고려대장경 (高麗大藏經)	간노 긴파치(菅野銀八)	고려판대장경에 대해서 (高麗板大藏經に就て)	간노 긴파치
천도교(天道教)	와타나베 아키라(渡邊彰)	근역사상(槿域思想)	와타나베 아키라
		해류와 민족(海流と民族)	오하라 도시타케(大原利武)
		(신출토新出土) 한나라 효문조 동종명식에 대해서 (漢の孝文廟銅鐘銘識に就て)	이나바 이와키치(稻葉岩吉)
		조선유교대관 (朝鮮儒學大觀)	다카하시 도루(高橋亨)
		조선도자기개론 (朝鮮陶磁器概要)	가토 간카쿠(加藤灌覺)
		경성에서 임진왜란 일본군 제장 진지의 고증 (京城に於ける文祿役 日本 軍諸將陣地の考證)	오다 쇼고(小田省吾)

『조선사강좌 요항호』		실제 발간된 『조선사강좌』	
강의명	강사명	강의명	강사명
		울산성 유적과 아사노마루 (蔚山城址と淺野丸)	세노 우마쿠마(瀨野馬熊)
		상고사 연구에 대해서 (上古史の研究に就て)	오하라 도시타케
		삼한의 귀화인(三韓の歸化人)	미우라 히로유키(三浦周行)
		타이완 상인(灣商)	이나바 이와키치
		조선 고창의 계씨세계 (朝鮮に於ける高昌の 偰氏 世系)	이나바 이와키치
		조선 및 만주의 국호체계에 대해서 (朝鮮 及滿洲の國號體系に 就て)	오하라 도시타케
		지진재해와 선만사 자료 일실에 대해서 (震災と鮮滿史料の佚亡に 就て)	이나바 이와키치
		문성공 안유의 영정에 대해서 (文成公安裕の影幀 に就て)	가야하라 마사조(栢原昌三)
		명량해전과 통제사 이순신 (鳴洋峽の海戰と 統制使李 舜臣)	가야하라 마사조
		고구려의 연남생 묘지에 대해서 (高句麗の泉男生 墓誌に就て)	이나바 이와키치

표 1-7. 조선사강좌 '부록'의 상세 내역

『조선사강좌 요항호』		실제 발간된 『조선사강좌』	
강의명	강사명	강의명	강사명
역대왕가계도 (歷代王家系圖)	오하라 도시타케 (大原利武)	조선역대왕가계도 (朝鮮歷代王家系圖)	오하라 도시타케
연표(年表)	간노 긴파치 (菅野銀八)	—	—
조선사편람 (朝鮮史便覽)	간노 긴파치	조선사편람	간노 긴파치
		조선구사회사정 (朝鮮舊社會事情)	가토 간카쿠 (加藤灌覺)

조선사학회와 『조선사대계』

이상에서 살펴보았듯이. 조선사학회의 『조선사강좌』는 식민지의 통사를 다루는 일반사를 중심으로, 이를 보완하는 분류사를 설정하고 필요하다면 특별강의를 게재하는 편제로 운영되었다. 물론 이 통신강좌에서 핵심은 '일반사강의'였다. 다른 강의와 달리 일반사강의는 내용의 일부를 수정하고 보완하여 5권짜리 시리즈물인 『조선사대계』로 발간했던 사실에서도 이를 짐작할 수 있다.

그런데 이 『조선사대계』는 일반사강의와 편제는 비슷했지만 내용에는 약간 차이가 있었다. 먼저 2권에서 오기야마 히데오의 집필본은 완전히 빠졌다. 『조선사대계』에서는 세노 우마쿠마가 2권의 전체 내용을 집필했는데, 당시 관심사를 반영해서 고려시대를 다룬 2권, 조선시대를 다룬 3권 모두 학술문화 부문을 대폭 보완했다. 최근세사는 사망한 스기모토 쇼스케를 대신해서 오다 쇼고가 집필을

표 1-8. 『조선사대계』의 편제와 보완 내용

권호	제목	저자	특기 사항
1권	상세사	오다 쇼고(小田省吾)	『조선사강좌』 내용을 그대로 수록
2권	중세사	세노 우마쿠마(瀨野馬熊)	전반부 오기야마 히데오 집필분을 배제하고 다시 집필. 학술 부문 보완
3권	근세사	세노 우마쿠마	대외관계 및 학술문화 부문 보완
4권	최근세사	스기모토 쇼스케(杉本正介), 오다 쇼고	조선총독부 정치 부문을 부록 형태로 수록. 오다 쇼고 집필
5권	연표	오하라 도시타케(大原利武)	

보완했고, 조선총독부 정치와 관련된 것을 별도의 부록으로 첨부했다. 오다 쇼고는 기존의 일반사강의에서 미진했던 부분을 보완하는 데 집중했는데, 여력이 없는 상황에서 『조선사대계』 1권 상세사 부분은 다행히 완성도가 높았던 기존의 『조선사강좌』 일반사강의 원고를 거의 그대로 수록했다(〈표 1-8〉 참조).

『조선사대계』의 「총서(總序)」 내용은 『조선사강좌』 일반사강의 총서에서 '본강의(本講義)'를 '본서(本書)'라고 바꾼 것을 제외하고는 사실상 동일한데, 일반사강의 총서에 전체 취지는 이렇게 설명되어 있다.[46]

우리들은 항상 병공지평(秉公持平)의 마음을 가지고 신진학자의 새로운 연구를 씨줄로 엮고 새로운 자료를 날줄로 묶어서 집필함과 동시에 종래 조선사가의 의견은 가급적 존중할 생각이다. 또 본사(本史)의 강의는 가급적 평이간명(平易簡明)하게 설술(說述)하고 번잡한 논증은 피하여 일반의 이해를 바꾸는 데 있다고 생각한다. (⋯) 심원한 연구를 발표하여 그 시비(是非)를 학계에 묻는 것과 같은 것은 결코 본강의가 목표하는 바가 아니다.

여기서도 조선사학회의 일반사강의와 『조선사대계』는 철저하게 '통속역사(通俗歷史)'의 형식으로 식민사관의 보급을 강조하고 있음이 재차 확인된다. 심지어 최신의 연구 및 발굴 자료에 대해서 '쉽고 단순하게 쓰며, 번잡스런 논증을 피한다'는 이유로 거리를 두려는 태도를 보이기도 했다. 앞서 설명했듯이, 이것은 기존의 조선반도사 편찬사업이 식민통치의 효용에 맞게 역사를 널리 보급한다는 취지와 식민지에 관한 학술적 엄밀성을 갖춘 역사를 연찬한다는 이중의 목표에 짓눌려서 결국 미완과 차질로 끝나고 말았던 것에 대한 반성이었다. 결과적으로 조선사학회는 통사를 대신해서 '강좌', 특히 통속역사를 강술하는 '지상강좌'에 주력하는 양상을 보이게 되었던 것이다.

그렇다면 조선사학회가 표방했던 '학회'라는 이름은 그저 허울에 불과했던 것일까? 우선 앞에서 검토했듯이 『조선사강좌』는 강좌 기획 단계에서 강좌의 주제가 먼저 정해지고 그다음에 강사가 섭외된 것이 확실하기 때문에 우리가 통상 생각하는 학회, 다시 말해 새로운 학문적 발견이 학술논문의 형태로 발간되어 학회 성원들 간의 공적인 토론을 촉발하는 그런 유형의 활동 과정을 여기서 기대하기는 어려울 것 같다.

하지만 일부 특별강좌들의 경우에는 단순한 역사의 보급을 넘어서, 기존 연구를 바탕으로 새로운 발견과 해석을 추구하는 연구논문의 형태를 취하고 있는 것도 있었다. 오하라 도시타케가 쓴 「조선 및

그림 1-4. 조선사학회 『조선사대계 상세사』의 속표지(왼쪽)와 광개토대왕비 사진을 실은 화보(오른쪽) 지면

출처: 일본국회도서관.

만주의 국호체계에 대해서」, 「상고사 연구에 대해서」와 오다 쇼고가 기존에 쓴 글을 재활용한 「경성에서 임진왜란 일본군 제장 진지의 고증」, 그리고 이나바 이와키치가 조선사학회에 실었던 일련의 특별 강의들은 확실히 일반사, 분류사의 글과 형식이나 논지 전개 등에서 차이가 있었다.

　물론 그렇다고 이 글들의 학문적인 수준이 기존의 일반사나 분류 사보다 현격하게 높았던 것은 아니었다. 대체로 '통속역사'와 '전문 연구' 사이, 대략 중간 정도 되었던 듯하다. 하지만 당시 식민지 조선 사회에는 전문적인 학술지가 아직 존재하지 않았다. 게다가 일본 학계에서 당시 높은 평가를 받는 학술지라고 하더라도 수록된 논문이 오늘날 우리의 눈으로 보기에는 형식적으로 미흡한 것들이 적지 않았다.

이러한 사정을 감안하면, 조선사학회가 보여주는 이러한 서술의 변화를 마냥 폄하할 것만은 아닐 것 같다. 일본 본토 학계의 영향도 강하게 받았지만, 정작 본토 학계의 제도화도 아직은 진행 중이었기 때문이다. 일본 본토에서 진행된 역사학의 제도화가 식민지 조선에도 적용되었다기보다는, 근대 역사학이 일본 본토와 식민지에서 동시에 제도화되고 있었다고 한다면 과장일까? 일본의 근대 역사학과 식민주의 역사학은 하나의 몸에 머리가 두 개인 것처럼 서로 영향을 주고받으며 제도화되어갔다. 그리고 이러한 식민주의 역사학의 제도화 과정은 이를 주도했던 오다 쇼고 개인의 입장에서는 자신을 식민지 관료에서 조선사 연구자로 변모시키는 인큐베이터이기도 했다. 그를 매개로 식민주의 역사학은 제도화되어갔던 것이다.

조선사 연구자로의 전신과 그 식민주의적 함의

지금까지 살펴보았듯이, 1923년에 설립되어 그다음 해까지 왕성한 활동을 전개했던 조선사학회는 식민사학의 제도화라는 큰 흐름 속에서 과도기적인 성격이 강했다. 옛것은 사라졌지만 새것은 아직 오지 않은 애매한 타이밍에 등장했기 때문이다. 의욕적으로 출범했던 조선반도사 편찬사업은 흐지부지 실패로 끝났고, 조선총독부는 1922년 조선사편찬위원회를 꾸려 관변 역사 편찬의 새로운 전환을 모색하던 중이었다.[47] 이 무렵 식민지에 대학 설립도 추진되고 있었다.

조선총독부는 이전까지 조선의 역사나 문화를 조사하려 들 때 식민주의 역사학의 열악한 저변 때문에 고생이 이만저만이 아니었다. 주변에는 조선사에 관해 관심은 많지만 전문적으로 역사 수련을 받지 않은 '비전문적' 연구자들밖에 없었고, 일본 본토에서 전문 연구자를 촉탁으로 끌어들이는 것만으로는 안정적이고 체계적인 고찰은 아무래도 무리였다. 경성제대의 설립은 이런 난처한 상황을 타개하는 계기로 작용하게 된다.[48]

게다가 1920년대 초반이라는 시점도 대단히 미묘했다. 1919년에 일어난 이른바 '소요사태'의 영향은 여전했다. 전에 없던 식민통치의 위기 속에서 식민통치자도 피통치자도 조선 역사에 대한 관심이 어느 때보다 높아진 상태였다.[49] 특히 "지금껏 돌아보지 않았던 조선사 연구는 선인(鮮人)들 사이에 일대(一大) 조류(潮流)를 이루었다"[50]는 이나바 이와키치의 평가처럼 조선인이 쓴 조선사 저술의 국내 출간이 계속 이어졌다. 그리고 이런 역사 서적에 대한 조선인 독자들의 관심은 자못 뜨거웠다. 일본인의 입장에서 보기에 대단히 위험해 보이는 상태가 계속되고 있었다.

이런 전환의 시점에 오다 쇼고가 설립한 조선사학회는 1910년대 조선반도사 편찬사업이 가졌던 식민지 통사의 문제의식을 계승하고 있었다. 조선이 식민지로 전락할 수밖에 없었던 이유를 역사적 사실에 입각해 통시대적으로 서술하겠다는 지향이다. 그러면서도 동시에 이런 기획이 가지는 자기모순, 즉 역사 연찬과 역사 보급 사이의 딜레마도 의식하고 있었다. 지상강좌라는 새로운 형식은 조선사학회가 제시한 답변이었다. 통속역사를 지향함으로써 역사 연찬이 통치 의도와 충돌할 때 생기는 문제를 미연에 방지하는 한편으로, 강의록 통신회원제를 채택하여 식민주의 역사학의 효율적인 보급 및 확산을 꾀했던 것이다. 또한 다양한 주제별 강의를 제공한다는 명목으로 당시 조선에서 활동하고 있던 일본인 '조선사' 연구자들을 끌어모을 수 있었다. 관변 조선 연구의 저변이 확인되었고, 제도화의 기틀도 마련했다.

하지만 정작 조선사학회 그 자체는 완전한 관변 단체도 아니고 그렇다고 독립적인 외부 단체도 아닌, 어중간한 상태로 남아 있었다. 지향하는 작업 또한 식민권력이 공인한 공식적인 조선사 교과서를 쓰는 것도 아니었고 그렇다고 아주 본격적인 조선사 연구 논고들을 묶어내는 것도 아니었다. 이런 와중에 애매모호하기 그지없는 통사 형태의 통속역사로 결착된 것이 조선사학회의 현주소였다. 조선사학회는 식민주의 역사학이 제도화되는 과정에서 결정적인 분기점이 되었지만, 거기서 만들어낸 역사학이란 이후 경성제대로 대표되는 식민지 관학 아카데미즘에서 산출해내는 조선사 연구에 훨씬 못 미치는, 비유컨대 옛 유물 같은 존재에 머물렀다.

그런데 이러한 평가는 조선사학회를 통해 비로소 조선사 연구자로 본격적인 행보를 시작했던 오다 쇼고 자신에게도 적용될 수 있겠다. 앞서 언급했듯이 그는 조선총독부의 고위 관료였다. 교과서용 도서를 편찬하고 관리·감독하는 데 특화된 전문가였고, 이런 전문 영역의 특성상 조선의 사회, 역사, 문화에 대해 해박했다. 고급 관료, 전문 관료로서는 드문 존재였다. 조선총독부가 관여하는 '문화'사업에는 어김없이 그가 투입되었다. 위기에 빠진 조선반도사 편찬사업에 참여했으며, 역사문헌을 조사·수집하고 유적지를 탐방하며 이를 식민권력의 관할 아래 두는 여러 사업들에 관여했다. 박물관 등의 기관에 대한 행정도 그의 몫이었다.

그런데 그런 그가 조선사학회를 만들었다. 관제적인 성격은 강했어도 엄연히 외부 단체였다. 여전히 현직 관료였지만 그는 조선사학회의 활동에 심혈을 기울였다. 조선사학회의 핵심 사업인 『조선사강좌』 발행에는 그의 손길, 그의 입김이 안 들어간 곳이 없었다. 문제가 생긴 원고를 대신 쓰는 일도 마다하지 않았다. 그는 방대한 분량의 통사를 집필해 역사가다운 면모를 확고히 한다.

『조선사강좌』가 한창 진행 중인 상황에서 오다 쇼고는 경성제대 창설 작업에도 참여한다. 당연히 실무를 총괄하는 위치였다. 대학예과의 형태도, 대학 학부의 구성도 그를 배제하고 정하기 어려웠다. 조선 연구와 관련된 강좌가 경성제대에 다수 설치될 수 있었던 데에는 그의 역할이 적지 않았을 것이다. 경성제대의 척후(斥候) 격으로 대학예과가 개설되자 그는 초대 예과부장으로 취임한다. 그리고 곧바로 오랜 기간 재직했던 학무국 편집과장 자리에서 물러났다. 관료에서 교수로의 전신(轉身)은 이렇게 공식화되었다.

게다가 1926년 경성제대 학부가 출범하자 오다 쇼고는 '조선사학 제2강좌'의 초대 주임교수로 부임했다. '조선사학'이라는 제목을 가진 제국대학의 강좌는 도쿄제대에 하나, 신설된 경성제대에 둘, 모두 세 강좌뿐이었다. 그중 한 강좌의 수장이 됨으로써 오다 쇼고는 명실공히 조선사학계의 대표로 자리매김하게 되었다.

경성제대의 다른 조선학 강좌에서도 오다 쇼고의 영향력이 분명하게 확인된다. 조선사의 이마니시 류도, 조선문학의 다카하시 도루도, 조선어학의 오구라 신페이도 이제 동료 교수가 되었지만, 엄연히 관료 오다 쇼고의 수하였고, 조선사학회 활동에서도 충실한 조력자들이었다. 경성제대의 조선학은 오다 쇼고의 조선학이라고 말해도 과언이 아닐 상황이었다. 하지만 이런 영향력은 역설적인 측면이 있었다. 그는 조선학, 조선사 연구의 대표적인 존재로 부상했지만, 사실 그렇게 될 수 있었던 것은 관료였기에 가능했던 것이지 역사학자로서 이룬 성취는 아니었다.

실제로 오다 쇼고의 역사학은 『조선사강좌』에서 입증했듯이 통사 서술에 장점을 보였지만, 당시 확립되고 있던 아카데미즘의 본격적인 경향과는 다소 거리가 있었다. 묻혀 있던 자료를 발굴하고 거기에 새로운 분석을 덧붙인다든가 기존 연구에는 없었던 새로운 연구 결과를 검증을 거쳐 학계에 공표(公表)한다든가 하는, 오늘날 상식이 된 지식생산 방식이 당시 식민지 조선에서 이제 막 제도화되려던 참이었다.

하지만 그의 역사학은 이렇게 새로운 역사적 사실을 발견하고 그에 대한 참신한 해석을 제시하는 것과는 거리가 있었다. 그보다는 발표된 역사 연구 성과들을 취합해서 각 시대의 역사적 특징을 적절하게 도출하고 그것을 통해 지금의 시대에 이르게 된 경위에 대해 적절한 정당성을 부여하는 데 집중했다. 지금의 시대란 곧 조선총독부가 통치하는 식민지 시대를 의미하는 것이니까, 아무리 합리적이고 신중한 해석을 제시해도 결국 식민통치에 대한 정당화로 수렴될 수밖에 없는 역사학이었다.

이렇게 보면 역사학자로서 그의 작업은 조선총독부 학무국 편집과장의 업무와 크게 다르지 않았다. 앞서 '식민지 관료에서 역사학자로의 전신'이라고 썼지만, 오다 쇼고의 경우에 이 전신이란 실은 식민지 관료가 역사학자로 확장된 것에 다름 아닌 측면이 있었던 것이다.

물론 오다 쇼고가 이런 옛날 스타일의 역사서술에만 마냥 머물렀던 것은 아니다. 경성제대 교수로 취임하기 이전부터 그는 조선총독부가 추진하던 학술사업을 통해 새로운 사료를 접하고 현지를 답사해서 역사적 사실에 대한 고증을 시도하기도 했다. 특히 조선사학회에서 활동할 당시 분류사강의를 맡아 구체적인 주제의 연구 작업을 수행하기도 했다. 교육제도사와 정쟁사가 그것이다.

그는 주로 조선시대를 중심으로 교육제도의 변천을 정리하고 당쟁(黨爭)의 추이를 규정하여 이를 「조선교육제도사」와 「이조정쟁약사」로 발표하였다.[51] 이 연구들은 경성제대 교수가 되었을 당시 그가 조선시대사 관련 연구자로 인식되는 계기가 되었다.

실제로 오다 쇼고의 설명에 따르면, 경성제대의 조선사학 2개 강좌 중에서 제1강좌는 이마니시 류가 맡아 고대부터 고려시대까지를 다루었으며, 제2강좌는 자신이 맡아 주로 "이조사(李朝史)를 강술"했다고 한다. 경성제대에 취임하기 이전까지 오다 쇼고의 저술 중에서 조선시대를 다룬 글은 이것 외에는 나중에 특별강의에도 실리게 되는 임진왜란 당시 왜군 장수들의 진지를 답사를 통해 고증한 연구밖에 없었다. 때문에 이런 추측은 나름 설득력을 가진다고 하겠는데, 그만큼 연구자로서 그의 경력을 받쳐줄 마땅한 연구 성과가 없었음을 반증하는 것이기도 하다.

경성제대 교수로 재직하는 동안, 그는 왜관(倭館)의 변천을 다루거나 천주교 박해와 붕당정치(朋黨政治)와의 관련성을 제기하거나 조선 도자기와 관련된 문헌을 정리하는 작업을 학술잡지에 발표했으며,[52] 특히 홍경래의 난에 대해서는 퇴임 후 환갑을 기념하여 단행본을 출간하기도 했다. 하지만 이 작업들이 학계에 미친 영향과 기여는 조선사학회의 『조선사강좌』와 『조선사대계』에 비해서는 미흡한 점들이 없지 않았다.

반면, 그는 경성제대 교수 시절, 청구학회의 회무감사를 맡아 『청구학총』의 간행을 실제로 꾸려나갔던 조선사편수회의 스에마쓰 야스카즈와 나카무라 히데타카(中村榮孝, 1902~1984)를 뒷받침했고, 경성제대 사학과의 교수, 졸업생, 재학생들이 만든 경성제대사학회의 초대 회장으로서 새로운 기관이 식민지 아카데미즘의 한 축으로서 원활하게 작동할 수 있도록 중계 역할을 하기도 했다. 조선사학자 오다 쇼고의 영향력은 경성제대 교수가 되어서도 줄어들지 않았지만, 영향력의 원천은 여전히 그의 역사학 작업 자체에 있었던 것은 아니었다. 그보다는 그가 '조선사학'이라는 분야를 제도적 차원에서 만들어낸 창조자라는 데 있었다. 그로 말미암아 식민주의 역사학은 식민지 조선에서 제도화되었으며, 경성제대는 이런 식민주의 역사학의 제도적 중심으로 출발하게 되었던 것이다.

2장

종속화되는 조선 고대사

이마니시 류의 조선사 기획

또 한 사람의 조선사학 창시자

경성제대의 조선사학 제1강좌의 초대 주임교수 이마니시 류
는 제2강좌를 맡은 오다 쇼고와는 대조적인 측면이 많은 인물이다.
1875년 일본 기후현(岐阜縣)에서 출생한 그는 1903년 도쿄제대 사학
과를 졸업했다. 같은 사학과 출신 오다 쇼고의 4년 후배이다. 하지만
이후 행적은 완전히 달라지는데, 오다가 교육계로 투신한 후 조선으
로 건너가서 식민지 관료로 활동했던 반면 이마니시는 일찍부터 조
선사 연구를 표방하며 아카데미즘 밖으로 벗어나지 않았던 학자였
기 때문이다. 물론 조선사를 전공하는 것은 상당한 모험이었고,실제
학자로서의 이력도 험난할 수밖에 없었다.

일본의 관학 아카데미즘이 학문적 편제의 차원에서 제국 일본의

이해와 밀접한 관련을 맺고 있는 것은 분명하다. 따라서 일찍부터 조선 사회와 조선사에 대한 학문적 관심은 존재했다. 하지만 대부분의 경우 이 관심이란 자기 사회, 즉 일본 사회의 역사와 관련된 지점에 한정되기 마련이다. 학문적 수요가 제한적이니 물질적 지원이 많기가 어려웠고, 학계에 자리가 부족한 것도 당연하다. '한국병합' 등의 이슈로 일본 사회에서 조선문제가 떠들썩하게 화제가 되기도 했지만 사회적 관심은 오래가지 않았다. 식민지 조선이 사실상 조슈(長州) 번벌(蕃閥)의 사유지처럼 운영되다 보니 일본 대중의 관심은 그마나도 제한되기 일쑤였다. 극소수의 연구자만이 조선 전문가로 활동했지만, 대학 등의 활동 기반은 충분하지 않았다.

이마니시 류 또한 예외는 아니었다. 그는 오랫동안 비정규직인 강사와 촉탁 자리를 전전해야 했다. 1916년이 되어서야 교토제대 사학과의 조교수가 되었는데, 40세가 넘은 나이였다. 게다가 강좌의 주임교수로 취임한 것은 그로부터 10년 뒤인 1926년의 일이다. 그때 이마니시의 나이는 52세였다. 그가 맡은 것은 경성제대 법문학부 조선사학 제1강좌 자리였다. 같은 해 교토제대에서도 겸직의 형태로 교수로 승진했지만 여기서는 강좌를 배정받지는 못했다. 공식적으로 자기 제자를 육성하지 못한다는 의미였다. 이처럼 4년 선배 오다가 조선총독부의 고급 관료로서 문교행정, 문화행정에 중요한 역할을 담당하던 사이, 후배 이마니시는 대학에서는 주변적 지위에 머물면서 조선총독부가 발주하는 학술사업에 촉탁으로 전전해야 했다. 하지만 그는 이런 어려움 속에서도 아카데미즘의 경계를 벗어나지 않았으며 엄밀한 학자적 태도를 고수하면서 조선사학자의 정체성을 표방했던 것으로 유명하다.

그림 2-1. 1922년 무렵의 이마니시 류
당시 일본 학계에서 조선사 연구를 대표했던
인물로, 후지쓰카 지카시와 더불어 조선
고서적을 광범하게 수집했던 장서가로도
유명했다.
출처: 今西龍, 1933, 『新羅史研究』, 近澤書店.

그리고 그는 오다 쇼고와는 다른 의미에서 조선사학의 개척자
가 되었다. 오다 쇼고가 조선총독부에서 학술사업을 관할하는 위치
에 섰던 관료 출신으로, 자신의 위치와 동원 가능한 인적·물적 자원
을 바탕으로 외곽에서 '조선사학'이라는 학문 영역의 제도적 정착에
결정적인 지원을 했던 인물이었다고 한다면, 이마니시 류는 일본의
제국대학 아카데미즘에서 '조선사학'을 자신의 전공으로 삼았던 최
초의 연구자 중 한 사람으로서 오다 쇼고 등이 제도적으로 구축했던
'조선사학'에 구체적인 내용을 채워가는 역할을 맡았다. 그래서인지
오다 쇼고와 이마니시 류의 후대 이미지는 상당히 다르고 대조적이
다. 오다 쇼고가 관료형 학자라는 폄하된 이미지가 강했던 반면, 이
마니시 류는 식민사학자라고는 하지만 실증에서는 엄밀성을 견지한

진짜 학자였다라는 식이다. 그리고 이런 이미지는 오다 쇼고와는 달리 식민사학자 이마니시 류를 다룰 때 문제로 부상한다. 공존할 수 없는 두 이미지가 충돌하기 때문이다. 심지어 그를 평가할 때 양가적이거나 분열적인 태도를 보이는 경우도 드물지 않다.

왜 이런 일이 생겨나는 것일까? 여러 이유가 있겠지만, 사람들이 근대 역사학과 식민주의 역사학을 별개의 것으로 보기 때문인 것 같다. 많은 사람들이 식민사학이란 제대로 된 역사학과 결코 공존할 수 없을 것이라 믿는다. 식민사학이란 것이 권력에 훼절(毁節)한 역사가들이 벌였던 노골적이고 뻔뻔스런 곡학아세(曲學阿世)의 사기극이라면, 여기에 제대로 된 역사가가 있을 리 없고 있어서는 안 되기 때문이다. 엄격한 학문적 태도를 견지한 역사학자이면서 동시에 사실을 왜곡하여 식민통치를 정당화하는 식민사학자일 수는 없는 것이 아닌가?

이런 의미에서 이마니시 류라는 존재는 상당히 곤혹스런 대상일 수밖에 없다. 그는 한편으로 엄격한 학문적 태도로 동료와 제자들에게 존경받았던 역사가였지만, 동시에 다른 한편으로 그의 엄격한 작업 속에 지금 우리의 입장에서 보았을 때 편향적인 식민사관 즉 의도적인 역사 왜곡으로 보이는 부분들을 다수 포함하고 있는 식민사가(植民史家)이기 때문이다. 그는 지금도 단군의 실존성 문제, 임나일본부와 한사군(漢四郡)에 관한 쟁점 등 여러 지점에서 식민사학에 연루되어 비판의 대상에 올라 있다. 그렇다면 이것은 과연 실수였을까? 아니면 의도적인 왜곡이었을까? 만약에 식민사학에의 연루가 의도적인 왜곡이었다고 한다면, 그의 역사적 작업 중 연루되지 않은 부분은 그냥 식민사학과 무관하게 평가해도 되는 것일까? 일본 근대 역사학의 식민주의적인 부분과 근대적인 부분은 권력에의 연루나 악의(惡意) 등의 기준으로 깔끔하게 나뉠 수 있는 것으로 보아도 좋은 것인가? 이마니시 류는 오다 쇼고와 완전히 대조적인 위치에 서 있는 듯 보이지만, 실제로는 하나의 질문 속에 수렴되고 있음을 여기서 확인할 수 있다. 그것은 식민사학을 어떻게 읽을 것인가 하는 문제이다. 그리고 질문은 오다 쇼고와 이마니시 류를 어떻게 볼 것인가의 문제를 넘어서, 우리에게서 식민사학의 비판과 극복이란 무엇인가 하는 질문으로 확산된다.

'식민사학', 어떻게 읽을 것인가

많은 연구자들이 이미 지적하고 있듯이, '식민사학'의 비판과 극복이란 과제는 해방 이후 한국사를 하나의 학문 분야로 정립해가는 과정에서 사실상 출발점이 되어왔다.[1] 그런데 해방된 지 70여 년, 역사학계에서 식민사학의 폐해가 본격적으로 제기된 지도 벌써 60년 가까이 지났건만, 아직도 이 식민사학이 극복되었다는 소식은 들리지 않는다. 여전히 비판할 거리는 남았고, 극복은 난망(難望)한 과제다.

일제시기 일본인 역사학자들 상당수가 식민통치의 정당화라는 이데올로기적 '의도'와 체계적으로 연루되어 있었다는 사실은 일찍부터 지적되어왔다. 이들은 무언가를 역사적으로 분석할 만한 대상으로 판단하는 문제 설정 단계에서부터 의식적이든 아니든 자유롭지 못했다는 것이다. 나아가 의도를 넘어 실질적인 역사 연구 과정에서 '왜곡'을 찾아내려는 작업들이 이어졌다. 일본인 연구자들의 저작들에 남겨진 고증의 오류, 해석의 착오 등이 면밀하게 추적되었고, 오늘날의 연구 축적을 기반으로 합당하게 논파(論破)되었다. 이를 통해 역사적 사실관계의 오류를 바로잡고 사태에 대한 새로운 시각을 제공하는 등 실질적인 성과를 거두기도 했다. 실제로도 일제시기에 활동했던 일본인 연구자들의 조선 연구에 대한 비판은 1960년대 이래 한국학 각 학문 분과에서 다각적으로 이루어져왔으며, 사실의 오류 및 해석의 편견을 입증하고 극복하려는 과정을 통해서 역사학을 비롯한 한국학 각 분야가 실질적으로 풍성해져왔음은 물론이다.

하지만 '의도'와 '왜곡'이라는 프레임(frame) 그 자체를 넘어서는 경우는 드물었다. 식민사학이란 것이 사실 애초부터 근대사학을 표방했으며, 실제로도 많은 식민사학자들이 엄격한 실증적 역사방법론을 견지했다는 사실은 납득되지도 않았고 용납할 수도 없었다. 이마니시 류와 같이 우리에게는 '비열한' 식민사학자라고 비판받는 이가 일본인들에게는 '엄밀한' 근대사학자로 칭송받는 사태를 정면으로 마주하려는 시도는 비교적 최근에야 실마리를 찾는 듯하다.[2] 한국사학의 구축이라는 과제 속에서 식민사학을 '근대사학 혹은 민족사학의 안티테제'로만 간주하던 그동안의 경향에서 벗어나, 식민사학의 존재를 염두에 두고 일제시기 민족사학의 형성 과정을 분석하거나,[3] 식민사학과 근대사학의 모호한 경계선에 주목하면서 식민사학자의 연구를 추적하는 괄목할 만한 시도[4]들이 나타나고 있기 때문이다. 하지만 '식민사학 대 근대사학' 혹은 '식민사학 대 민족사학'이라는 미리 설정된 경계선 자체에 대한 문제의식을 구체적인 분석의 차원에까지 끌고 들어가는 경우는 아직 많지 않은 것도 엄연한 사실이다.

　잘 알려져 있듯이, '과학적 역사학'의 기치를 내걸었던 실증사학의 등장은 제도적 차원에서 근대 역사학의 출발을 알리는 사건이었다.[5] 랑케(Leopold von Ranke)로 상징되는 실증사학은 엄밀한 방법론을 채택하여 역사학을 하나의 '경험과학'으로 정립하는 데 결정적인 역할을 했다. 그뿐만 아니라, 역사적 정당성의 구축이 절실했던 국민국가의 전폭적인 지원을 받음으로써 역사학이 '인문학의 중심'으로 자리매김하는 데 견인차가 되었다. 해방 이후 분과학문의 정립과 민족국가에의 기여라는 마찬가지의 과제를 안고 있었던 한국의 학계에서도 이와 같은 '과학적 역사학'의 정립이 절실히 요청되고 있었음은 물론이다. 식민사학을 이데올로기라고 선험적으로 전제하는 반면에, 과학으로서의 실증사학은 식민사학과 무관하거나 설령 연구되더라도 그저 오용·악용된 것에 불과한 것으로 간주하려는 경향이 존재했던 것도, 그래서 전혀 이해 못할 바는 아니라고 하겠다.

　하지만 식민사학이란 것이, 관점을 달리해서 일본의 입장에 서면, 실은 일본 근대 역사학의 형성 과정에 다름 아니었다는 사실이 밝혀지고 있는 만큼,[6] 실증사학 문제에 대한 비판적인 접근이 결락(缺落)된 식민사학 비판은 한계가 명확하다는 사실도 분명해졌다. 모든 것을 이데올로기적 의도 또는 음모의 소산으로 돌리다 보니, 식민사학은 그 자체에 대한 냉정한 판단과 충분한 분석이 이루어지기 이전에 이미 구축과 배제의 대상으로 정해지곤 했다. 식민사학의 유산과 관련되는 껄끄러운 질문들은 성급한 분노 속에서 외면받기 일쑤였다. 게다가 역사적 사실에 대한 악의적인 왜곡을 밝혀냄으로써 식민사학은 극복될 수 있으리라 믿었지만, 사실관계의 세밀한 검토가 진행될수록 의도적인 왜곡과 개별적 오류 사이의 경계는 도리어 모호해져버리는 문제도 있다. 심지어 이런 식의 잣대 자체가 자의적인 것이 아닌가 하는 의심마저 드는 상황이 늘어간다.

이처럼 식민사학을 비판하는 방법론적 잣대가 실은 식민사학의 그것과 다르지 않다는 역설에는 '식민주의적 의도'에 대한 판에 박은 듯한 비판적 구호와는 별도의 문제가 도사리고 있는 것은 아니었을까. 가령 어느 순간부터 식민사학 비판은 전문가들 사이에서 벌어지는 '그들만의 전쟁'처럼 되어버린 측면이 있다. 근본적인 문제 제기가 감히 불가능한 상황에서 논쟁은 사실을 둘러싼 시시콜콜한 규명이 될 여지가 커지기 때문이다. 그리고 이런 논의 자체에서 배제된 사람들의 불만도 커진다. 식민사학과 '강단사학'은 싸우는 것처럼 보이지만 실은 한통속이 아닌가 하는 의심조차 생겨난다. 그리고 음모론이 여기서 자라난다. 기존의 역사학을 싸잡아 비판하는 이른바 '사이비 역사학'[7]이 대중적 지지 속에서 횡횡하게 된 것도, 이처럼 식민사학과 그 반대편이 '실증사학이라는 카르텔'로부터 좀처럼 벗어나지 못하고 있다는 의심과 무관하지 않다.

만약에 그렇다면, 우리는 식민사학을 어떻게 읽어내야 할까? 물론 올바른 길은 현재적 욕망을 투영하여 역사를 '미몽(迷夢)'으로 만드는 안팎의 불온한 시도들에 대해서, 현재 시점에서 인정되는 역사적 근거를 기반으로 최대한 합리적 해석을 추구하여 이에 적극적으로 대응하는 것이어야 할 것이다. 하지만 이런 '진실'을 둘러싼 공방과는 별도로, 왜 식민사학을 둘러싼 작금의 사태가 귀머거리들의 대화처럼 되고 말았는지에 대해서도 진지하고도 냉정한 고찰이 필요하지 않을까? 푸코(M. Foucault)의 문제의식[8]을 빌려서 말하자면, 무엇이 역사적 '진리'인가가 아니라, 무엇이 우리가 그것을 역사적 '진리'로서 받아들이게 만드는가의 문제에 대해서도 관심을 기울일 필요가 있는 것이다. 이런 질문은 '왜 아무리 사실의 오류를 논박해도 식민사학은 여전히 위력적으로 보이는가?'라는 당면한 문제뿐 아니라, '우리는 어떤 조건에서 특정한 역사학적 논증을 '사실=진리'로 받아들이는가, 다시 말해 우리는 왜 실증사학으로부터 좀처럼 벗어날 수 없는가?' 하는 문제에 대해서도 실마리를 줄 수 있기 때문이다.

역사서사와 식민주의 역사학

이런 의미에서 여기서는 1장에서 오다 쇼고를 실마리 삼아 다루었던 '식민주의 역사학의 제도화'라는 문제를 시각과 차원을 달리하여 접근해보고자 한다. 앞선 장에서는 어떻게 제도들의 구축을 통해 식민주의 역사학이 그 윤곽을 드러내게 되었는가에 주목했다면, 이번 장에서는 그런 식민주의 역사학이 내용적으로 어떻게 채워지는가의 문제에 집중하겠다는 이야기다. 좀 더 자세하게 말하자면, 여기서 조선사학이라는 식민주의 역사학이 얼마나 잘못된 의도와 편견 어린 오류로 가득 차 있는지를 규명하는 것이 아니라, 그런 오류에도 불구하고, 식민주의 역사학은 어쩌면 그렇게 당당하게 자신을 객관적이고도 과학적인 '진리'라고 주장하며 또 이 역사학을 읽는 독자들에게 그것을 믿도록 만드는가의 문제, 다시 말해 푸코적인 의미에서 '진리 효과'를 개략적이나마 따져보자는 것이다.

이를 위해 여기에서는 식민주의 역사학자들의 역사 기획, 다시 말해 그들이 구축한 조선에 대한 '역사=이야기'에 초점을 맞춘다. 그리고 다음과 같은 질문을 던져보고자 한다. 구체적으로는 그들이 타자로서 조선인의 '역사=이야기'를 구축하기 위해 어떤 방식으로 근대 역사학의 이론 및 방법론을 활용하고 있는가? 그리고 그렇게 짜여진 '역사=이야기'에서 식민지 사회의 종속성은 어떻게 도출되는가? 이것은 식민사학자의 작업을 식민지에서 특정한 '진리 효과'를 창출하고자 했던 '지(知)의 기획'으로 간주하고, 그 내부로부터 식민사학의 해체와 극복의 계기를 발견하려는 전략적 시도와도 관련이 있다.

또 이마니시 류가 추구했던 조선사 연구의 지적 기획을 새삼 문제 삼으려 하는 이유도 여기에 있다. 앞서 언급했듯이, 이마니시는 일본의 관학 아카데미즘 속에서 '조선사'를 자신의 전공으로 표방한 첫 역사학자였다. 실제 학문적 이력을 보아도 "조선사로 시작해서, 조선사로 끝난" 명실공히 "조선사학의 개척자"였다.[9] 특히 조선 고대사 분야에서 그는 일본 본토의 학계에서도 "다이쇼(大正)·쇼와(昭和) 시기를 통틀어 거의 독보적인 존재"[10]로 군림했던 역사가였다. 식민지에서는 조선총독부의 각종 고적조사, 조선반도사 편찬사업, 조선사편수회 등에 주도적으로 참여하면서 오다 쇼고가 주도했던 식민주의 역사학의 제도적 기틀과 내용적 골간을 마련하는 데서도 중추적인 역할을 했다.

그는 "극단적"이란 평을 들을 정도로 근대사학에 기초한 엄격한 사료 비판과 사실 고증을 평생 고수했던 걸로 유명하지만,[11] 동시에 고대사를 중심으로 식민지 역사 전체를 관통하는 통사 서술을 꿈꾸고 지향했던 인물이기도 하다.[12] 그래서인지 그에 대한 한국 학계의 평가도 극단적으로 엇갈린다. "한국 고대사의 말살(抹殺)과 왜곡(歪曲)의 기초를 다진 자"[13]라는 혹독한 비판이 있는가 하면, "박사라는 호칭이 붙여져 불릴 만큼 지대한 영향력을 발휘"한 "드문 학자"[14]라는 엇갈린 호평이 지금까지도 공존한다. 이 장에서는 식민사학자로 그가 지향했던 '지의 기획'이 특유의 '역사=이야기' 속에서 어떻게 구현되었으며, 그 결과 이렇게 극단적으로 갈리는 그에 대한 평가가 공존할 수 있게 되었는지 '식민주의 역사학'이라는 지평에서 살펴보겠다.

권력의 서사와 식민주의 역사학의 딜레마

다시 질문으로 되돌아가보자. 식민주의 역사학의 문제를 '진실-거짓'의 규명이 아닌 다른 차원에서 접근하는 것은 어떻게 가능할까? 일단, 식민주의 역사학이 얼마나 오류로 가득 차 있는지를 규명하려는 것은 아님을 확인해둔다. 그것보다는 그렇게 오류가 많음에도 식민주의 역사학은 어쩌면 그렇게도 당당하게 자기가 객관적이고 과학적인 '진리'라고 주장할 수 있는지를 묻고자 하는 것이다.

심지어 어떻게 독자들이 그것을 믿도록 만드는지도 궁금하다. 이런 문제를 따져보는 방법은 여러 가지가 있을 수 있다. 제일 쉽게는 그런 식민주의 역사학의 서사를 만들어내는 역사가의 의도가 무엇인지를 따져보는 방법이 있겠다. 그들의 역사학 작업 중에서 서술의 의도와 방법이 드러나는 서론이 집중적인 분석 대상이 된다. 그리고 여기서 의도의 왜곡을 밝히고 방법의 허점을 찾는다. 지금까지의 '식민사학 비판'이 취했던 방법이다.

그리고 그것만으로 충분하지 못하다는 것은 지금껏 언급한 바대로다. 이제 서론만이 아니라 그들의 역사학 작업 그 자체가 면밀한 고찰의 대상이 된다. 무슨 자료를 어떻게 동원해서 무엇을 논증하려고 시도하는가? 그 결과로 어떤 역사적인 서사가 구축되는가? 이렇게 질문의 초점이 달라지기 시작한다. 과연 그들의 식민주의적 의도와 기획은 스스로 실증적이라 믿으며 구축한 역사적 서사구조와 어떻게 결합되어 있을까? 문제의 핵심은 여기에 있다. 특히 식민주의 역사학이라는 것이 기본적으로 타자로서 조선·조선인에 대한 '역사=이야기'라고 했을 때, 이런 의도와 기획은 혹시나 다른 욕망들과 충돌하면서 '역사=이야기' 그 자체를 균열시켜버리는 시한폭탄으로 작용하는 것은 아닌지 세심하게 따져볼 일이다.

이것은 상당히 복잡하고 난해한 임무라고 할 수밖에 없는데, 이와 관련해 참고가 되는 논의 중 하나가 아마도 미국의 역사학자 헤이든 화이트(Hayden White)의 '메타역사론'일 것 같다.[15] 그는 텍스트와 콘텍스트 사이의 관계, 더 구체적으로는 사료와 역사적 실재 사이의 관계가 우리가 흔히 생각하는 만큼 그렇게 명료한 것이 아니지 않나 의문을 제기한다. 그리고 이런 의문은 역사 연구라는 것이 실은 우리가 그것을 '역사적 진리'라고 믿게 만드는 일종의 서사구조에 불과한 것이 아닌가 하는, 지극히 도발적인 문제 제기로 확장된다. 헤이든 화이트에 따르면, 역사서술(historiography)이란 "상당량의 자료들의 결합, 이 자료들을 설명하기 위한 이론적 개념들과, 과거에 일어났다고 생각되는 일련의 사건들에 대한 도상(圖像, icon)으로서 자료를 제시하는 서술구조와의 결합"[16]에 다름 아니다. 다시 말해 개별 사실을 엮어서 전체적으로 하나의 이야기(story)를 구성하는 것이 역사이며, 이런 독특한 '역사적' 설명을 무비판적으로 받아들이게끔 만드는 것이 역사 연구의 배후에 있는 서사장치의 효과라는 것이다.

이렇게 본다면, "과거를 있는 그대로 보여준다(wie es eigentlich gewesen)"는 것을 철칙(鐵則)으로 삼는 실증사학이란 것도 사실은 19세기 과학서사의 기법을 정밀하게 동원하여 '진리 효과'를 극대화하고, 새롭게 출현한 국민국가의 형식 속에 민족의 자기서사를 구축하여, 독자들의 '역사적 상상력'을 만족시키는 효과적인 서사전략에 다름 아닌 것이 된다. 실증사학으로 무장한 일본의 역사학자들이 식민지에 도입하고자 했던 것도 이런 실증사학, 다시 말해 근대 역사학의 파생물로서 식민주의 역사학이라는 서사장치였다.

물론 식민주의 역사학은 일본의 식민통치를 정당화해 식민지인들의 정신적 동화를 달성한다는 노골적인 정치적 의도를 가진다는 점에서 본질적으로 '권력의 서사'였다는 사실은 부정할 수 없다. 하지만 동화를 단순히 강요하는 데 그치는 것이 아니라 신뢰할 만한 사실과 엄밀한 방법론을 바탕으로 누구나 납득할 만한 역사서술의 완성을 지향한다는 점에서 식민주의 역사학은 실증사학 특유의 '객관주의와 리얼리즘'의 서사이기도 했다. 서로 반대로 보이는 식민사학과 실증사학은 이렇게 한 몸이 될 수 있었다. 그리고 식민권력의 전폭적인 지원 속에서 이런 실증사학의 서사전략을 노골적으로 드러내는 계기가 되었던 것이 1장에서도 잠시 다루었지만 1915년부터 조선총독부가 본격적으로 추진했던 조선반도사 편찬사업이었다.

기존 연구들이 적절하게 지적하고 있듯이,[17] 이 사업은 1910년부터 시작된 식민통치가 어느 정도 정착하기 시작했다는 자신감과 박은식의 『한국통사(韓國痛史)』로 대표되는, 권력의 입장에 볼 때 지극히 '불온한' 역사서가 조선인들 사이에서 암암리에 유통되는 현실에 대한 우려 등이 교차하는 가운데 이루어진 것으로, 식민권력의 공인 아래 식민지 조선에 대한 공식적인 통사 서술을 구축하겠다는 야심찬 포부를 표방했다. 일본 본토에서조차 사실상 포기했던 '정사(正史)' 서술을 지향했던 것이다.[18]

편찬 업무에는 '조선사'와 관련해서 일본 학계의 유력한 권위자들이 위촉되었다. 일본 국사학계의 2세대를 대표하면서 국사학의 영역 확장을 꾀했던 도쿄제대 국사학과의 구로이타 가쓰미, 전공은 일본 중세사이지만 미토학파(水戶學派)를 계승한 후계자로서 '일선동조'의 기틀을 마련하고자 했던 교토제대 국사학과의 미우라 히로유키, 그리고 우리의 주인공이자 일본 아카데미 역사학계에서 조선 고대사 연구로 독보적인 위상을 구축하고 있던 '동양사학자' 이마니시 류였다. 조선사를 일본 국사학의 확장으로서 보겠다는 원칙적인 입장이 구로이타를 통해, 일선동조론을 식민지의 역사서서 속에서 확인해보겠다는 욕망이 미우라를 통해, 그리고 고고학적 성과에 입각한 실증적 방법의 적용이라는 방법론적 원칙이 이마니시를 통해 여실히 드러나는 구성이었다. 그리고 이 세 사람에 의해 조선반도사의 취지와 편찬 원칙, 그리고 구체적인 편찬 방식과 순서가 결정되었다.

그런데 이 중에서 편찬 원칙은 '권력의 서사'로서 식민사학이 갖추어야 할 최소한의 조건이 무엇인지를 명확히 드러내고 있다는 점에서 특히 눈길을 끈다. 나중에 '식민사학의 특징'으로 알려지는, 윤해동 교수의 표현에 따르면 '왜곡의 지표'들이 이미 여기에서 명확하게 실체를 드러내고 있었던 것이다.[19] 앞에서도 다루었지만 식민사학의 특징이라고 하면 보통 일선동조론, 타율성론, 정체성론, 사대주의론, 당파성론, 반도적 성격론이 거론된다.[20]

이런 특징을 헤이든 화이트를 참조해 설명하자면, 식민사학의 서사구조를 완성하는 구체적인 플롯에 해당된다. 이 플롯들은 서로 얽히면서 "왜 조선은 일본의 식민지가 될 수밖에 없었는가?"라는 의문에 답하는, 식민사학의 큰 이야기, 즉 거대서사로 만들어진다. 가령, 사대주의론은 타율성론의 구체적인 내용에 해당되고, 당파성론은 정체성론의 원인을 암시하며, 이런 성격들이 배양되었던 지정학적 배경으로 반도적 성격이 설정되는 식이다. 그리고 이 지점에서 일선동조론이 호출되는데, 일본이 왜 이렇게 타율적이고 정체된 조선을 '합병'할 수 있게 되었는지 그 '필연적 이유'를 구성한다. 그리고 일본인과 조선인은 '동족(同族)'이며, 그렇기 때문에 조선은 일본에 합병되었지만 그래도 식민지가 아니라는 일견 모순되는 주장이 이 지점에서 완성된다. 이런 서사의 얼개는 1장에서 인용한 편찬 원칙에서도 확연히 드러난다. 일선동조론은 '첫째' 원칙에, 타율성과 정체성은 '둘째' 원칙에 해당하기 때문이다.

그런데 식민주의 역사학의 이런 서사구조가 하나의 역사적 '진리'로서 조선인들에게 수긍되기 위해서는 이것만으로는 충분하지 않다. 이런 플롯과는 별개로 '진리 효과'를 일으키는 장치가 필요하게 되는데, 그것이 '신뢰할 만한 사실에 기초'해야 한다는 '셋째' 원칙과 연결된다. 사료로서 신뢰할 수 있는 정보를 축적해야 하고, 이런 축적된 역사적 정보를 최대한 객관적으로 시간의 흐름에 따라 구성해내서 "일[事]의 본말(本末)"[21]을 밝히는 새로운 역사학적 방법론이 요청된다는 것이다.

한국통감부 이래 구관조사사업의 명목으로 구축된 방대한 고문헌 데이터베이스의 정리 작업이 일단 완료되는 단계에서 조선총독부가 조선반도사 편찬사업을 출범시켰던 것은, 그리고 조선반도사의 편찬주임으로 당시 일본 아카데미 역사학의 흐름 속에서 조선 사적(史籍)의 현황과 관련된 고고학적 발굴 성과에 대해 누구보다 잘 알았던 '조선사' 연구자 이마니시 류를 포함했던 것은 이런 '셋째' 원칙에 부합하기 위한 시도로 이해될 수 있다. 식민사학의 내용이 되는 '첫째'와 '둘째' 원칙이 한갓 '이데올로기'로 치부되지 않고 실제로 역사의 보급을 통해 '진리 효과'를 가지기 위해서는 '셋째' 원칙은 식민사학이라는 하나의 서사구조를 완성하는 필수적인 요건이 되었던 것이다.

그런데 이후 전개된 조선반도사의 운명은 앞서 1장에서 설명했던 대로다. 발족 당시 편찬사업의 책임자 및 실무자들이 가졌던 '낙관적 전망'에도 불구하고, 실제로는 좌충우돌의 연속이었고 결국에는 좌초하고 말았다. '조선반도사'는 완성되지 못한 채 중단되고 말았던 것이다.[22] 이후 조선총독부는 1922년 조선사편찬위원회를 구성했고, 이것은 1926년 조선사편수회의 설치로 이어졌다. 하지만 신왕조가 옛 왕조의 정사(正史)를 편찬하는 것처럼 식민권력의 힘으로 조선반도사라는 관찬 통사를 간행하려는 계획은 계승되지 못했다. 조선사편수회가 1932년부터 1938년까지 전체 35권으로 묶어낸 『조선사』는 수집된 사료를 기반으로 연도순으로 사건을 배치하고 이에 대한 강문(綱文)과 전거(典據)를 수록한 일종의 색인집이었다.[23]

불가능한 식민주의 역사학?

식민주의 역사학은 대단히 강고한 '권력의 서사'처럼 보인다. 하지만 실제로 그것을 실현하는 과정에서 해결이 어려운 각종 모순과 결함에 부딪치게 되고, 결국에는 원칙대로는 결코 완성할 수가 없는 '불가능한 서사'였음이 판명되고 만다. 필자가 식민주의 역사학의 차질(差跌)이라고 부르는 문제가 이것이었다.

가령 조선반도사 편찬을 추진하던 측은 하나같이 조선인들이 편찬했던 역사책이 객관성과 실증성이 부족하며, 따라서 쓸데없는 오해와 불만을 불러일으킨다고 푸념했다. 반면에 자신들이 만들 조선반도사는 "신뢰할 만한 사실을 기초로" 한 "공명적확한 사서"가 될 것으로 확신했다. 이런 우월감은 자신들의 기반이 되는 근대 역사학, 실은 실증사학이 조선인들의 민족사학을 압도할 만큼 과학적으로도 문명적으로도 우월하다고 자신했기 때문에 나올 수 있는 것이기도 했다. 오류와 신화가 뒤섞인 식민지의 옛 자료들을 실증사학이라는 근대적인 잣대로 엄밀하게 신문하여 분류·체계화하는 한편으로, 일본·중국 등 주변 국가들의 '신뢰 가능한' 역사적 자료와 비교하는 과정을 거쳐서 비로소 '일선동조'와 '내선동화'의 정황을 객관적으로 파악할 수 있다는 주장이었다. 그리고 이것은 "신뢰할 만한 사실"들의 방대하고 체계적인 축적을 통해서만 가능할 터였다.

그런데 아무리 찾아도 '신뢰할 만한' 사료가 거의 남아 있지 않을 때에는 어떻게 할 것인가? 한때 조선의 문헌 기록과 사적(史籍)은 『일본서기』와 『고사기』로 대표되는 일본의 사적에 의존해왔던 일본 고대사의 서사구조를 비판하고 해체하는 주요한 도구로 역할했다.

기존의 일본 역사서가 가진 연대 추정의 불투명성과 부정확성을『삼국사기』같은 한국 사적이나 중국 사적에 의거해서 비판하고 보정함으로써 새로운 근대적 역사서술의 가능성을 열고자 했기 때문이다. 이것은 일본사학사적인 관점에서 본다면 일본 근대 역사학이 출발하는 순간이기도 했다.[24]

그런데 1910년대 조선총독부가 주도했던 고고학적 발굴의 결과는 조선의 사적들이 생각보다 신뢰하기 어렵다는 사실을 드러냈다.[25] 비판과 참고의 기준이었던 조선 사적 또한 사료 비판의 대상으로 부상한 것이다. 조사 작업에 참여했던 이마니시 류는 특히 이 문제를 가지고 근대 역사학의 형성을 주도했던 앞 세대 역사학자들에게 도전장을 내밀었다. 조선 역사 문헌이 가지는 모순과 오류를 해소하기 위해서는 도리어 '기(記)·기(紀)'로 대표되는 일본의 사적에 의해 보정해야 하는 것이 아닌가 하는 의문을 제기했던 것이다.

게다가 당시 일본 학계의 고고학 발굴 조사가 여전히 초보적인 단계에 머물고 있었다는 사정까지 고려한다면,[26] 앞으로 새로운 자료, 새로운 사실이 발굴되어 지금의 문제점이 해소될 수 있으리라 섣불리 낙관하기도 어려웠다. 조사가 진행될수록 확실하다고 생각했던 것들이 무너지는 반면, 새롭게 분명해지는 것은 드문 상황이 계속되었다. '조선반도사' 편찬이 직면했던 문제 중 하나는 이러한 난관(難關)과 관련이 깊었다.[27]

또한 편찬사업 자체는 고대부터 지금에 이르기까지 식민지 조선의 역사 전체를 관통하는 통사 서술을 지향하고 있었지만, 실제 집필을 추진해보니 고대사에 지나치게 편중된 문제도 있었다. 최종적으로 '조선반도사'는 모두 6편의 편제로 집필 작업이 진행되었다.

제1편 상고삼한(上古三韓), 제2편 삼국시대, 제3편 통일신라, 제4편 고려시대, 제5편 이조(李朝)시대, 제6편 최근세시대의 구성이었다. 편제를 보다시피 절반이 고대사였다. 1918년에는 작업 진척을 독려하기 위해 각 편의 집필 담당자를 부랴부랴 선임했지만, 이런 편중은 좀처럼 해소되지 않았다. 편집자 중 유일하게 이마니시 류만이 전문가였고, 고려시대 이하 나머지 집필자들은 애초에 전문 분야가 아니었다.[28] 고대사가 사료가 제일 부족한 분야인 것을 감안하면 아이러니한 상황이었다.

조선반도사는 "식민통치에의 효용"이라는 취지에 적극적으로 부응하기 위해서 "일선인이 동족인 사실"을 밝히는 데 초점을 맞추었고, 그 결과 고대사의 비중이 커졌다고 할 수도 있겠다. 하지만 식민사학의 서사구조에서 '일선동조'만큼이나 중요한 것이 식민통치의 필연성을 밝히는 것이다. 그리고 이러한 과제는 조선시대사 및 최근세사의 영역에서 "민중이 점차 피폐해지고 빈약에 빠"지게 된 이유를 체계적으로 설명하고, 이것을 식민통치 이후 조선인들이 "인간의 행복을 다할 수 있다는 사실"과 선명하게 대조하는 작업과 밀접한 연관이 있다. 하지만 조선총독부가 추진하는 식민지의 통사적 '역사=이야기'에서 또 하나의 중심축을 이루어야 할 '정체(停滯)'의 서사는 '조선반도사'에서는 이처럼 지극히 부실한 상태에 머물러 있었다.

왜 이러한 문제가 생겨났을까? 결론부터 말하자면, 이런 편중은 사실 근대 역사학을 훈련받은 일본인 연구자들 중에서 조선의 '중세사'와 '근세사'를 제대로 다룰 수 있는 전문가가 전혀 없었던 탓이 컸다. 사실 1910년대까지는 '조선사'라는 분야 자체가 아직 일본 아카데미즘 내부에 하나의 연구 분야로 정착하기 이전으로, 이마니시 류,

이케우치 히로시(池内宏) 등은 1922년이 되어서야 비로소 조선사 연구로 박사학위를 취득할 수 있었다. 이 무렵부터 일본 학계에서도 조선사 연구가 인정받기 시작했던 것이다. 이들은 조선사학에서 독보적인 존재로 상당 기간 군림했다. 하지만 이것이 가능했던 것은 연구자로서 그들의 뛰어난 역량에 기인하는 측면도 있지만, 차세대 연구자들이 조선사에 그다지 관심을 두지 않았던 탓도 없지 않았다.

게다가 후속 세대 연구자들이 조선사에 관심을 두지 않은 것도 어찌 보면 당연했다. 가령 조선반도사 편찬사업의 경우처럼 '일선동조'의 원칙을 강하게 관철하게 되면, 조선사는 일본사, 다시 말해 '고쿠시(國史)'의 일부가 될 수밖에 없는데, 이 경우 독립된 연구 분야로서 조선사의 정체성이 무너져버릴 위험이 커진다. 조선사 연구 자체가 어디까지나 일본의 역사적 기원을 해명하는 더 큰 과제의 일부가 될 뿐이기 때문이다. 결국 조선의 역사는 민족국가 일본이 '문명'의 중심이라 할 수 있는 중국의 영향력 속에서도 독자적인 문화를 구축할 수 있었고 따라서 진보의 동력을 가지고 있었다는 '자기서사'를 완성하는 데 필요한 만큼만의 의미가 있었던 것이다.[29] 그래서인지 고대사, 그리고 한일관계사의 영역을 제외하고 일본인 학자들이 조선 역사에 관심을 가지는 경우는 극히 드물었다. 이들에게 조선인은 어디까지나 '대상'이었을 뿐 '주체'가 될 수 없었다. 조선사라는 식민주의 역사학의 서사는 근대 역사학의 방법론에 입각하여 구축된 '고쿠시'의 파생물에 불과할 뿐, 완결된 자기서사란 애초부터 불가능했던 것이다.

조선사, 민족의 역사 혹은 권역의 역사

그런 의미에서 조선 고대사에 등장하는 한사군, 그중에서 낙랑군의 존재는, '권력의 서사'로서 식민주의 역사학이 처해 있는 복잡한 정황을 여실히 보여주는 흥미로운 사례였다. 왜냐하면 식민주의 역사학으로서 조선사가 조선 민족의 기원을 일선동조의 차원에서 밝히는 것이라면, 당시로서는 중국 민족의 나라로 간주되고 있던 한사군의 역사를 어떤 방식으로 조선사에 포함하느냐의 문제는 여러모로 논란거리가 될 소지가 많았기 때문이다. 이마니시 류가 집필한 것으로 추정되는 '조선반도사' 제1편 원고도 이런 문제를 의식했는지, 이 문제에 대해서 이렇게 언급하고 있다.

> 조선 민족의 역사는 그 선조인 한민족(韓民族)의 역사와 이어져 있으며, 한사군의 역사는 정확히 말하면 조선의 역사에서 생략해야 하겠지만, 이들의 역사는 한민족 그 자체와 밀접하게 관련되어 있어서 이를 설명하지 않고서는 그 역사를 풀어갈 수 없다.[30]

근대적인 서술 방법에 입각해서 쓴 최초의 조선 역사 전문서로 평가받는 하야시 다이스케의 『조선사』(1892) 이래, 일본 학계의 조선사 통사는 대체로 조선반도에 존재했던 정치체(政治體), 즉 국가의 등장과 소멸을 중심으로 역사를 서술했다. 정치사의 통상적인 시대 구분으로도 보이지만, 하야시의 『조선사』가 흥미로운 지점은 이웃 나라 조선의 역사를 하나의 외국사로 다루고 있다는 것이다.

국가적 이익이라는 관점에서 조선이 중요하고 그래서 사회와 역사, 문화가 앎의 대상이 되었지만, 최소한 이 단계에서는 조선인이 누구인지, 조선 민족이 어떤 존재인지 따위에 대한 고찰로는 이어지지 않았다. 물론 에도시대부터 국학자들이 중심이 되어 일선동조니 조선 지배니 하는 논의가 전개되기도 했다. 하지만 이것은 어디까지나 일본 사회 내부의 통합을 위해 타자로서 '가라비토(韓人)'를 설정하는 데 지나지 않은 것들이 많았다.

하지만 1910년 조선이 일본의 식민지가 되면서 상황은 달라졌다. 조선사는 더 이상 남의 나라의 역사가 아니게 된 것이다. 더불어 조선인이 누구인지, 조선 민족이 어떤 존재인지에 대해서도 중요성이 부각되었다. 저항 없이 굴복시키기 위해서는 앎이 필요했던 것이다. 이들을 일본인으로 만드는 데 필요한 것이 무엇일지, 그리고 저해 요인은 무엇이 있는지를 알기 위해 역사를 거슬러 올라가야 했다.

식민지를 획득한 조선총독부가 전쟁을 방불케 하는 조선인들의 맹렬한 저항을 어느 정도 수습하자, 곧바로 착수한 사업 중 하나가 조선반도사 편찬사업이라는 점은 그래서 여러모로 의미심장하다. 조선 민족이 어떤 사람들이며 이 민족이 왜 일본 민족과 하나가 되어야 하는지, 조선인들도 납득할 만한 '역사=이야기'가 필요했던 것이다. 이 '역사=이야기'는 우선은 조선 민족의 역사가 되어야 했음은 물론이다. 앞선 인용에서 이마니시 류가 조선사는 조선 민족의 역사이고, 이것은 곧 한종족(韓種族)이라고 규정했던 것도 이 때문이었다. 이것은 조선반도사의 편찬 지침이었고 동시에 연구자 이마니시 류의 개인적 소신이기도 했다.

그런데 이 지점에서 한사군 같은 문제가 쟁점으로 부상한다. 한반도에 한족(漢族)이 세운 식민지(colony)가 장기간 존재했다면, 이런 종속의 역사는 조선 민족의 역사적 서사 속에서는 어떻게 위치 지을 것인가? 조선사가 조선 민족의 역사이고, 그중에서도 원류를 이루는 한종족의 역사라고 한다면, 조선 고대사라는 '역사=이야기'의 주인공은 당연히, 한(韓) 즉 삼한(三韓)이 되어야 한다. '조선반도사'의 1편 원고는 기본적으로 삼한정통론의 입장에 서 있었다. 그런데 통사의 서사구조에서 삼한이 주(主)가 된다면, 한반도 내에 활동했던 다른 계열의 종족들은 종(從) 혹은 객(客)이 되는 것이 당연했다. 실제로도 부여 및 고구려와 관련 있는 예족(濊族)과 맥족(貊族)에 대한 설명은 이 서사 속에서는 상대적으로 제한된다. 심지어 고구려의 역사는 삼한에 기원을 두는 백제, 신라, 가야에 비해 부차적으로 다루어진다.

한사군의 역사를 이렇게 부차적인 것으로 다루어도 되는 것일까? 식민주의 역사학의 관점에서 한반도 안의 '중국'을 상징하는 한사군의 존재는 한반도 안의 '일본'을 상징하는 임나일본부와 더불어 조선 민족의 원천적인 종속성을 드러내는 역사적 증거였다. 하지만 고구려의 경우가 그렇듯이 조선 민족을 주인공으로 하는 역사를 서술한다고 했을 때, 이런 종속성의 증거들도 주변적인 위치에 놓이게 될 가능성이 높아진다는 것이 식민주의 역사학자의 고민이었다.

그래서 조선반도사 편찬사업이 실패한 이후, 조선사를 다르게 규정하여 이런 난점을 해소하려는 시도들이 실제로 나타나기도 했다. 오다 쇼고가 주도했던 조선사학회의 『조선사강좌』도 그중 하나였다. 그는 자신이 집필했던 '일반사강의'에서 조선사의 규정과 관련하여 다음과 같이 언급한 바가 있다.

조선반도의 연혁 및 조선 민족의 과정을 가장 온건한 태도를 가지고 가능한 한 정확하게 연구해야 한다."[31]

조선사란 조선 민족의 역사라고 명시했던 '조선반도사' 원고와 비교한다면, 확실히 유보적이고 신중한 태도였다. 여기서 조선사란 조선 민족의 역사가 아니라 조선이라는 지역, 지금 식민통치를 받는 권역(圈域)의 역사였다. 그리고 실제 역사서사도 이 권역에서 활동했던 여러 민족들의 과정에 초점이 맞추어져 있다. '조선반도사' 원고와는 상당히 다른 편제를 가지게 된 것도 이 때문이었다.

『조선사강좌』에서 오다 쇼고는 조선반도에서 활동했던 각 종족의 상황을 일별한 후, 북선(北鮮)과 남선(南鮮)을 구별하여 지역별로 삼국시대 이전의 역사를 기술한다. 남선의 역사는 삼한을 중심으로 서술하되 임나일본부를 추가하고, 북선의 역사는 중국 통치를 기준점으로 기자조선과 위만조선, 그리고 한사군을 배치하는 식이었다. 조선사를 조선 민족의 역사가 아니라 조선 지역의 역사로 재규정함으로써, 한사군이나 임나일본부 등 조선 민족의 역사에서는 배제되기 쉬웠던 종속성의 역사적 증거들이 서사구조 속에 비중 있게 배치될 수 있었던 것이다.

일본 동양사학과 한사군 연구

한편, 한사군 문제는 그저 조선 민족의 역사적 종속성을 확인하는 것에 한정된 이슈만도 아니었다. 맥락을 넓혀보면 이것은 일본 근대 역사학의 문제였다. 일본 고대사의 관점에서도 한사군은 대단히 중요한 역사적인 쟁점을 함축하고 있기 때문이다. 한사군에 관한 일본 학계의 연구는 나카 미치요(那珂通世)의 「조선낙랑현도대방고(朝鮮樂浪玄菟帶方考)」(1894)와 시라토리 구라키치(白鳥庫吉)의 「한의 조선사군강역고(漢の朝鮮四郡疆域考)」(1912) 등 주로 동양사학자들에 의해 시작되었다. 중국의 변경에 대한 연구로, 중국사의 연장이라는 측면이 없지 않았다.

그런데 1910년대 들어 고구려의 것이라 추정되었던 평양 일대의 유적·유물이 낙랑군의 것으로 입증되면서 한사군 연구는 새로운 전기를 맞이하게 되었다.[32] 기존 유적에 대한 재해석을 기반으로 추가적인 유적 발굴에 돌입했는데, 여기서 상당히 방대한 한대(漢代) 유물을 출토하는 개가를 올렸다. 당시 평양 일대에서 출토된 유물들은 중국 본토에서 출토된 한대 유물들에 비해 양과 질에서 도리어 앞서는 수준이었다. 일본의 동양사학자들은 이러한 고고학적 성과를 취합하여 한반도에 상당히 오랜 기간 중국의 식민지가 운영되었고 문화적으로도 상당히 번창했다고 해석하였다. 심지어 후한대(後漢代) 이래 정치적으로 상당히 혼란했을 무렵에는 낙랑군이 도리어 황폐화된 중국 본토보다 높은 수준의 문화를 유지했던 것이 아닌가 하는 견해가 제시되기도 했다. 아직 중국 본토의 고고학적 발굴이 체계적으로 이루어지지 않아 관련 유물이 많지 않았던 시기였다. 어쨌든 일본인 동양사학자들의 입장에서는, 이 한사군의 존재는 식민지 조선 안에 '지나 즉 중국'이 있었음을 확증하는 역사적 증거였다.

더군다나 조선인은 더 이상 타자가 아니며 '우리' 즉 일본의 일부가 된 상황이다. 동양사학의 주된 연구 대상인 중국의 역사도 그저

'남의 나라 역사'가 아니라 한사군을 매개로 우리, 즉 제국 일본의 역사 중 일부로 간주하는 것도 완전히 불가능하지는 않다. 다시 말해 일본의 타자인 동양을 다루는 동양사학자들은 한사군의 역사를 통해, 명백히 중국에 비해 문화적으로 열위(劣位)에 있었던 일본이 어떻게 조선 민족처럼 중화 문명에 흡수되거나 종속되는 운명을 피할 수 있었는지, 나아가 문화의 주체적인 수용을 통해 오늘날 오히려 조선을 앞질러 갈 수 있게 되었는지에 대해 발언할 수 있게 된 것이다.

그런데 여기서 일본의 동양사학은 학문적 대상뿐 아니라 계통에 있어서도 '국사학(國史學)'과는 다소 차이가 있었다는 사실을 확인해 두어야 할 것 같다. 일본의 국사학과 동양사학은 종종 한통속으로 묶여 취급되는데, 이런 대접이 일리가 없지 않을 때가 많다. 하지만 일본의 식민주의 역사학이 본토 학계의 근대 역사학 형성 과정과 표리일체를 형성하고 있음을 감안했을 때, 그 상호 관련과 제국적 연루를 보다 세밀하게 고찰하는 것이 필요하다. 이런 의미에서 일본 국사학과 연동되면서도 경합하는 동양사학의 존재방식은 매우 흥미로운 고찰 사례다.

국사학과 서양사학이 서로 계통적 차이가 있다는 점은 오다 쇼고와 이마니시 류의 출신 학과인 도쿄제대 사학과 이야기를 할 때 잠깐 언급한 바 있다. 명칭에서 떠오르는 인상과는 달리 동양사학은 서양사학 쪽에서 파생된 학문적 전통이었다는 취지였다. 동양사학은 기본적으로 서양에서 수입한 근대 역사학을 기반으로, 그 이론과 방법론을 일본이 포함된 비백인-구(舊)문명, 즉 아시아 세계에 적용하려는 시도 속에서 성장한 학문이다.

반면, 일본의 국사학은 메이지유신(明治維新)을 통해 등장한 새로운 국가 건설에 부응하여 일본의 정사(正史)를 구축하려는 전통적인 시도와 밀접한 관련을 가진다. 처음부터 천황을 정점으로 하는 일본 국체(國體)의 고유한 역사적 연원을 규명하려는 목적 속에서 성장한 학문이 국사학이었던 것이다. 제도적으로 보아도 제국대학의 국사학과가 고증학에 정통했던 '한학자(漢學者)'들이 주도했던 사료편찬소와의 관련 속에서 확립되었다면, 동양사학과는 사학과, 즉 서양사의 계보를 이으면서 여기서 분리되어 나왔다. 연구 대상의 차이와 더불어 이 둘 사이의 학문적 전통과 역사적 접근 방식의 차이는 이처럼 보기보다 뿌리가 깊다.

하지만 '동양'이라고 설정된 세계가 일본이라는 역사적 주체의 공간적 확장 가능성을 염두에 두고서 '이익선(利益線)'을 둘러치고 획정한 대상이라는 점을 감안한다면, 일본 민족의 자기서사라는 관점에서 국사학과 동양사학이 서로의 이해를 합치시킬 가능성도 적지 않았다. 그리고 두 학문은 실제로도 일본의 제국주의적 팽창이 본격화하는 과정에서는 적극적으로 융합해나가는 양상도 보였다. 스테판 다나카(Stefan Tanaka)의 연구에서 잘 설명되고 있듯이, 일본의 동양사학은 보편적 문명으로서 '중국(中國)'을 역사적인 실체를 가진 '지나(支那)'로 상대화하는 동시에, 한때 문명의 중심이었던 '지나'의 영향을 받으면서도 독자적인 문화를 가진 일본 민족이 출현할 수 있는 역사적인 자리를 마련해줌으로, 결과적으로 일본의 국사학을 보완하는 역할을 하고 있었다.[33]

식민국가 낙랑군과 문화전파의 경로

　이런 의미에서 일본의 역사서술, 그중에서도 고대사 서사에서 중국이 가지는 의미는 대단히 미묘했다. 왜냐하면 역사의 주체 자리에 서 있는 일본의 입장에서 '중국·지나'는 주체로 정립되기 위해 반드시 받아들여야 할 발달된 문화이자 보편적 문명임과 동시에, 주체로서 자율성을 담지하기 위해 반드시 구축(驅逐)하고 극복해야 할 역사적 실체이기 때문이었다. 시라토리 구라키치나 나이토 고난(內藤湖南) 같은 일본의 동양사학자들이 한편으로는 일본이 얼마나 중국 문화의 정수(精髓)를 잘 전수받았는지를 강조하면서도, 다른 한편으로 일본 안에 남은 중국의 흔적을 어떻게든 감추고 지우려고 애썼던 것은 중국에 대해 가졌던 일본의 양가적인(ambivalent) 입장을 여실히 보여주는 사례라고 하겠다.[34] 이것은 고대 아시아의 세계질서 속에서 일본이 중국이라는 문명적 세례로부터 멀리 떨어져 있었다는 역사적 사실을 어떻게 해석해야 할 것인가 하는 쟁점과도 관련된다.

　그런데 여기에는 성가신 문제가 또 하나 도사리고 있다. 한반도에 살고 있는 조선인, 즉 조선 민족의 존재가 그것이다. 일본이 한반도를 통해 중국의 문화적 세례를 받았다고 한다면, 필연적으로 한반도의 조선인이 문화의 전수자 역할을 맡게 된다. 전파론의 관점에서 본다면 여기서 당연히 조선 민족이 일본 민족에 비해 문화적 우위에 있었다는 결론이 도출되는 것이다. 조선을 식민화하고 이제는 '지나'를 자신들의 영향권에 두고 있는 제국 일본의 입장에서는 껄끄럽기 그지없는 사실이다.

　그래서 일부 역사학자들은 조선인들의 '전파자' 역할을 부정하고 중국과의 직접 접촉과 교역을 강조하기도 했다. 하지만 당시의 정치적 상황을 보아도 그렇고, 항해·운송 기술의 수준을 고려해도 그렇고, 그다지 납득이 가지 않는 주장이었다. 게다가 한반도와 일본 사이의 교류를 증명하는 수많은 역사적 자료들이 존재한다. '청출어람(靑出於藍)'이라면서 일본의 뛰어난 문화 수용 능력을 강조하는 것만으로는 불리하고 수동적인 상황을 극복할 수 있을는지 몰라도 지금의 패권적인 위상까지 정당화하기에는 무리가 있다. 한때 문화적으로 앞섰던 주변 국가를 식민화했다고 하려면 그런 식민화를 정당화할 수 있는 보다 능동적인 근거도 필요했다. 이런 상황에서 돌파구가 되었던 것이 낙랑군을 중심으로 하는 한사군 연구였다.

앞서 지적했듯이, 낙랑군 연구는 새로운 고고학적 발굴로 중요한 전기를 맞게 되었다. 도쿄제대 공학부 교수 세키노 다다시의 석암동 고분 발굴, 도쿄제대 국사학과 교수 하기노 요시유키(萩野由之)의 대동강 남면의 전실분 조사 등 1910년대 평양 일대는 고고학 발굴의 보고였다. 조선총독부의 후원 아래 다양한 형태의 발굴, 조사 작업이 진행되었다. 그 과정에서 애초 고구려의 것으로 생각했던 대동강 일대의 유적이 낙랑군의 것이라는 사실도 밝혀졌다.[35] 여기에 문헌 비판을 통한 실증이 더해져서 패수(浿水), 대수(帶水), 열수(洌水) 등 당시 주요 지형에 대한 비정(比定) 작업도 이루어졌다.[36] 식민주의 역사학자들의 대대적인 노력에 의해 '한사군 한반도설'은 당시로서는 확실한 학설로서 자리매김하게 된다.

게다가 여기서 출토된 유물은 예상과 달리 상당히 높은 수준을 자랑했다. 당시 중국 본토의 고고학적 발굴이 아직 초보적인 상황이었기에 발굴의 성과는 더욱 두드러졌다. 중국 본토가 정치적으로 혼란이 계속되었기 때문에 주변부인 한사군의 문화가 더욱 번성했던 것이 아닌가 하는 추정이 나올 정도였다. 낙랑으로 대표되는 한반도의 중국 문화는 중국 본토에 비하면 보잘 것 없는 수준임에 분명하며 따라서 일본의 중국 문화 수용은 그때까지 일본에 남겨진 문화적 흔적들을 감안하면 역시 중국 본토와의 직접 교류밖에 없었을 것이라고 보았던 기존의 통설은 수정이 불가피했다.

그리고 이것은 일본 자국사의 서사에서나 식민사의 서사 모두에서 중요한 함의를 가지게 된다. 우선 한사군 덕분에 중국 문화의 일본 전파 과정이 보다 현실성을 가지게 된다. 당시 기술로는 쉽지 않았을 황해를 통한 직접 통교가 아니더라도, 한반도를 옆에 낀 근해 항로를 이용해서 중국과 직접 통교를 할 수 있었다고 볼 수 있는 가능성이 열렸기 때문이다. 가령, 이마니시는 이를 근거로『삼국지』「위지」'왜인전(倭人傳)'에 수록된 중국과 일본의 교류도 실은 중국 본토가 아니라 한사군을 통한 교류였을 것으로 추정했다.[37] 그는 낙랑으로부터 강화도, 김해, 쓰시마섬(對馬島), 이키섬(壱岐島), 규슈(九州)로 이어지는 항로를 통해 일본이 중국 문명을 받아들였을 것으로 설명하고 있는 것이다.[38]

그런데 이런 식의 추정이 가능해지는 것은 일본인 연구자들에게 대단히 중요한 의미를 가질 수 있다. 왜냐하면 중국과 일본 사이에 직접적인 교통이 현실화될 수 있다면, 이전까지의 해석에서 양자를 매개한다고 믿어왔던 조선인들을 문화 교류의 역사에서 배제할 수 있기 때문이다. 다시 말해 조선인들 없이도 일본은 중국과 교류해서 그 문화를 받아들였다는 주장이 가능해지는 것이다. 그리고 이것은 당시 조선 민족은 한사군의 지배를 받아 종속적인 위치에 있었기 때문에 일본에 전파할 처지가 아니었다는 주장으로 이어진다. 이러한 해석의 변화를 지탱해주는 것이 한사군, 그중에서도 낙랑군의 역사적 실재성이었다.

당시 연구에 따르면, 낙랑군은 중국이 한반도에 설치한 다른 군현들과는 달리 무려 400년간(B.C. 108~A.D. 313)이나 유지되었다. 그런데 이것이 가능했던 이유는 낙랑군이 있었던 대동강 유역이 위만조선의 옛 땅이었기 때문이다.[39] 이마니시를 비롯해 당시 대부분의 일본인 역사학자들은 단군조선의 실체는 부정했다. 하지만 이마니시는 이와는 별개로 기자조선은 중국과의 직접 접촉을 통해 발달된 문화를 가지게 된 한종족(韓種族)의 국가로 보았다. 그리고 기자조선을 멸망시킨 위만조선은 한족(漢族) 유민(流民)들에 의해 세워진 나라로 간주하였다.

한편, 위만조선에 패한 기자조선의 지배집단은 남쪽으로 몸을 피해 진번(眞番) 등의 국가와 연결되는 반면, 나머지 기자조선의 유민들은 남아서 위만조선의 피지배집단이 되었다. 한족은 지배집단으로서 '원주민'인 한종족 위에 군림하게 된 것이다. 물론, 이 한족은 수적으로는 소수이며, 유민집단의 특성상 여성이 부족한 상태로 추정되었다. 당연하게도 시간이 지날수록 혈연적으로는 한종족과 섞이게 된다. 이마니시는 문화전파론의 이론을 이용하여 위만조선의 역사를 인종적으로는 '조선화', 문화적으로는 '한화(漢化)'가 진행된 것으로 간주하고 있었던 것이다.

그런데 한무제(漢武帝)가 위만조선을 멸망시켰다. 그리고 한사군이 설치되었다. 위만조선의 지배층이 거주했던 대동강 일대에는 낙랑군이 설치되었다. 위만조선의 지배층이었던 한족은 또 남쪽으로

달아나거나 새로운 국가의 피지배층으로 남았다. 그 결과, 한종족이 피지배층이었던 다른 중국 군현들과 달리, 낙랑군은 지배집단도 한족, 피지배집단도 한족 — 혹은 한화(漢化)된 한종족(韓種族) — 이라는 동질성을 특징으로 삼게 되었다. 이마니시는 이 동질성이야말로 낙랑군이 한반도 북부에서 한종족에 둘러싸인 채 장기간 버틸 수 있는 원동력 아니었나 추측했다. 낙랑군이 주변의 다른 한 군현들이 몰락하는 와중에도, 나아가 중국 중심부의 정치 세력들이 부침을 거듭하는 상황 속에서도 오래 명맥을 유지할 수 있었던 것은, 역설적이게도 낙랑군이 주변 지역과는 민족적으로 거의 단절된, 완전한 '식민지'였기 때문이라는 것이다.

더불어 고대 한반도에서 일어났던 일련의 역사적 발전 또한 모두 낙랑군과 관련해서 설명할 여지도 생겨났다. 위만조선이 설립된 이래 삼한 시기를 거쳐 삼국이 정립하는 과정은 모두 낙랑군으로 대표되는 한반도 내의 중국과의 관계 속에서 그 역동적 과정이 설명되기 때문이다. 기자조선과 위만조선의 멸망은 고조선 유민들의 입장에서는 확실히 비극적인 사건이었다. 하지만 관점을 바꾸어서 전파주의의 입장을 취해보면, 그것은 선진문화의 파급으로 해석될 수 있다. 어찌 되었든 이 사건을 통해 한족 혹은 한족의 문화적 세례를 받은 한종족이 한반도 전역으로 퍼져나갔기 때문이다. 고대국가가 한반도에 출현하게 된 것도 따지고 본다면 중국에 의한 이와 같은 '충격', 그리고 식민화의 결과일 수 있는 것이다.

이처럼 식민주의 역사학자들은 낙랑군을 마치 야만적인 지역에 설치된 이주식민지처럼, 그리고 한종족은 미개한 원주민처럼 묘사한다. 문화전파에서 조선인에 비해 불리한 위치에 있던 일본인이 도리어 조선인들에 비해 선진적이고 우월한 문화를 가질 수 있는 서사 구조는 바로 이 지점에서 설득력을 가진다. 문화의 교류와 전파는 중국 본토에서 낙랑군으로, 그리고 다시 일본으로 이어지는 '교통(交通)', 즉 점과 점을 연결 짓는 선(線) 위에서 이루어지며, 그 사이에 있는 한인(韓人) 집단은 양쪽 점에 위치한 중국과 일본에 의해 교화되어야 할 대상에 불과했다는 서사구조가 이로써 완성되기 때문이다. 중국과 가까이 있다고 더 문화적으로 우월하다고 할 수 없으며, 가까이서 중국에 지배를 받은 종속적인 한인들보다는 멀리서 중국과 외교관계를 맺고 교류한 왜가 도리어 발달된 문화의 핵심을 수용할 수 있는 위치에 있었다는 발상이다. 이런 식민지 서사구조가 통사 수준에서 본격적으로 체계를 갖추기 시작했던 것이 '조선반도사'의 상고사 서술이라고 하겠는데, 이를 집필했던 이가 앞서 언급했듯이 이마니시 류였다.

이마니시 류의 지적 이력과 조선사 기획

1932년 5월 17일 밤, 조선사 강의를 위해 교토에 머물던 이마니시 류는 뇌출혈로 쓰러진다. 대학병원으로 이송되었지만 이틀 뒤 숨을 거둔다. 향년 57세였다. 세간에서 "조선사학의 이마니시 씨(氏)인가, 아니면 이마니시 씨의 조선사학인가"[40]라고 평했을 정도로 자타공히 조선사학을 대표했던 연구자의 너무나도 갑작스런 죽음이었다. 경성제대사학회가 발행한 『경성제대사학회보』 제3호(1932년 9월 20일)는 "수성(守成)의 업(業)이 아니라 창업(創業)의 난관(難關)을 돌

京城帝大 史學會報 第三號

昭和七年九月二十日

故文學博士今西教授追悼號

그림 2-2. 1932년 9월 20일 발간된『경성제대사학회보』제3호 표지

경성제대사학회는 이마니시 류의 사망 이후 나온 학회보 제3호를 "고 문학박사 이마니시 교수 추도호(故文學博士今西教授追悼號)"라고 명명하며 그에게 헌정했다. 당시 경성제대의 동료와 학생들이 그를 어떻게 회상하고 있는지 이를 통해 짐작할 수 있다.
출처: 국립중앙도서관.

파"[41]하는 삶을 살았던 고인에게 헌정되었다. 오다 쇼고와 더불어 경성제대의 조선사학 강좌를 담당했던 그에 대한 당연한 예우였다. 사실 경성제대에 조선사학 강좌 2개가 천황의 칙령으로 설치되었다는 점은 그 자체로 큰 의미가 있었다. 이전까지 제국대학 중심의 관학 아카데미즘 속에서 조선사는 주변적인 분야에 불과했었다. 제국대학 강좌의 설치라는 사건은 조선사학이 이제 관학 아카데미즘의 일부로 다른 학문 분야들과 어깨를 나란히 하게 되었음을 상징하였다. 그가 강좌의 초대 교수로 취임했다는 사실이 의미하는 바도 적지 않았다. 앞에서도 소개했지만, 그는 조선사 연구에 뜻을 두었던 1901년 도쿄제대 사학과를 졸업할 당시부터 1926년 경성제대 법문학부의 강좌교수로 취임할 때까지 25년간, 60편 가까운[42] 조선사 논문을 학술적 성격이 강한 잡지들에 투고했다. 1920년대가 되기 전에 이미 그는 일본 학계에서 조선사, 그중에서도 조선 고대사 연구에서 독보적인 존재였다. 그렇기에 50대에 실현된 경성제대 교수 취임은 그의 오랜 연구활동을 제국대학의 관학 아카데미즘이 추인(追認)한 데에 지나지 않았다. 세간의 평가처럼 당시 일본 학계에서 이마니시는 조선사학의 또 다른 이름이었다.

그렇다면 조선사 연구자로서 그는 어떤 사람이었을까? 역사가로서의 그의 삶과 저작의 전반적인 특징에 대해서는 선행 연구가 드물게나마 있기 때문에 다시 반복하지는 않겠다.[43] 다만 여기서는 그의 역사서사의 특징을 형성하는 배경 몇 가지를 확인하는 데 초점을 맞추며, 경성제대의 조선사학이 가지는 의미를 따져보는 데 집중하겠다.

우선, 그는 동양사학자로서 학문적 경력을 시작했고, 기본적으로는 동양사의 일부로서 조선사를 이해하고 있었다. 이마니시 류는 1899년 도쿄제대 문과대학 사학과를 입학했는데, 당시 도쿄제대에는 이미 국사과(1889년 개설)가 설치되어 있던 상태라 사학과에는 주로 서양사와 동양사를 전공하려는 학생들이 진학하고 있었다. 이마니시는 대학 시절 쓰보이 구메조(坪井九馬三), 나카 미치요의 동양사 강의를 들으면서 조선사에 관심을 가지게 되었던 모양인데, 1903년 대학원에 진학할 때부터 조선사를 전공으로 표방했다. 하지만 여러 번 언급했듯이 일본의 관학 아카데미즘에는 조선사가 분과로 확립되지 않았기 때문에, 일본 본토에서는 기본적으로 동양사학의 학문 분과 속에서 활동할 수밖에 없었다.[44] 실제로 그는 역사서술에서 중국 본토의 정치적 변동을 예의주시하면서 조선 내의 민족과 국가의 움직임에 대한 설명을 시도하는 경향이 강했다. 어느 강연에서는 '왕국주의(王國主義)'의 조선과 대비되는 관점에서 '제국주의(帝國主義)'의 중국과 일본을 설명하기도 했는데,[45] 동양사, 특히 중국사에 대한 해박한 식견을 드러내는 에피소드라고 하겠다.

둘째, 이마니시는 엄밀한 문헌고증사학에 정통했을 뿐 아니라, 고고학, 인류학, 금석학 등에도 조예가 상당했다. 그를 조선사 연구로 인도한 지도교수인 쓰보이 구메조는 독일에서 랑케의 실증사학을 배운 문헌고증사학에 정통한 역사학자였다. 그에게 배웠던 이마니시도 매우 엄격한 문헌 고증을 고수하며, 증거할 자료가 없을 경우에는 해석을 자제했고 새로운 증거가 나올 때마다 수정을 추가했다. 사망 이후 그의 유고 중 상당 부분은 수정 중인 원고 상태였고, 심지어 이미 발표한 원고도 여러 차례 개고(改稿)를 한 흔적이 있을 정도였다. 그만큼 엄격함을 고수했다. 다만, 학문적 경력의 초창기에는 오히려 고고학 발굴 작업으로 더 유명했다. 사실 이렇게 된 데에는 불가피한 측면이 없지 않았다. 조선사라는 전공으로는 연구자로서 전망이 불투명했는데, 그나마 후원자가 되었던 것이 조선총독부였기 때문이다. 그리고 이 총독부의 학술사업에서 요청되었던 것은 유적을 발굴하고 해석하는 고고학적인 임무였다. 이처럼 이마니시 특유의 방법론은 당시 조선사학이 직면했던 특수사정에서 기인하는 측면이 없지 않았다.[46] 물론 그는 학부 시절부터 인류학과 고고학에 관심이 깊어 이과대학 인류학교실에 드나들기도 했는데, 이런 관심과 이력은 이후 그가 연구 경력을 쌓아가는 과정에서 중요한 자양분이 되기도 했다. 하지만 대가도 만만치 않았다. 이런 이력 때문인지 그의 서술 스타일은 조선총독부가 주도했던 발굴조사사업의 고고학적 성과를 바탕으로 문헌 기록 자료 내에서 발견되는 모순이나 오류를 교정하고 새로운 해석을 제시하는 방식을 취했다. 문헌 고증의 대가로 알려진 그의 스승 쓰보이나 1904년 도쿄제대 사학과에 부임해서 본격적으로 일본 동양사의 기틀을 마련하고 있었던 시라토리 구라키치의 문헌사학의 조사 방식이나 서술 경향과는 상당히 다른 스타일이었다. 그 때문이었을까? 쓰보이는 제자의 접근 방식에 불만을 가진 모양이었는데, 이마니시가 1913년 도쿄제대를 떠나 교토제대로 자리를 옮겨갔던 사정도 이와 무관하지 않았다. 이 결정이 전도유망했던 젊은 학자의 커리어에서 적지 않은 타격이 되었음은 물론이다.

셋째, 그의 주된 관심은 초기에는 주로 고대사, 그중에서도 신라사에 집중되었지만, 조선총독부의 조사사업 등과 맞물려 한사군, 고구려, 부여, 가야 등에 대해서도 연구를 발표하는 등 조선 고대사 전체로 확장되었다. 특히, 조선총독부의 조선반도사 편찬사업에 참여한 이후에는 조선사 전체를 아우르는 통사 서술도 모색하고 있었던 것으로 보인다. 이마니시가 전문 연구와는 별도로 이처럼 통사 서술에 관심을 가졌던 것은, 당시 일본 아카데미 역사학계에서 조선사를 전공하는 사람이 그와 몇 사람을 제외하면 거의 없다시피 했고, 따라서 고등교육기관에서 관련된 조선사 강의를 거의 도맡아 할 수밖에 없었던 불가피한 사정에서도 기인했던 듯하다. 실제로 특정 시대를 '통속적 문체'로 서술했던 첫 시도는 역시 조선반도사 편찬사업 당시로 보이는데, 그는 1921년 조선반도사의 고대사 부분에 해당하는 첫 3편의 원고를 집필하여 1921년 11월 조선총독부에 제출했다.[47] 그는 편찬사업에 참여하는 와중에 조선사 강의록도 틈틈이 수정, 보완 작업을 진행했는데, 향후 조선 고대사에 관한 대중용 통사를 출간하려는 의도를 가지고 있었던 모양이다. 하지만 그의 바람은 사후 제자들에 의해 실현된다. 1919년 8월 4일부터 9일까지 교토제대에서 12시간에 걸쳐 강연했던 조선사 강의 원고는『조선사의 길라잡이(朝鮮史の栞)』(1935)로 출간되었고, 1915년과 1918년 교토제대에서 강의했던 신라사 원고는 제자들에 의해 편집되어「신라사통설(新羅史通說)」이라는 이름으로『신라사연구(新羅史研究)』(1933)에 수록되었다. 백제사의 경우 이마니시가 사망 직전까지 애정을 가지고 진행했던 마지막 작업인데, 미완성본인「백제사강화(百濟史講話)」와「백제약사(百濟略史)」는『백제사연구(百濟史研究)』(1934)에 수록되었다. 그런데 삼국 중에서는 고구려가 보이지 않는데, 나름 이유가 있었다. 이마니시는 조선 민족의 원류는 한종족(韓種族)의 삼한이라고 보았기 때문에, 고구려를 의도적으로 배제했던 것이다. 실제로 이마니시는 고구려사에 관한 통사 서술에 대해서는 애초부터 관심이 없었다.

이마니시는 한사군 및 낙랑도 기본적으로는 조선 민족의 역사에 해당되지 않는다고 보았다. 다만 고고학적 발굴 작업에 관여했던 그는 다른 식민사학자들과는 달리 당시 고고학의 중심 과제였던 '전파주의'를 조선 고대사회의 형성과 전개를 설명하는 데 중요하게 활용하고 있었는데, 이런 관점에서는 선진문물, 그중에서도 중국 문물이 전파되는 거점으로서 낙랑에 특별히 관심이 많았다. 그는 당시 한창 진행되고 있던 낙랑 고분 발굴 작업에도 참여하고 있었기 때문에 이를 기반으로 하는 논문을 발표하기도 했다. 특히 1912년『동양학보』 2집에 발표한「대동강 남쪽의 고분과 낙랑왕씨의 관계(大同江南の古

墳と樂浪王氏との關係)」는 종전까지 고구려 고분으로 믿어왔던 전실분이 사실은 낙랑 고분이었다는 것을 입증하는 논문으로 당시 학계에서 센세이션을 일으키기도 했다. 낙랑과 대방에 대해서는 몇 개의 짧은 대중적 글 외에는 없지만, 그가 남긴 통사 및 강연 원고 대부분에는 조선 고대사에서 낙랑군이 차지하는 독특한 위치에 관한 설명이 빠지지 않는다.

이마니시의 낙랑군 혹은 조선사 서술에서 '중국적인 것'

이마니시 류의 조선 고대사 기획, 특히 역사서술에서 낙랑군이란 어떤 존재였을까? 그 핵심적인 특징은 조선반도사의 통사 서사구조를 설명하면서 이미 간략하게 확인한 바 있다. 그는 조선 고대사의 전개 과정에서 중국 선진문화의 전파를 중요한 동인(動因)으로 생각했는데, 고고학 특유의 전파주의의 관점에서 조선 고대사를 바라보았던 것이다. 낙랑군을 주목했던 것도 이것이 장기간 존속했던 중국 '식민지'였기 때문이다. 그렇다면 그는 낙랑군을 통해 조선 고대사의 서술에서 '중국적인 것'을 어떻게 서술하고 있었을까?

이를 확인하기 위한 출발점은 역시 조선사의 규정이라 하겠다. 그가 조선인을 무엇으로 규정했으며, 식민권력의 언어이기도 했던 "일선인이 동족"이라는 것을 어떻게 파악하고 있었느냐 하는 질문으로 돌아가야 한다. 그는 "오늘날 조선인이 전체 반도에 걸쳐 홀로 존재한 것처럼 생각하지만, 그렇게 된 것은 겨우 500년 남짓 되었을 뿐"이라고 보면서 "조선반도에는 오늘날 조선 민족의 본간을 이루는 한종족뿐 아니라 예맥족, 일본족, 그리고 중국 민족도 살고 있었"다고 말한다. "현재의 조선인은 한족(韓族)이 예족을 융합하고, 부여족 일부와 일본족, 그리고 한족(漢族) 일부가 섞여 이루어진" 것으로 설명하는 것이다.

따라서 그에게 조선사는 최종적으로는 최소 500년 전부터 조선민족사가 되겠지만, 그 이전까지는 여러 종족들이 살았던 조선반도의 역사에 다름 아니게 된다. 이마니시는 한사군의 역사라는 것도 기본적으로는 한민족의 역사가 아닐 수 있지만, 결국 "한민족 그 자체와 밀접하게 관련되어 있어서 이를 설명하지 않고서는 그 역사를 풀어갈 수 없다"고 주장하게 되는 것이다.[48]

이러한 점에서 이마니시는 유고집 『조선사의 길라잡이』(1935)에서 비슷한 의도로 작성된 조선사학회의 『조선사강좌』와는 달리, "한나라 영토로 있었던 시대"를 하나의 시기로 분류하며, 그 하위에 한사군의 명멸뿐 아니라 조선반도의 한인(漢人) 문화 같은 주제를 독립적으로 다루고 있다.[49] 그는 기본적으로 현존 조선인은 중국인을 포함한 여러 민족들의 "소하소류(小河小流)"를 담아낸 것으로 간주하고 있는 것이다. 반면 "일선동족(日鮮同族)"의 문제에 대해서는 종족적 관점에서 조선인과 일본인은 '동종(同種)'이라고 할 수 있지만, 최소한 유사(有史) 이래에는 조선인과 일본인은 별개의 민족이 되었다고 간주한다. 따라서 그는 일본과 조선이 고대에는 동역(同域)했다는 이른바 '일선동역론(日鮮同域論)'에 대해서는 엄격히 거리를 둔다.[50]

물론 이것은 일본 민족과 조선 민족이 완전히 다른 민족이라는 주장은 아니다. 그것보다는 조선인과 일본인은 먼 과거에 하나의 종족이었던 것은 분명해 보이지만, 조선인과 일본인으로 서로 분리되어 갈라진 것은 역사적 기록물이 남겨진 시대보다 훨씬 이전의 시기로 보아야 한다. 그렇기에 그는 삼한시대 이래의 고대 동아시아 세계를 '일선동역'의 세계로 규정하는 '동역론자'들의 주장에 강한 거부감을 보인다. 그가 보기에 일본 민족과 조선 민족이 하나였던 시절, 동조동역(同祖同域)의 순간은 인류학이나 고고학을 통해서 고찰할 수 있을지는 몰라도 최소한 역사학적 연구를 통해 파악할 수 있는 성질의 사건은 아니라는 것이다.

이처럼 그는 조선인을 일본인과 강제로 동일한 것으로 보려는 시도가 가지는 비학문성, 정치성에 대해 예민하게 반응했다. 하지만 그렇다고 조선 민족을 역사적으로 일본 민족과 완전히 동등한 위치에 두고 있었던 것으로는 보이지 않는다. 그에 따르면, 오히려 조선 민족이 가지는 종속성은 위만조선 시기까지 거슬러 올라갈 정도로 그 기원이 오래되었으며, 이 '중국화'의 과정에서 조선 민족의 역사적 이력은 패권주의의 영향을 받아 끊임없이 이리저리 흔들렸던 역사에 다름 아니었다. 낙랑군의 역사에 대한 이마니시의 입장도 마찬가지였다. 그것은 조선 고대사에서 '중국적인 것'을 어떻게 볼 것인가의 문제와 깊은 관련성을 가진다.

이마니시에 따르면, 낙랑군의 한족(漢族)도 결국에는 현재 조선 민족에 합류한 종족의 흐름이지만,[51] 다른 민족 합류의 흐름과는 다른 측면을 가진다. 고대사의 세계에서도 낙랑 등으로 대표되는 중국 세력의 행동과 영향력이 한반도 내에 있던 고대국가의 전개와 변화를 이끌어내고 있었기 때문이다. 한종족이 중심이 되어 최초로 부족국가 단계를 넘어서게 된 조선이 중국의 성인인 '기자(箕子)'를 전면에 내세웠던 것도 중국의 문화가 그러한 발전의 동력이 되었음을 보여주는 하나의 예화이다.

조선반도에는 여러 '부족적(部落的) 소국'이 있었는데, 그중 중국 문화의 영향이 강했던 조선반도의 서북부, 즉 대동강을 중심으로 국가가 형성되었다. 그것이 바로 기자조선이었다. 이것은 이후 중국에서 들어온 위만조선에 의해 멸망하고 기자조선의 유민들은 남하하였다. 그리고 이 위만조선을 다시 한의 무제가 멸망시키고 세운 것이 한사군인데, 그중에서 위만조선의 본령인 대동강에 설치된 것이 낙랑군이라는 식의 서사구조다.[52] 이런 역사적 변천은 중국에서 발달된 문명이 한반도로 들어오고, 기존의 국가는 이 세력에 패해서 남쪽으로 밀려나며 그 과정에서 중국의 문화가 한족(漢族)으로부터 부여족으로, 그리고 한종족과 예족으로 전파된다는 기본적인 플롯을 갖추게 된다.

낙랑군이 세워진 이후에도 이마니시의 설명구조는 비슷한 방향으로 나아간다. 낙랑군은 중국 본토의 정치 세력이 번성했을 때는 예속되거나 남쪽으로 밀려났지만, 본토에 분란이 일어나면 독자성을 회복하곤 했다. 그리고 최종적으로는 고구려에 멸망한다. 고구려는 낙랑의 영향 아래 성장한 후 중국과의 직접 관계 속에 비약했던 예족의 나라였다.

이후 낙랑군의 한족(漢族) 유민은 중국 본토로 돌아가거나 남하하여 한족(韓族)들과 섞이게 된다. 이런 맥락에서 삼한에 해당하는 조선 남부의 한족(韓族)들은 실은 가장 낙후된 민족으로 북방의 정치적 변이에 따라 유민의 형태로 문화적으로 앞선 종족들을 받아들이며 비로소 성장한다. 이들은 북쪽으로는 한반도 안의 중국인 낙랑군이나 이를 멸망시키며 계승한 고구려, 그리고 남쪽으로는 낙랑과의

직접 교류에 의해 중국 문화를 받아들여 성장한 일본에 이중적으로 예속되는 존재로 간주된다.[53]

다만, 삼한의 영역에서 가장 늦게 성립된 신라는 고구려와의 영향 속에서 선진문화를 빨리 받아들여 일본의 예속에서 벗어날 수 있었다. 특히 진흥왕 때에는 한강 일대를 장악하여 중국과 직접 교류할 수 있게 되는데, 이마니시가 보기에 고구려, 백제, 일본이라는 삼중의 압박 속에서 신라는 당시 문명이 최고조에 달했던 당제국과 연결됨으로써 문화적으로도 비약적으로 성장하였다. 반면 백제는, 이마니시에 따르면, 부여에서 낙랑으로 흘러들어온 예족계 유민이 한화(漢化)된 후 다시 남하해서 성립된 국가로, 주변의 강대국에 이중삼중으로 예속된 상태로 유지되었다.[54]

왕도의 길과 패도의 길

이마니시는 철저하게 문화의 낙차(落差)와 거기서 비롯되는 인적·물적 교류가 역사 발전의 원동력이며, 조선의 역사는 문명의 중심인 중국의 변동에 의해 접촉 지대에서 시작하여 주변부로 파급되는 연쇄적인 변화를 겪는 와중에 형성된다고 보았다. 게다가 한국 고대사에서 중국의 영향은 단순히 외압에 그치는 것이 아니라 한반도 내에 중국이 역사적으로 존재하면서 내면화되는 것이기도 했다. 따라서 이마니시는 중국에 심복하고 그 문화를 숭상하는 대가로 '자치'를 부여받는 특유의 제국주의적 질서가 상고시대부터 조선 민족의 역사에 자리 잡았다는 것이다. 이마니시 류는 칼럼의 지면을 빌려 현재의 중국인이 서양의 제국주의를 비판하지만, 사실 자신들의 나라 이외에 다른 어떤 나라도 동등하게 인정하지 않는 중국이야말로 제국주의가 아닌가 하는 강한 의문을 던지기도 했다.[55] 어쨌든 고대세계의 조선 민족은 주변적 존재로서 강한 중심에 부화뇌동(附和雷同)하면서도, 때로는 모략을 서슴지 않으며 실질적인 종속을 피해왔다. 이는 신라의 역사가 단적으로 보여준다. 신라는 고구려에 복속하여 일본의 영향을 끊어냈고, 백제와 결탁하여 고구려를 밀어냈다. 심지어 백제, 고구려, 왜 등 주변 국가들에 의해 고립무원(孤立無援)에 빠지자 당나라를 끌어들여 상황 타개를 꾀했다. 그리고 고구려와 백제가 멸망한 후 신라는 다시 당나라까지 구축(驅逐)하는 데 성공한다. 이마니시가 보기에 최소한 신라시대까지 조선 민족은 중국의 제국주의에 대해서 표면적인 종속에 머물러 있었다는 것이다.

하지만 고려시대부터 조선 민족은 이러한 중국의 제국주의를 내면화하고 종속을 당연시함으로써 실질적인 종속에 빠지게 된다. 그리고 이러한 종속화는 고대 일본이 중국 및 주변 국가와의 관계를 대등한 국가들 사이의 소통으로 간주하여 중국의 제국주의화 경향에 대항했던 것과 완전히 대립된다.

오히려 이마니시는 중국인들이 숭상했던 왕도(王道)의 역사적 실례를, 말로만 왕도를 외쳤지 항상 패도(覇道)를 걸었던 중국이나 이런 중국에 부화뇌동해서 살아남는 데 급급했던 조선이 아니라 고대 일본이 걸어온 길에서 발견하고 있었다. 말년의 이마니시가 백제사에 몰입해서 이를 조선 고대사 완성의 마지막 단추로 여겼던 것도 이러한 그의 관점과 무관하지 않았다. 그는 백제사를 통해 일본이 당시 실현하지 못했던 길, 따라서 앞으로 실현해야 할 길을 발견했다고 믿었기 때문이다.

사실 그의 관점에서 백제라는 나라는 애증(愛憎)의 대상 그 자체였다.「통속백제약사(通俗百濟略史)」에 묘사된 백제는 항상 위기의 시점에는 일본의 도움을 갈망하다가, 위기를 간신히 벗어나면 이번에는 이(利)를 취하여 일본을 배신하기를 반복하는 믿을 수 없는 존재였다. 그리고 백제는 패망할 때까지도 이런 궤적에서 벗어나지 않았다. 그런 의미에서 이마니시가 관심을 두었던 것은 백제가 아니라, 오히려 일본이었다. 그가 보기에, 이런 백제에 대해서 때로는 징벌하고 때로는 다독이며 신의로 대하는 국가가 일본이었기 때문이다.

한반도 내의 중국이자 일본에 선진문물을 전달하는 창구가 되었던 낙랑군은 붕괴했고, 이를 차지함으로써 국력을 키운 고구려는 한반도 남쪽으로 내려오기 시작했다. 대륙의 중국 또한 내부의 혼란이 잠잠해질 때마다 한반도의 정세에 개입하여 자신들의 패권을 강화하려 들었다. 이마니시가 보기에, 이런 상황에서도 한반도 남쪽의 약소국들이 버틸 수 있었던 동력은 일본의 보호였다. 비록 낙랑군이란 창구를 잃고, 또 내부의 실정(失政)도 있어서 쇠약해졌지만 일본은 이 국가들과 호혜적으로 연대하며 중국 혹은 중국화한 패권에 저항했다.[56]

그리고 이마니시 류는 이런 저항의 절정이 백제가 무너질 당시 이를 구하기 위해 일본이 감행했던 군사적 원조라고 보았다. 당시 일본은 명백한 열세에도 불구하고 국세가 기우는 것을 무릅쓰고서라도 백제를 구하려 했다. 이마니시는 이러한 일본의 자세에서 '왕도'의 실현을 발견했던 모양이다. 그리고 이는 그에게 새로운 제국주의의 시대, 패도가 만연한 시대에 일본이 나아가야 할 새로운 길로 비첬음은 물론이다.

이마니시 조선사 기획의 귀결

이상에서 살펴보았듯이, 이마니시는 조선 고대사를 전파주의의 관점에서 중국에 실질적으로 종속되어가는 조선 민족의 형성 과정으로 그려낸다. 그에게 조선사란 조선 민족의 역사이며, 동시에 중국 제국주의로의 실질적 종속의 역사라는 것이다. 그리고 '한반도 속의 중국'이라 할 수 있는 낙랑은 이러한 조선 민족의 '역사=이야기'에서 종속화의 출발점을 보여주는 지점이었다. 고고학의 전파주의 이론과 실증사학의 문헌 고증, 그리고 민족들 사이의 교통을 주목하는 역사지리학적 서술은 이러한 '역사=이야기'에 진실 효과를 부여하는 장치였다.

그는 문화의 전파가 야기하는 양면적 효과, 즉 문화 발전과 사회 종속의 딜레마적 관계를 포착해냄으로써 문화의 우위를 곧바로 민족의 우위로 상정하는 제국주의적 시각과 일정한 거리를 둘 수 있었다. 나아가 고대 중국의 역사적 움직임 속에서 오늘날 '제국주의'의 속성을 읽어내면서, 서구의 제국주의, 그리고 중국의 제국주의와는 다른 '제국의 길'의 가능성을 조선 고대사, 그리고 고대 한일관계사 속에서 발견하고자 했다.

그는 고대 일본 국가가 기본적으로 중국과는 달리 타국과의 대등한 관계와 호혜적 협조를 추구하고 있었음을 주장하고 있는데, 이것은 임나일본부를 인정하면서도 그것을 조선에 대한 지배의 증거로 제시하지 않는 독특한 역사상으로 나타나게 된다. 자기서사의 원칙에 따르면, 일본과 임나와의 관계도 기본적으로는 지배-종속이 아니라 상호호혜로 규정하지 않을 수 없었기 때문이다.

결국 그는 조선 민족의 종속을 '중국화'에서 찾고, "조선이 오늘날 우리 제국의 일부분이 되었고 영원이 떨어지지 않"으려면 중국화를 걷어내야 한다고 보았다. 하지만 '중국을 걷어낸다는 것'은 그가 생각했던 것과는 달리 왕도의 복원을 의미하지 않는다는 점에 주의해야 한다. 그의 사후 10년도 채 되지 않아 식민권력은 다음과 같은 발언을 통해 황국신민 연성을 강제했기 때문이다. 조선인에게 '지나화'를 벗겨내면 일본인이 될 수 있다는 발상은 곧바로 강제로 '지나화'를 벗기는 폭력적 행위를 유발했던 것이다.

> 내선융합(內鮮融合)은 이상(理想)이 아니다. 이상은 선인(鮮人)의 일본화(日本化)이다. 그런데 선인의 일본화는 가능한가라는 물음이 제기된다면, 가능성이 있다고 대답하고 싶다. 그 논거는 골격, 혈액형 등의 인류학, 의학상의 점(點)에서, 기질의 점에서, 또 언어상 우랄알타이계에 속하고, 종교상 샤머니즘에 속한다는 것에서, 한마디로 말하면 일본인을 지나화(支那化)한 것이 조선인이기 때문에, 그 지나화를 벗겨 원래의 일본인으로 만드는 것이다. 이처럼 일본화는 가능하다. 때문에 일본인으로 만드는 교육을 하겠다. 따라서 교육을 확장하지 않으면 안 된다.[57]

관료형 학자 오다 쇼고와 대조적 위치에서, 평생 엄격한 태도로 조선사학의 기틀을 구축했던 이마니시 류의 역사학이라는 것도 결국에는 조선 고대사를 거울상으로 삼아, 중국이 제기했지만 역사적으로 제대로 실현하지 못한 왕도의 실현 가능성을 일본 고대사 속에서 찾아내려는 지적 작업이었다. 평생 엄격한 학문적 자세를 견지했지만, 그는 자신의 역사학이 제국주의라는 이름으로 패권주의로 치닫는 현실에 대한 참조와 비판이 되기를 바랐던 것 같다. 하지만 그 참조와 비판이라는 것이 위에서 언급했듯이 '왕도주의(王道主義)'로 덧입혀진 천황제 제국주의나 황도주의(皇道主義), 혹은 대동아공영권에 다름 아닌 것으로 귀결될 수 있다는 사실을, 갑작스런 죽음을 맞은 이마니시 류는 알고 있었을까.

3장

'국사'와 동양학 사이

후지쓰카 지카시와 아베 요시오의 동양 문화 연구

식민지 대학의 사명과 그 이면

1장과 2장에서 경성제대의 조선사학, 그중에서도 식민주의 역사학의 형식과 내용을 구축하는 데 중요한 역할을 했던 오다 쇼고와 이마니시 류의 조선사 연구가 어떻게 전개되었으며, 그 특징이 무엇이었는지를 살펴보았다. 그런데 이들의 지적인 이력은 그 자체가 조선사라는 학문 영역이 어떻게 식민통치의 주요 업무 중 하나로 부상했는지, 나아가 제국 일본의 학문적 편제에 편입될 수 있었는지를 드러내는, 식민주의 역사학의 제도화 그 자체라고 말해도 지나치지 않은 것들이었다. 경성제대의 조선사학은 이들이 지향했던 조선사 연구 기획이 도달했던, 하나의 귀결이라는 측면이 강했다. 그렇기에 경성제대가 도달점이 아니라 출발점이 되어, 이전과는 다른 새로운 관변 조선학 연구의 가능성을 모색하는 것은 그다음 세대의 몫이었다. 정확하게는 경성제대가 학문적인 경력의 출발점이나 전환점이 되는 새로운 연구자 집단에게 맡겨졌던 것이다.

이런 맥락에서 우리의 흥미를 끄는 이들이 경성제대의 동양학자들 그룹이다. 이들은 경성제대 법문학부에 개설된 '지나철학 강좌', '지나어학·지나문학 강좌', '동양사학 강좌' 등의 강좌를 지적인 거점으로 삼아 연구하고 가르쳤던 일본인들이었다. 당연히 '지나' 즉 중국과 관련된 역사, 사상, 철학, 문학 등이 전공이었고, 대부분 제국대학에서 연구자로서 체계적인 훈련을 받아 성장했다. 요즘의 관점으로는 외국학 연구자쯤으로 보일 것이다.

그런데 당시 일본에서 이 동양학자들이 차지했던 위상은 그렇게 간단치가 않았다. 그들이 공부하는 대상, 즉 중국은 그냥 외국이 아니었기 때문이다. 일본의 입장에서 중국은 한때 문화의 원천이자 문명의 지표로서 선망과 존경의 대상이었다. 하지만 메이지유신을 거쳐 서구화를 지향한 이후 중국은 일본이라는 근대 자아를 확립하여 '탈아입구(脫亞入歐)'하기 위해서는 반드시 극복하고 순치(馴致)해야 할 타자가 되어 있었다. 그렇기에 일본의 동양학은 엄격한 학문적 태도를 지향하는 중국 연구였지만, 항상 중국 연구를 넘어서려고 하는, 아니 넘어서야 할 어떤 것이기도 했다.

그리고 경성제대 출범과 더불어 식민지 조선에 건너온 동양학에서는 이렇게 자기 안에서 타자를 발견하고 순치하는 특유의 경향성이 훨씬 더 적극적으로 드러났다. 중국 연구에서 출발하지만 중국 연구에 머물지 않고 조선 연구에 근접해가는 새로운 스타일의 동양학 연구가 경성제대 특유의 학풍(學風)으로 자리 잡기 시작했던 것이다.

이런 흐름을 주도했던 이들 중 하나가 경성제대 '지나철학 강좌'의 초대 주임교수였던 후지쓰카 지카시(藤塚鄰, 1879~1948)였다. 경성제대 교수로 부임하기 이전, 일본에서 이미 중국 고전 경전에 대한 권위자였던 그는 식민지 제국대학으로의 이직을 계기로 새로운 연구 과제에 착수했다. 고증학을 중심으로 하는 청대 중국의 학술문화가 어떻게 조선, 일본 등 동아시아 주변 세계로 확산되었는지를 추적하는 작업이었다. 나중에 그에게 문학박사학위를 안겨준 청조(淸朝) 문화의 '동전(東傳)' 연구가 그것이었다.

그리고 그 과정에서 그는 청대 중국 지식인들과 활발하게 교류했던 조선의 지식인들을 발견했다. 홍대용, 박제가, 김정희 등 조선의 지식인들은 그저 중국의 학술문화를 수입하는 데 그치지 않고, 활발한 교류 속에서 중국 지식인들에게 큰 영향을 미친 지적 거인들이었음이 후지쓰카에 의해 밝혀진 것이다.

이처럼 후지쓰카는 한국, 중국, 일본의 지식인들이 얽혀 있는 당대의 방대한 지식인 네트워크를 추적해나간다. 전통적인 방식의 중국 연구도 아니었고, 그렇다고 조선사학 연구자들이 해오던 조선 연구도 아니었다. 양자를 지양(止揚)하는 '동양 문화 연구'를 지향(志向)했다고 하겠는데, 이것은 후지쓰카의 스승이자 경성제대의 초대 총장으로서 사실상 대학 설립의 산파 역할을 했던 동양학자 핫토리 우노키치(服部宇之吉, 1867~1939)의 이상이기도 했다.

1926년 개교한 경성제대가 '식민지 조선'이라는 입지 조건을 기반으로 다양한 방식으로 대학 설립의 정당성을 표방했다는 것은 널리 알려진 사실이다. 그리고 '동양 문화' 연구는 신설 대학이 나아가야 할 바로서 가장 많이 언급되는 표현 중 하나였다. 핫토리 우노키치가 경성제대의 초대 총장으로 부임하면서 첫 공식 행사라 할 수 있는 시업식 석상에서 제시한 것이 바로 이 "동양 문화의 권위"라는 문구였기 때문이다. 이 '동양 문화'라는 지향이 식민지에 설치된 신생 제국대학의 사명으로서 어떤 의미를 가지는 것인지에 대해서는 이 책의 프롤로그에서 언급할 기회가 있었다. 따라서 여기서는 핫토리 우노키치의 또 다른 면모, 다시 말해 동양학의 석학이라는 입장에서 이 "동양 문화의 권위"라는 문구가 의미하는 바에 조금 더 집중하겠다.

1867년 후쿠시마현(福島縣)에서 출생한 핫토리 우노키치는 일본 동양학의 원류인 한학(漢學)의 전통을 계승하면서도, 유럽 동양학의 이론 및 방법론을 적극적으로 수용해 일본 동양학을 근대적인 학문 분과로 변모시키는 데 큰 역할을 한 인물로 평가된다. 더욱이 그는 일본 정부의 대중국정책에 대단히 협조적인 자세로 임했는데, 의화단 사건의 사후 수습, 베이징대학의 전신이 되는 경사대학당(京師大學堂) 사범관(師範館) 창립 등 일본 정부가 주도했던 사업에 참여하여 실무 작업을 수행했던 그의 경력에서 이러한 특징이 확인된다.

그의 활동은 일본의 동양학이 국책 차원에서 어떤 쓸모를 가질 수 있는지를 보여주는 좋은 사례로 간주될 수 있겠는데, 그 덕분인지 핫토리는 승승장구 출세 가도를 달리게 된다. 도쿄제대 교수로 취임했으며, 황족강화회(皇族講話會)의 강사로 추천되어 천황가 앞에서 강의를 하기도 했다. 그리고 사이토 마코토(齋藤實, 1858~1936) 조선 총독이 그에게 경성제대를 창설하는 과업을 일임했을 당시, 핫토리는 이미 명실공히 일본 동양학계를 대표하는 권위자 중 한 사람이 되어 있었다.[1]

이런 그에게 신생 대학의 총장 내정자라는 조선총독부의 제안은 나름 각별한 의미가 있었을 것이다. 물론 항상 친(親)정부적인 행보를 보였던 그에게 관등만 보면 조선총독부의 제2인자인 정무총감과 어깨를 나란히 하는 제국대학 총장 자리는 자신의 수고에 대한 영예로운 보상이었음이 분명하다.

하지만 신생 대학의 총장은 개인의 영달(榮達) 그 이상을 추구할 수 할 수 있는 자리이기도 했다. 신생 대학은 많은 학자들에게 연구와 교육을 안정적으로 해나갈 수 있는 새로운 일자리를 제공하고, 특정 학문 분야에 새로운 연구 대상과 목표를 제시하여 활로(活路)를 여는 전기로도 작용할 수 있기 때문이다. 그리고 이 신생 대학에서 총장은 어떤 학과, 어떤 강좌를 설치할지를 정하고 거기서 활동할 교수를 뽑는 압도적인 권력을 행사하는 자리이기도 했다.

일본의 대표적인 동양학자로서 자신이 대표하는 학계의 전망에 대해 고민할 수밖에 없었던 위치에 있었던 핫토리에게 이 대학 총장 자리는 이런 지점에서도 새로운 기회였다. 실제로도 당시 일본의 동양학계는 핫토리 우노키치의 총장 내정에 크게 고무되는 모습을 보였다. 침체 일로에 있던 일본 동양학계에 새로운 활력을 불어넣지 않을까 하는 기대가 컸던 것이다.

당시 일본의 동양학계는 그야말로 위기 상황이었다. 1910년대 들어 새로 대학 등 고등교육기관들이 증설되고 있었지만, 인문학 특히 동양학 관련 학과를 설치하는 학교는 없었다. 관립대학은 도쿄제대와 교토제대 정도였기 때문에 동양학을 전공하는 학자들이 대학에 남아 연구를 계속할 수 있는 가능성은 거의 없다시피 했다. 거기에 설상가상으로 1920년대 초반이 되면 동양학에 대한 인기가 바닥을

쳤다. '다이쇼 데모크라시'를 기점으로 일본의 사상계는 다시 서구 열풍이 불었고, 해외의 '선진' 이론에 대한 관심과 그 수용에 대한 움직임이 두드러졌다. 학생들은 동양학 관련 학과에 잘 들어오지도 않고, 어렵사리 들어온 학생들도 졸업 후 연구를 이어가기 어려운 상황이 계속된 것이었다.

거기에다 자료적인 측면에서도 한계가 드러났다. 관심을 불러일으킬 만한 새로운 자료는 좀처럼 나타나지 않았다. 일본의 동양학은 돌파구가 필요했다. 이런 의미에서 식민지의 신생 대학은 새로운 희망으로 부상했다. 일자리도 만들어졌고, 새로운 분석 자료의 발굴도 기대할 만했다. 중국의 문화적 영향권 아래 있었던 식민지 조선이 자료의 보고(寶庫)가 되어준다면, 일본의 동양학은 제국의 확장과 식민 통치의 안정화라는 '국책적 과제'와 다시금 긴밀하게 결합할 수 있는 여지도 생길 수 있다. 핫토리 우노키치는 이런 일본 동양학계의 기대를 저버리기 어려웠다. 동양학자 중 한 사람으로서 스스로 가졌던 욕심이기도 했을 것이다.

물론 초대 대학 총장이 첫 행사에서 했던 연설 문구 하나로 너무 침소봉대하는 것 아니냐는 의문이 들 수 있을 것이다. 으레 기념식에는 이런 미사여구가 넘쳐나기 마련이기 때문이다. 하지만 핫토리 우노키치가 총장 내정자로 있던 2년 동안 그가 손수 구상했던 법문학부의 강좌 편제와 교수 인사를 검토해본다면, 그가 언급했던 '동양 문화'란 그저 듣기 좋은 '희망'의 피력만이 아님을 확인할 수 있다. 오히려 '동양 문화의 권위'야말로 초대 총장 내정자로서 그가 제시한 청사진이었으며, 신생 대학이 식민통치, 나아가 제국 경영에 어떻게 기여할 것인가와 관련된 구체적인 존재 증명의 시도이기도 했다. 그는 이를 위해 식민당국과의 갈등도 마다하지 않았다.

그렇다면 초대 총장 핫토리가 꾸었던 꿈은 대학 창립 과정에서 어떻게 제도적으로 구현되었으며, 이후 대학이 직면한 현실에서 얼마만큼 구체적으로 실현되었을까? 더 이상 '그들'이라고 할 수는 없지만, 그렇다고 아직은 '우리'라고 볼 수도 없는 식민지 조선의 모호한 위상 속에서 '식민지발(發)' 동양 문화 연구는 어떤 딜레마를 태생적으로 안고 있었으며, 전쟁이 본격화하는 상황에서 어떻게 자기분열적 면모를 드러내고 말았는가?

지금까지 경성제대의 창설 이념, 그중에서도 동양 문화 연구라는 이상에 주목한 연구는 드물지 않았다. 하지만 기존 연구는 이 문제를 동양사학의 특수한 위상 및 그 성립과 전개로 시야를 좁혀서 보곤 했다.[2] 물론 동양사학이 경성제대에서 동양 문화 연구의 중심축 가운데 하나였음은 분명하다. 하지만 제도로서 동양사학이 '한학'에 그 기원을 두는 일본 동양학 전체를 대변하는 것은 아니었다. 관학 아카데미즘에서 동양학은 한자 문화권의 철학, 문학, 역사를 포괄하는 맥락에서의 한학·지나학으로 출발했다. 도쿄제대에서 동양사학이 중국의 고대사를 한문학의 일부로서 가르치는 데에서 출발하여 한학·지나학에서 제도적으로 독립한 것은 일본의 다른 분과학문들에 비해 비교적 늦은 1910년의 일이었다. 1904년까지만 해도 도쿄제대에서 '동양사'를 명확히 표방했던 교원은 강사 나카 미치요 한 사람에 불과했을 정도였다.[3]

게다가 이 책의 앞부분에서 설명했듯이 동양사학은 서양사학에서 파생되었다고 할 수 있을 정도로 서구 근대 역사학의 영향을 크게 받았다. 근대적 분과학문으로 정착한 다른 동양학의 흐름과 차별화된 특징이었다. 현실의 경성제대가 '동양 문화 연구'를 위해 어떤 '지(知)의 장치'를 제도적으로 구축했고 또 그것이 식민지의 현실과 어떤 관계를 맺었는지를 아울러 검토하기 위해서는, 제도로서 '동양사학'에 초점을 맞추는 것만으로는 불충분함을 짐작할 수 있는 대목이다. 동양사학은 물론 철학과 문학까지를 포함하는 보다 포괄적 의미에서의 '지나학'을 염두에 두고 이를 살펴볼 필요가 있다.[4] 한국학, 중국학, 역사학, 문학 등 오늘날 통념화된 분과학문적인 구획선을 넘어서 경성제대 동양 문화 연구의 제도적 윤곽을 보다 전체적인 관점에서 조망하고, 개별 연구자의 활동을 이런 '지의 장치'의 배치구조 위에 위치 짓는 작업이 요청된다 하겠다.

그리고 이런 의미에서 역시 흥미를 끄는 것이 처음 언급했던 경성제대 동양학의 존재방식이었다. 앞서도 잠깐 언급했지만 중국학에서 출발하면서도 중국학을 넘어 조선을 매개로 아시아의 인적, 사상적 네트워크를 다루는 연구 스타일은 후지쓰카 지카시의 연구가 그 전형을 보여주었지만, 후지쓰카가 정년퇴임한 후, 그의 '지나철학 강좌'를 계승한 아베 요시오(阿部吉雄, 1905~1978)에게서도 마찬가지로 확인된다. 일본에서 성리학으로 대표되는 중국 송학(宋學)의 사상적 영향과 그 지적 궤적을 추적하던 아베 요시오는 식민지 조선에 건너와서는 퇴계 이황을 새삼 주목하여 본격적인 연구에 돌입했으며, 이후 이황의 사상적, 도학적 전통이 어떻게 근세, 근대의 일본 사상에 영향을 미쳤는지를 추적했다. 대상은 달랐지만 문제의식과 접근 방식은 후지쓰카 지카시와 크게 다르지 않았으며, 궁극적으로는 그들의 스승 핫토리 우노키치가 경성제대가 출범할 당시 표명했던 바, '동양 문화 연구'라는 청사진 아래에서 진행된 것이다.

핫토리 우노키치와 경성제국대학 법문학부의
학문 편제

그렇다면 먼저 다음과 같은 질문에서 출발해보자. 핫토리 우노키치가 제시했던 동양 문화의 권위는 경성제대 법문학부의 강좌 구성에서 어떠한 방식으로 지향되었을까? 그리고 이런 학문 편제를 구축하고, 구체적으로 인사를 결정하는 과정에서 초대 총장 핫토리의 역할은 무엇이었을까?

경성제대는 1926년 학부 시업식을 갖고 수업을 시작했다. 대학예과가 수업을 개시한 지 2년이 지난 뒤의 일이다. 주지하다시피 경성제대는 1924년 부속기관인 대학예과가 개설되면서 출발하였다. 본기관이 만들어지기도 전에 부속기관이 먼저 출발한 괴상한 방식이었다. 덕분에 본기관의 내실을 채울 시간을 확보하게 된 것은 그나마 다행한 일이었다. 학부는 법문학부와 의학부만 개설되었다. 학부가 2개뿐인 제국대학은 일본 본토에는 없었다. 그만큼 경성제대는 작은 대학이었다. 입학 정원도 같은 해 도쿄제대의 10% 남짓한 수준이었다.

그런데 이렇게 규모가 작았던 것과는 별개로 학부에 설치된 강좌의 종류와 수는 상당히 충실했던 것이 눈에 띈다. 경성제대는 1928년 무렵이 되면 대략 강좌 설치를 완료하게 되는데, 법문학부는 49개 강좌, 의학부는 26개 강좌가 개설되었다.[5] 법문학부라는 학부 조직은 경성제대 이전에 도호쿠(東北)제국대학(1922)과 규슈제국대학(1924)에 이미 설치된 적이 있었다. 그런데 이 대학들에 개설된 학부 강좌는 1930년 당시 각각 44개 강좌였다. 같은 해 경성제대 법문학부의 강좌 수(49강좌)와 비교하면 오히려 적었다. 경성제대 의학부의 강좌 수(1940년 당시 27개)는 도쿄제대의 강좌 수(36개)보다는 작았지만, 교토제대와 규슈제대와는 큰 차이가 없는 수준이었다.

하지만 개설 강좌 수 이상으로 흥미로운 것은 강좌로 편성된 학문의 편제였다. 특히 법문학부 문과 계열 강좌는 식민지 조선이라는 대학의 입지를 보여주는 특징적인 구성이 눈에 띄었다. 1926년 경성제대 측이 제출한 「강좌 구성 계획」에 따르면, 문과계는 17개 분야 29개 강좌가 예정되어 있었다.[6] 그리고 실제로 개설된 것은 16개 분야 27개 강좌였다. 애초에 두 강좌씩 설치하려 했던 '사회학 강좌'와 '종교학·종교사 강좌'[7]가 하나씩 줄었고, '언어학 강좌'[8]는 실현되지 못했다. 하지만 '심리학 강좌'[9]는 동물실험 등 실험심리학 분야를 집중 육성하는 방향에서 1개 강좌가 추가로 설치되었다. 학과별로 살펴보면, 철학과에 13개 강좌, 문학과에 7개 강좌, 사학과에 7개 강좌가 배정되었다(〈표 3-1〉 참조).

〈표 3-1〉은 문과계 강좌 편성을 일본 본토의 제국대학과 비교한 것이다. 규모와 다양성 측면에서 본다면, 물론 경성제대 문과계는 도쿄제대 문학부에 비할 바가 아니었다. 하지만 도쿄제대를 제외하고 보면, 경성제대의 강좌 편제는 다른 제국대학에 비해 결코 열등하다고 말하기 어려운 수준이었다. 규슈나 도호쿠의 제국대학 법문학부에 비하면 오히려 강좌의 종류와 수가 많았고, 교토제대 문학부에 비해서만 강좌 수가 약간 적었을 뿐이다. 그것도 경성제대처럼 소규모 대학에서는 설치하기 어려운 외국어, 외국어문학 강좌가 교토제대에 개설되었기 때문에 생겨난 차이였을 뿐이다.

물론 강좌의 종류와 수가 많다고 대학의 교육 조건과 연구 수준

표 3-1. 제국대학 문과계(문학부 및 법문학부 문과계)의 강좌 구성 상황(1930년 현재)

강좌명	문과 계열(철학, 어문학, 사학)				
	경성제대 법문학부(문과)	도쿄제대 문학부	교토제대 문학부	도호쿠제대 법문학부(문과)	규슈제대 법문학부(문과)
철학, 철학사	2	2	5 (지나철학 포함)	3	3
윤리학	2	2	1	1	1
미학, 미술사	2	2	1	1	1
사회학	1	2	1	1	1
종교학, 종교사	1	2	3	1	1
심리학	2	1	1	1	1
교육학(ㆍ교육법)	2	5	1	1	1
지나철학	1	3(철학·문학)	0	0	1
인도철학	0	2	0	2	1
소계	13	21	13	11	11
지나문학	1	0	2	2	1
국어학, 국문학	2	3	2	2	1
외국어문학	2	6(英2, 獨2, 佛1, 汎1)	4 (서양문학3, 汎1)	2	1
조선어문학	2	0	0	0	0
언어학	0	1	1	0	0
소계	7	10	9	6	3
조선사학	2	1	0	0	0
동양사학	2	2	3	0	1
서양사학	1	2	0	0	1
국사학	2	3	2	0	1
사학(ㆍ지리학)	0	1	3	5	0
문화사학	0	0	0	1	0
고고학	0	0	1	0	0
소계	7	9	9	6	3
합계	27	40	31	23	17

※ 출처: 『京城帝國大學一覽』, 昭和 5年度; 『東京帝國大學一覽』, 昭和 5年度; 『京都帝國大學一覽』, 昭和 5年度; 『東北帝國大學一覽』, 昭和 5年度; 『九州帝國大學一覽』, 昭和 5年度.

이 높다고 단정하기는 어렵다. 경성제대에서 강좌의 종류가 다양하고 수가 많던 것은, 초대 법문학부장 하야미 히로시(速水滉)가 『경성일보』와의 인터뷰에서 밝혔듯이 식민지 특유의 사정도 없지 않았기 때문이다. 그의 말에 따르면, 강좌가 많았던 것은 교수를 많이 뽑아야 했기 때문인데, 교수를 많이 뽑았던 이유는 '조교수' 임용으로는 바다 건너 조선에 오려는 일본인 연구자가 많지 않았기 때문이다. 심지어 당시에는 규슈와 도호쿠의 제국대학에도 법문학부가 신설되어 신임 교수들을 충원하고 있던 상황이라, '우수한' 교수요원의 확보를 둘러싼 경쟁도 만만치 않았다.

아닌 게 아니라, 경성제대 법문학부의 법과 계열에서는 그 영향을 심각하게 받고 있었다. 교수 내정자가 돌연 임용을 포기하고 규슈와 도호쿠로 진로를 돌리는 바람에 부랴부랴 새로 인사를 해야 했던 경우가 많았기 때문이다. 그렇기 때문에 필요한 인재들은 경력이 부족해도 조교수가 아닌 교수로 임명해서 확실히 붙잡아둘 필요가 있었다. 그런데 당시 제국대학은 강좌의 종류와 수를 가지고 교수의 정원을 정했기 때문에 교수의 수를 늘리려면 그만큼 강좌의 수를 늘려야 했다. 이것이 경성제대에 유독 조교수보다 교수가 많았던, 그리고 강좌의 종류와 수가 많았던 숨은 이유 중 하나였다.[10]

하지만 그렇다고 해도 강좌가 많았다는 것을 마냥 폄하해서 볼 일만은 아니었다. 제국대학에서 '강좌의 종류와 수'는 천황의 칙령으로 정해졌다. 제국대학에서 무엇을 가르치고 연구할지를 천황이 의회의 간섭 없이 규정한다는 의미인데, 이것은 앞서 언급했듯이 교수 정원과도 직결되는 문제였다. 제국대학에서 대학의 규모와 재정을 결정하는 기본 단위는 학과가 아니라 강좌였기 때문이다. 따라서 강좌의 종류와 수가 많다는 것은 그만큼 국가적 차원에서 더 많은 인건비와 경상비가 투여된다는 것을 의미한다.

당시 경성제대는 식민지라는 불리한 입지 조건, 신생 대학이라는 불확실한 전망 때문에 인적·물적 자원을 확보하기 어려운 상황이었다. 게다가 제1차 세계대전 종전 이후 불황의 여파로 조선총독부는 예산 확보에 극도의 어려움을 겪고 있었다. 이런 악조건 속에서도 경성제대는 학부 개설 3년 만에 법문학부, 의학부의 75개 강좌를 거의 조선총독부의 의도대로 개설할 수 있었다.[11] 1년 늦게 설립된 타이완 총독부의 다이호쿠(臺北)제국대학 문정학부(文政學部)가 문과, 법과 계열을 모두 포함해도 24개 강좌뿐이었던 것과 크게 대조된다. 식민지에 세워질 두 번째 제국대학의 설립 계획은 글자 그대로 반토막 났다. 경성제대는 재정 축소의 압박을 이겨내고 계획했던 바의 '강좌의 종류 및 수'를 거의 관철했던 것이다. 당시 상황에서는 쉽지 않은 결과였다.

그리고 여기에 결정적인 역할을 했던 인물이 초대 총장 내정자 핫토리 우노키치였다. 사실 식민지 조선의 경우 대학 설립은 '무(無)'에서 출발한 것이나 다름없는 상태였다. 당시 관립전문학교가 몇 곳 있었을 뿐으로, 대학 설립에 필요한 인적·제도적 기반이란 사실상 없다시피 했기 때문이다. 의학부는 그나마 조선총독부가 세운 경성의학전문학교(이하 '경성의전')가 있어서 형편이 좋았다. 실제로 경성의전의 교장과 교수진은 경성제대 의학부의 교수진으로 상당수 흡수되었다. 그런데 경성제대 법문학부는 조선 연구와 관련된 일부 연구자를 제외하고는 제도는커녕 인적 기반도 전혀 없었다. 조선총독부가 세운 경성법학전문학교, 경성고등상업학교 등이 있었지만, 대체로 실용적인 전문 지식의 교육이 목적인 학교였다. 학문적 지향성이 강한 경성제대로 이어질 여지는 많지 않았다. 실제로도 전문학교 등에서 경성제대 교수로 옮겨간 연구자는 드물었다. 경성제대 교수 예정자가 형식적으로 전문학교 등의 교원이 된 후, 총독부의 지원을 받아 재외(在外) 연구를 다녀오는 경우는 많았지만, 이것은 그저 이름을 빌린 것에 불과했다.

이런 상황이었기 때문에 경성제대 법문학부는 연구자 대부분을 일본 본토의 학계에서 '수입'할 수밖에 없었다. 물론 이런 결과는 식민권력이 자초한 것이기도 했다. 조선총독부는 1910년대 중반까지는 심지어 전문학교조차 설립하지 않았을 정도로 식민지에 고등교육을 실시하는 것을 극도로 경계했다. 조선인들의 고등교육에 대한 열망은 철저하게 억압되었다. 이후 조선총독부는 식민지에 관립전문학교를 설립하고 일부 사립전문학교도 인가하게 되었다. 하지만 이것은 어디까지나 식민지 사회에서의 강력한 고등교육 요구에 대응하여 이를 '체제 내부화'하려는 임시방편적인 조치에 불과했다.

1919년의 '위기' 이후 식민당국은 대학의 필요성을 인정하고 관립대학 설립을 추진하게 된다. 하지만 그렇다고 조선총독부의 기본 입장에 큰 변화가 있었던 것은 아니었다. 식민지인들이 고등교육을 받는 것을, 될 수 있으면 피하고 싶었다는 점은 여전했다. 물론 조선총독부 관료들 사이에서는 '교화의 수단'으로서 대학의 역할에 주목하면서 대학의 설립을 통해 식민통치의 정당성을 확보해야 한다는 주장이 제기되기도 했다.[12] 하지만 당시 조선총독부의 당면 과제는 '헤게모니 경쟁'이었다. 어떻게든 빨리 대학을 설립하여 빗발치는 식민지 사회의 대학 설립 요구와 시도를 물리치는 것이 급선무였다. 어떤 대학이어야 하는가의 고민은 부차적이었다. 조선총독부가 조선인들은 고사하고, 재조일본인들의 여론조차 수렴할 여유 없이 일방적으로 대학 설립을 강행했던 사정도 이와 무관하지 않았다.[13] 그리고 그 대학에 구체적인 내용을 채워 넣는 고민은 초대 총장 내정자 핫토리 우노키치에게 전적으로 맡겨졌다.

그랬기 때문에 핫토리 우노키치는 조선총독부와 특별한 커넥션을 가지고 있지 않았지만, 경성제대를 설립하는 과정에서 강력한 권한을 행사할 수 있었다. 그는 대학예과 출범 후 학부 개설까지 2여 년의 준비 기간 동안 법문학부의 강좌 편성을 계획하고, 교수 후보자를 추천받아 직접 면접을 했으며, 인선을 결정했다.[14] 의학부의 인선은 의학부장 예정자인 조선총독부의원 원장 시가 기요시(志賀潔)가 맡았다.[15] 핫토리 우노키치는 법문학부에서 자신의 전공 이외의 분야는 도쿄제대 법학부와 문학부 교수들의 추천을 받아 인선 작업을 진행했다. 제국대학의 인적 네트워크를 폭넓게 활용했던 것이다.[16] 하지만 법문학부와 의학부 통틀어 교수 인사의 모든 결정은 최종적으로 핫토리 우노키치가 내렸으며, 특히 법문학부 문과계의 강좌 편성 및 교수 인사에는 그의 생각과 관점이 강하게 투영되었다. 경성제대 교원들은 결국에는 그가 뽑은 사람들이기 때문에, 그와는 '학은(學恩)'이나 '관은(官恩)'으로 표현되는 긴밀한 인적 관계를 형성했다. 총장으로 재임한 기간은 길지 않았지만, 그가 경성제대의 창조자, 혹은 '아버지'로 간주되는 것이 무리는 아니었던 것이다.

그렇다면 식민당국은 왜 그에게 신설 대학의 내용과 형식을 사실상 결정하는 초대 총장 자리를 맡겼던 것일까? 물론 여러 가지 이유가 고려되었을 것이다. 하지만 그가 총장으로 재직했던 기간은 1년 남짓에 불과했고, 핫토리 자신이 이후의 회고에서도 총장 시절에 대해서는 대단히 말을 아꼈기 때문에 정확한 사정은 알기 어렵다. 일부 연구들은 당시 조선총독부가 3·1운동 이후 조선 사회의 수습 방안으로 유림 세력의 포섭이나 신도와 불교 세력의 부식(扶植) 등 종교 정책에 심혈을 기울이고 있었는데,[17] 핫토리 우노키치가 유교의 현대화, 즉 철학화와 윤리화를 통해 일본 국민윤리의 토대로 삼으려는 강한 실천적 지향을 가지고 있었다는 점을 지적한 바 있다. 실제로 그는 일본에서 공자교의 창설을 주도하였고, 도쿄에 있었던 유력 유교단체인 '사문회(斯文會)'에서 막강한 영향력을 가지고 있었다.[18] 그가 총장으로 추대되는 과정에서는 이런 여러 가지 사정들이 고려되었을 가능성이 높다.[19]

하지만 조선총독부의 이런 기대나 의도와는 무관하게, 대학을 만드는 과정에서 핫토리 우노키치와 식민당국과의 관계는 그다지 원만하지 못했다. 실제로 총장 내정자로 있었던 약 2년의 기간 동안 언론은 총장 내정자와 총독부 양자 간의 갈등을 심심치 않게 보도했다.[20] 특히 1924년 10월과 1926년 1월에는 식민당국과의 충돌로 핫토리 우노키치가 사임을 할 예정이며 후임으로 구체적인 인물이 거론되는 기사가 나오기도 했다.

누항간전(閭巷間傳)하는 바에 의거하면 씨(氏)의 비교적(比較的) 진보사상(進步思想)이 총독부의 보수적(保守的) 방침(方針)과 일치되지 못하는 점에서 의견의 상위(相違)가 생겼다고 한다. 이것이 비록 일개 교수의 사임 문제에 불과하는 것이나 그러나 실상은 장래 경성대학의 교육방침 전부에 관한 문제가 되기에 우리는 이에 수언(數言)

을 허비하야 조선총독부의 완명(頑冥)하고 과누(抓陋)한 것을 공격
코저 한다.[21]

경성제대 설립과 총장 사임 문제를 둘러싼 갈등을 바라보는 식민
지인들의 냉정한 시선을 별도로 한다면, 이 기사에서 특히 눈에 띄는
것은 핫토리 우노키치의 입장을 "비교적 진보사상"이라고 표현하고
있는 부분이다. 일본 내에서 '보수적인' 동양학자로 평가받았던 그가
조선에서는 '진보'로 보일 정도로 식민당국은 신설 대학을 철저하게
식민통치에 기여하는 기관으로서만 접근했다는 것이 여기서 확인된
다. 제국대학 총장 지명자로서 제국대학의 위상을 지켜내려 했던 핫
토리 우노키치가 대학의 실질적인 내용을 채워가는 과정에서 식민
당국과 적지 않게 충돌하고 있었음을 짐작할 수 있는 대목이다. 그리
고 이러한 갈등은 표면적으로는 무마된 것처럼 보이지만 결과적으
로는 사실상 그의 총장 경질로 이어졌다. 앞서 2년 넘게 총장 내정자
로 있었던 핫토리 우노키치는 예상과는 달리 도쿄제대 교수를 겸직
하는 형태로 1926년 4월 총장으로 공식 취임했다. 그리고 도쿄와 경
성을 오가는 형태로 총장직을 수행하다가 1년 반 만에 사직하고 말
았다. 같은 식민지의 제국대학인 다이호쿠제대의 경우, 초대 총장인
시데하라 다이라(幣原坦, 1870~1953)가 10년 가까이 총장직을 수행
했던 것과 비교해도 이례적인 상황이었다.
　왜 이런 방식으로 핫토리는 경성제대를 떠나게 되었을까? 그는
총장 내정자로서 경성제대 교수 인선의 대부분을 결정하였다. 이것
은 '학은'이라는 형태로 교수들에게 강한 영향력을 행사할 수 있는
위치에 있었다는 의미다. 식민당국이 이런 그를 경질하는 것에 큰 부

담을 느꼈던 것은 당연하다. 사료의 한계로 확정하기는 어렵지만, 그렇기 때문에 결국 총장으로 취임한 후 곧 사임하는 형태로 합의가 된 것은 아니었을까? 어쨌든 이 에피소드는 경성제대의 실질적인 내용이 형성되는 과정에서 핫토리가 얼마만큼 대체 불가능한 존재였는지를 잘 보여주고 있다. 앞서 언급했듯이, 시업식의 '동양 문화의 권위'는 동양학자 핫토리가 식민당국과의 갈등까지 감수하면서 제시한 청사진으로, 경성제대 법문학부, 그중에서도 문과 계열의 강좌 편제 및 교수 인선은 이런 그의 지향을 실현하기 위한 제도적 기반으로서 구축된 것이라고 볼 수 있다.

경성제국대학과 '동양 문화 연구'의 제도적 윤곽

그렇다면 핫토리 우노키치가 이토록 심혈을 기울였던 '동양 문화의 권위'의 제도적 기반은 구체적으로 어떤 모습이었을까? 〈표 3-2〉는 1931년 현재 경성제대 법문학부의 강좌 중에서 조선, 일본, 중국 연구와 관련된 강좌들을 정리한 것이다. 이 강좌들은 강좌 설정 당시부터 동양 문화 연구 및 교육이라는 목적을 확실히 보여주는 것들이다. 여기에 '종교학 강좌'나 '사회학 강좌'처럼 전담교수가 '동양 문화'라는 연구 주제에 천착해서 연구와 교육을 수행한 경우까지를 포함한다면, 포괄되는 범위는 훨씬 더 넓어질 것이다. 여기서는 분석의 편의를 위해 일단 제도적 차원에서 동양 문화와 관련된 것으로 한정한다.

관련 강좌는 '미학·미술사 제2강좌'를 포함해서 모두 13개였다.

표 3-2. 경성제국대학의 '동양 문화' 관련 강좌 편제(1931년 현재)

강좌명		교수	조교수		강사
			강좌 분담	강의[전공]	
지나철학		후지쓰카 지카시 (藤塚鄰)		가토 조켄 (加藤常賢) [재외]*	
미학· 미술사	제2강좌	다나카 도요조 (田中豊藏)			
조선사학	제1강좌	오다 쇼고 (小田省吾)			
	제2강좌	이마니시 류 (今西龍)			
동양사학	제1강좌	오타니 가쓰마 (大谷勝眞)		다마이 제하쿠 (玉井是博) [재외]	
	제2강좌	도리야마 기이치 (鳥山喜一)			
조선어학· 조선문학	제1강좌	다카하시 도루 (高橋亨)			어윤적 (魚允迪) [조선문학] 정만조 (鄭萬朝) [조선문학]
	제2강좌	오구라 신페이 (小倉進平)			
지나어학· 지나문학		다나카 도요조 [겸]**		가라시마 다케시 (辛島驍)	둥창즈 (董長志) [지나어]
국사학	제1강좌	다보하시 기요시 (田保橋潔)			
	제2강좌	마쓰모토 시게히코 (松本重彦)			
국어학· 국문학	제1강좌	다카기 이치노스케 (高木市之助)			
	제2강좌		도키에다 모토키 (時枝誠記)		
(강좌 없음)				후지타 료사쿠 (藤田亮策) [고고학]	
총 강좌 수	13 (미학 제외 12)	교수 11	조교수 5		강사 3

※ 출처: 『京城帝國大學一覽』, 昭和 6年度.

* [재외]는 총독부 재외 연구원으로 해외에서 연구 중인 교원이다.

** [겸]은 다른 강좌의 교원이 공석의 강좌를 일시적으로 맡는 경우를 표시한 것이다.

법문학부 문과계 강좌가 27개였으니 48.1%에 해당한다. 당시 법문학부 문과계는 학과 편제로 보면 크게 '문(文)·사(史)·철(哲)'의 범주로 구분되어 있었는데, 철학과 계열이 2개 강좌, 사학과 계열이 6개 강좌, 문학과 계열이 5개 강좌였다. 연구 대상으로 보면, 일본과 조선이 각 4개 강좌, 지나가 2개 강좌였는데, 앞서 언급했듯이 동양사학이 '한학, 지나학'에서 분기한 학문이었다는 점을 상기하면서 제도를 살펴보면 조선, 중국(지나), 일본 관련 강좌가 대체로 1 : 1 : 1의 비율을 유지하고 있었음을 알 수 있다.

우선, 조선 연구와 관련된 4개 강좌에는 당시까지 관학 아카데미즘에서 주변적 위치에 놓여 있던 조선 전문가들이 발탁되었다. 오다 쇼고[22]와 다카하시 도루[23]는 식민지 통치의 필요성에 의해 실시되었던 조선총독부의 조사사업에 관료로 참여했던 이들인데, 그 과정에서 현지 사정에 밝은 '조선통(朝鮮通)'으로 자타의 인정을 받게 된, 이른바 '관료형' 인물들이었다. 오구라 신페이[24]와 이마니시 류[25]는 앞의 두 사람과는 달리 '아카데믹'한 관심이 강했는데, 조선에 건너와서는 실지(實地) 조사를 통해 관련 분야의 개척자로 성장한 '학자형' 인물이었다.

하지만 어느 쪽이든 조선총독부의 후원과 기회 제공이 없었다면 두각을 나타내기 어려웠을 것이라는 점에서는 매한가지였다. 이들은 조선총독부와 밀접한 관련을 맺고 있었으며, 일찍부터 대학 설립 문제와 관련해서도 실무 작업을 담당했다. 특히 오다 쇼고와 다카하시 도루는 학무국 관료로서 경성제대 설립 과정을 주도했던 실무진이었다. 이들에 대해 핫토리 우노키치가 어떤 입장을 취했는지는 현재 남아 있는 자료로는 확인하기 어렵다. 다만 여러 정황을 보았을

그림 3-1. 경성제대 조선어학·조선문학 강좌의 교수와 학생들
앞줄 왼쪽이 조선어학의 오구라 신페이 교수, 오른쪽이 조선문학의 다카하시 도루 교수다.

때, 핫토리 총장이 이들의 '기득권'을 어느 정도 인정했던 것이 아닐까 추측할 뿐이다. 조선총독부에서 '조선통'으로 성장했고, 대학 설립 과정에도 일정하게 관여했던 이들을 핫토리로서도 건드리기 어려웠을 것이다.

이러한 상황에서 핫토리 총장이 '동양 문화'를 표방하면서 역점을 둔 것은, 따라서 조선학 그 자체보다는 일본 연구와 지나 연구의 영역에서 조선과 관련된 학술적인 연결고리를 제도적으로 확보하는 것이었다. 그러한 면모가 국사학 및 동양사학, 그리고 지나학 관련 강좌 편성에서 여실히 드러난다.[26]

우선, '국사학 제1강좌'에는 도쿄제대 국사학과를 졸업하고 문부성 유신사 편찬관보(編纂官補, 1921)와 사료 편찬관보(1922~1923)를 역임한 다보하시 기요시(田保橋潔, 1897~1945)가 교수로 초빙되었다. 그는 막말 일본의 대외관계사 전공자로, 근대 '조일관계사(朝日關係 史)'를 염두에 둔 인선이었다. 실제로도 그는 경성제대 교수가 된 이후 조선사편수회에 긴밀하게 관여하면서 조일관계사의 관점에서 조선 근대사 자료들을 체계적으로 정리하였다.[27]

'국사학 제2강좌'의 마쓰모토 시게히코(松本重彦, 1887~1957)는 대단히 독특한 이력[28]의 소유자로서 정통적인 국사학자로 보기 어려운 인물이었다. 그는 동양 언어에 관한 비교언어학적 고찰에 정통했는데, 경성제대에서는 이를 기반으로 역사연구법을 가르치는 한편으로 일본 고대사와 관련된 연구를 발표했다.

한편, '동양사 제1강좌'에는 수·당대의 불교사 전공이었던 가쿠슈인(學習院) 교수 오타니 가쓰마(大谷勝眞, 1885~1941)가, '동양사 제2강좌'에는 발해사와 금나라 역사 전공이었던 니가타(新潟)고등학교 교수 도리야마 기이치(鳥山喜一, 1887~1959)가 교수로 영입되었다.[29] 이들은 이미 일정한 성과를 이룬 '중견' 동양사학자들이었는데, 전공 주제를 통해서도 알 수 있듯이 일본 본토 동양사학계의 주류적 경향과는 일정한 거리가 있었다고 하겠다. 하지만 이들의 전공이 '지나사(支那史)'는 아니지만 '영향 및 관계의 역사'라는 관점에서 중국을 중심으로 조선과 일본 모두를 아우를 수 있는 분야라는 점에서는 경성제대 특유의 일관된 경향성을 확인할 수 있다.

그런데 이런 와중에도 가장 흥미로운 것은 핫토리의 '본령'에 해당되는 지나학과 관련된 강좌 편제였다. 국사학 및 동양사의 교수 인사가 상관적(相關的) 연구를 중시하면서 일본 학계의 주류적 경향에서는 다소 벗어나는 경향을 보였다고 한다면, 지나학 관련 강좌의 교수 인사는 도쿄제대의 지나학 강좌의 '주류', 그중에서도 핵심 연구자들이 경성제대의 교원으로 부임하기 위해 현해탄을 건넜기 때문이다.

'지나철학 강좌'의 초대 교수 후지쓰카 지카시는 나고야(名古屋)의 제8고등학교 교수로 있던 인물이었다. 도쿄제대의 호시노 히사시(星野恒, 1839~1917)와 우노 데쓰토(宇野哲人, 1875~1974)에게 배웠고, 대학원 시절에는 핫토리 우노키치의 지도를 받았다. 그는 경성제대 교수가 되기 이전부터 이미 일본 학계에서 『논어』 연구 분야에서는 "공전절후(空前絶後)"로 알려질 정도로 저명했는데, 앞서 언급했듯이 경성제대 부임을 계기로 청조 고증학 및 그것이 일본으로 수용되는 경위에 대해 관심을 쏟고 있었다.[30]

심지어 '지나어학·지나문학 강좌'를 맡은 도쿄고등사범학교 교수 고지마 겐키치로(兒島獻吉郎, 1866~1931)는 핫토리 우노키치와 동문수학했던 한학자로, 식민지에 부임할 당시 이미 나이가 60세에 가까운 원로였다. 그는 도쿄제대 고전강습과(古典講習科) 출신으로, 1890년대에 지나문학사(支那文學史)와 관련된 일련의 저작을 출간한 바 있었다. 이 저작에서 그는 특히 진화론적 원칙을 중국의 문학사에 적용해보려고 시도했는데, 덕분에 평자에 따라서는 그를 근대적 관점에서 중국문학사를 개척한 선구적 인물로 상찬하기도 한다. 그는 핫토리 총장의 간곡한 부탁으로 조선행을 결심하게 되었다.[31]

그리고 핫토리 총장은 후지쓰카 지카시와 고지마 겐키치로를 보조하는 조교수 자리에 다카다 신지(高田眞治, 1893~1975)와 가라시마 다케시(辛島驍, 1903~1967)를 임명했다. 미토(水戶)고등학교 교수였던 다카다는 핫토리 우노키치의 직계 수제자였고, 가라시마는 도쿄제대에서 지나문학 전공을 관할했던 시오노야 온(塩谷溫, 1878~1962) 교수의 제자이자 사위였다. 다카다 신지는 실제로 핫토리 우노키치가 도쿄제대에서 정년을 맞이하자 그의 강좌를 승계해서 도쿄제대 교수로 취임한다. 이처럼 지나학 강좌 편제는 호시노 히사시에서 핫토리 총장 자신과 우노 데쓰토, 시오노야 온으로 이어지는 도쿄제대 동양학의 핵심 라인이 식민지 조선에 그대로 건너오는 양상으로 나타났던 것이다.

이처럼 핫토리 총장의 '동양 문화의 권위'라는 연구 구상은 제도적 차원에서도 경성제대 법문학부의 설립 과정에 상당히 구체적인 형태로 투영되었음을 확인할 수 있다. 고등교육 및 학술 연구의 기반이 거의 없다시피 하고, 따라서 관련 전문 연구자를 식민지 현지에서 조달하는 것이 불가능한 상황에서도 핫토리 우노키치는 '동양 문화 연구'라는 자신의 이상을 실현하기 위해 필요한 학문적 편제를 구축했을 뿐 아니라, 여기에 적합한 연구 인력을 일본에서 끌어들여 배치하는 데 성공했다. 그리고 이것은 그의 제도적 배후라 할 수 있는 도쿄제대 문학부의 존재 덕분이었다고 할 수 있다.

그렇다면 왜 도쿄제대 문학부는 조선총독부의 신설 대학 설립에 적극 협력하는 모습을 보였을까? 물론 핫토리 우노키치가 중간 역할을 했던 것이 컸다. 하지만 그것만으로는 충분히 설명되지 않는다. 도쿄제대 문학부의 입장에서도 식민지에 설립될 대학에 관심을 기울이게 된 절실한 이유가 있었기 때문이다. 그것은 당시 일본 인문학계가 처한 위기와 관련이 깊다.

경성제대가 설립될 무렵 당시 제국대학 문학부가 처한 상황은 상당히 암울했다. 도쿄와 교토의 제국대학 이후 신설되는 제국대학은 대체로 이과계, 즉 의(医)·이(理)·농(農)·공(工) 분야의 전문 인력 양성에 초점이 맞추어져 있었다. '학자 양성소'라는 문과의 이미지는 이미 퇴색한 지 오래였으며, 졸업생의 '고등유민화(高等遊民化)'는 교내 스캔들을 넘어서 심각한 사회문제로 부상하는 중이었다. 연구자를 지망하는 문과생들 사이에는 "평생 일하지 않고도 살 만큼 재력이 충분하지 않으면 처음부터 연구자는 꿈도 꾸지 마라"는 자조적인 말이 유행할 정도였다.

동양학계의 위기는 더욱 두드러졌다. 인문학계에 대한 그나마의 사회적 관심조차 제1차 세계대전 이후에는 대체로 서양에서 기원한 학문의 심화된 수용 및 일본 사회에의 적용에 집중되었기 때문이다. 전통적인 한학(漢學)의 흐름을 계승하는 동양학 관련 분야의 경우, 이를 지망해서 문학부에 진학하는 학생들이 급감했고, 졸업을 해도 연구자의 삶을 이어나갈 취업 자리는 기대하기 어려웠다.

이러한 상황에서 경성제대가 설립되었고 동양학자 핫토리 우노키치가 총장으로 내정되었다. 이것은 도쿄제대 문학부의 입장에서도 대단히 고무적인 소식일 수밖에 없었다. 자신들의 학문을 식민지에 확장·이식할 수 있는 절호의 기회인 동시에, 신진학자 지망자들의 '취업난'을 해소하고 그들이 '아카데믹 커리어(academic career)'를 이어갈 수 있게 만드는 절호의 기회로 보였던 것도 당연했다. 아닌 게 아니라 핫토리 우노키치는 경성제대 설립 과정에서 이런 도쿄제대 문학부의 입장을 충실하게 반영하였고, 도쿄제대 문학부 또한 그를 문학부장으로 선출하여 문학부 출신의 학문 후속 세대가 식민지의 신생 대학에 진출할 수 있도록 편의를 제공하였다.

그 결과 경성제대 법문학부 문과계의 강좌 편성은 사실상 도쿄제대 문학부의 축소판에 가까울 정도로 유사한 형태를 갖추게 되었다. 교원들 또한 초대 강좌교수 전원이 도쿄제대 문학부 출신자였을 정도로 '도쿄 학계(學界)'를 철저히 이식하는 양상을 보였던 것이다.[32] 물론 도쿄제대 문학부의 학문 편성과 인적 자원을 복사하듯이 그대로 식민지에 세울 수는 없었을 것이다. 식민지라는 입지를 고려하여 일본 관학 아카데미즘의 식민지적 확장이라는 목표를 설정해야 했으며, 이것이 식민지 통치라는 현실적 과제에도 도움이 될 거라는 것을 조선총독부에 납득시킬 필요도 있었다. 그리고 재량권이 상당했던 만큼 여기에 동양학자 핫토리 우노키치의 개인적인 지향이 덧붙게 되는 것은 물론이다.

이처럼 도쿄제대 문학부의 팽창 욕망과 조선총독부의 정치적 계산이 교차하는 지점에 서 있었던 인물이 초대 총장 핫토리 우노키치였으며, 그가 내세웠던 지향이 동양 문화 연구였던 것이다. 조선이라는 장소(locus)는 단순히 조선 연구만으로는 충분할 수 없는, 일본 연구와 중국 연구가 교차하는 지점으로 설정된다.

조선은 이제 '제국'의 일부가 되었지만 여전히 '지나'의 영향이 현저하며, 이 '지나적인 것'의 극복이 문제로 등장하는 공간이다. 하지만 동시에 조선은 민족 형성과 문화 전승 차원에서 '일본적인 것'의 계기를 발견할 수 있는 공간이기도 하다. 그가 조선 연구가 아닌 동양 문화 연구를 경성제대의 특색으로 강조했던 이유도 여기에 있었다. 제국대학에서 조선 연구란 극단적으로 말하자면, "지나적인 것을 벗겨내어 그 속에 숨겨져 있는 일본적인 것을 찾아내는" 작업이며, 그 과정에서 '조선적인 것'은 '지나적인 것'과 '일본적인 것'의 핵심에 도달할 수 있는 첩경(捷徑)이 된다.

그리고 이러한 조선 연구의 관점은 조선총독부가 표방했던 정치적 지향과도 정확하게 부응한다. 핫토리 우노키치가 "조선, 지나, 일본의 상관적 연구"에 필요한 '지의 장치'를 식민지에 구축하려 했던 이유도 여기에 있었다. 학술제도의 차원에서 본다면 전통적인 '한학'에서 출발했던 '지나학'을 중심으로, 여기에서 분리된 '동양사학'과 그 하위 분과인 '조선사', 그리고 부분적으로 '동양 문화'를 연구 대상으로 설정하는 인문학 각 분과학문을 포괄하는 지적 편제다.

"조선, 지나, 일본의 상관적 연구"를 통해 신생 대학인 경성제대가 "동양 문화의 권위"가 되기를 바란다는 핫토리 우노키치의 말은, 이처럼 지금까지 주변적인 분야로 경시되어왔던 조선 연구의 중요성을 새삼 확인하는 동시에, 이를 통해 침체에 빠진 일본 동양학을 다시금 도약시키는 계기로 삼겠다는 의도를 분명히 드러내고 있다. 경성제대 법문학부 문과계의 편성은 새롭게 동양 문화를 연구하기 위한 제도적 토대를 마련하는 작업이기도 했다는 사실이 다시금 확인되는 것이다.

외부이자 내부인 '조선'과 일본 동양학의 딜레마

그런데 이상에서 살펴본 핫토리의 발언은 '식민지 조선'이라는 입지 조건이 동양 문화의 연구에 얼마나 적합한 곳인지를 입증하고 있지만, 뜻밖에도 당시 일본 동양학이 처했던 딜레마적 상황을 적나라하게 드러내는 증거이기도 하다는 사실은 주의를 요한다.

일본이 중국을 '지나'로 격하하고 이를 타자화·대상화하는 과정에서 근대 학문으로서 동양학을 창출했다는 사실은 기존 연구에서 다각도로 규명된 바 있다. 이제는 고전이 된 스테판 다나카의 다음과 같은 설명은 이 문제를 분석하는 데 여전히 중요한 참조점이 되고 있다.

'동양사'의 창출은 유럽과 아시아에 대한 일본 특유의 시각에 권위를 부여했다. '동양사'는 근대 일본이 아시아의 최선진국으로서 유럽과 대등한 나라이며, 중국과 다를 뿐 아니라 문화적, 지적, 구조적으로 더 우월하다는 점을 확립했다. 서양으로서의 유럽은 일본이 자신과 견주는 타자가 된 반면에, '지나'는 또 다른 타자가 되었다. '지나'는 대상이면서, 일본이 발전해나간 출발점이기도 한 이상화된 공간이자 시간이었다.[33]

식민지가 된 조선에 대해서도 이런 '일본화한 오리엔탈리즘'이라는 관점에서 다양한 분석이 시도되기도 했다. 그중에서도 일본이 근대 학문의 시선으로 자기 사회를 새롭게 규정해가는 과정에서 '타자로서 조선'의 역할이 중요했다는 지적은 특히 주목할 만하다.[34]

하지만 제국 일본 속에 조선이라는 위치가 가지는 이중적 의미, 다시 말해 그저 단순한 타자가 아니라는 사실을 간과해서는 안 된다. 조선은 한편으로는 '타자화된 대상'으로서 동양의 일부이지만 다른 한편으로는 '병탄'을 통해 일본이라는 '우리' 안에 포섭된 존재이기도 하기 때문이다. 물론 조선의 이러한 위치는 핫토리 우노키치가 바랐던 대로 '밖의 안'이자 '안의 밖'이었던 조선에 대한 연구를 통해

'자기'의 학문인 국사(학)과 '타자'의 학문인 동양사(학) 사이에 존재하는 간극과 균열을 메울 수 있을지도 모른다. 심지어 그는 이러한 방식의 조선 연구가 국사학과 동양학 양자 모두를 들어올리는 지렛대가 될지 모른다고 기대하기도 했다. 하지만 이런 시도는 메이지유신 이래 근대 일본의 학술이 애써 구축해왔던 자기와 타자의 이항대립적 구조를 자칫 그 내부로부터 균열시키는 시한폭탄이 될 가능성도 분명히 존재했다.

가령, 조선이 새로 제국에 편입된 것을 기점으로 일본 본토에서는 조선사를 국사학의 일부로 편입하자는 주장이 제기되었고 여론의 호응을 얻기도 했는데, 정작 이에 대한 일본 국사학계의 입장은 의외로 미묘했다. 일본의 2세대 국사학을 대표하는 도쿄제대 국사학과 교수 구로이타 가쓰미는 1910년 '한국병합'으로 열기가 끓어오르는 와중에도 만세일계의 천황하에서 일본의 고유한 역사성을 구축해왔던 국사학 체계에 조선사를 편입하는 것을 사실상 거부하는 모습마저 보였기 때문이다.

> 통상 국민이라 하면 종래 하나의 국가 사회 아래에서 같은 풍속(風俗), 인정(人情)을 가지며 같은 역사를 가진 것을 지칭하는데, (…) 역사를 달리하고 풍속과 인정이 차이가 나는 조선인을 마찬가지로 보는 것은 어렵다. (…) 우리는 금후 우리나라를 일본제국이라고 칭하지 말고 어디까지나 '대일본제국'이라고 부르고 그리고 일본이라고 하면 다만 내지(內地)만을 지칭하고자 한다."[35]

이처럼 좁은 의미의 '국사'와 새로 제국의 판도가 된 신부지(新附

地)를 포함한 넓은 의미의 '국사'를 구분하고, 후자는 다른 이름을 붙이자는 그의 제안은 조선사의 '타자성'을 어떻게 자국사의 영역에 포함할 것인가를 둘러싼 논의에서 당시 일본 국사학자들이 가졌던 곤혹스러움을 단적으로 드러내는 사례이다.

실제로도 일본 본토의 국사학계는 이후에도 대체로 식민지의 역사를 사실상 배제한 채로 논의를 진행하는 양상을 보인다.[36] 잘 알려져 있듯이, 구로이타는 도쿄의 국사학계를 대변하면서 조선반도사 편찬사업, 조선사편수회 등 조선총독부가 주도했던 사업에 지속적으로 참여했다. 그리고 후지타 료사쿠(藤田亮策, 1892~1960), 스에마쓰 야스카즈, 나카무라 히데타카 등 자신의 '국사학과' 제자들이 조선사편수회 및 경성제대의 핵심 인력으로 정착할 수 있도록 영향력을 행사했다.[37]

그런데 이것은 어디까지나 '제도적' 차원의 권력 확장이었을 뿐, 적극적인 의미에서 일본 국사학의 식민지적 팽창으로 보기에는 다소 미흡해 보이는 것도 사실이다. 후지타, 스에마쓰, 나카무라는 식민지에 건너와서는 도쿄 시절 '국사학' 전공자로서의 연구 주제를 완전히 버려야 했기 때문이다. 이것은 스에마쓰 야스카즈의 회고처럼 노이로제에 걸릴 만큼 고통스런 변신의 과정이기도 했다.[38] 어쨌든 자의 반 타의 반으로 근무하게 된 조선사편수회는 그들에게는 제2의 학교였고, 여기서 그들은 본격적인 조선사 연구자로 거듭났다. 그들은 1930년에 설립되어 1939년까지 유지된 청구학회의 운영에서도 핵심적인 역할을 했으며, 이러한 활동을 바탕으로 후지타 료사쿠, 스에마쓰 야스카즈는 이마니시 류와 오다 쇼고의 뒤를 이어 경성제대 조선사학 강좌의 교수직을 꿰차게 되었다.[39]

이들의 활약을 기반으로 1930년대 들어서면 조선사편수회-청구학회-경성제대사학회로 이어지는 '식민사학의 트라이앵글'이 제국 일본의 조선 연구를 주도하는 양상이 현격해졌다. 더불어 이런 '식민사학'의 자장(磁場) 안팎에서 대안을 모색하는 조선 지식인들의 활동도 활발해졌다. 『신흥(新興)』, 『진단학보(震檀學報)』 등 전문 잡지를 통해 시도되었던 조선어로 학술하기, 사립전문학교와 조선어 미디어를 중심으로 '과학적 조선학'을 표방하며 전개되었던 '식민지 아카데미즘'의 모색 등이 여기에 해당된다.[40] 만철조사부의 활동으로 정점에 도달했던 본토 학계의 조선 연구는 1930년대 이후부터는 최소한 양적으로는 식민지 학계에 못 미치게 되었다. 양과 질의 모든 면에서 식민지 아카데미즘의 영향력은 두드러졌다.

그런데 이러한 연구 중심의 이동은 그리 놀랄 만한 일이 아닐 수 있다. 일본 본토의 역사학자들이 '조선사'에 가졌던 관심이라는 것이 애초부터 '국사/일본사'와의 접점과 관련되는 매우 한정된 영역에서 크게 벗어나지 않았기 때문이다. 경성제대 설립으로 조선사 및 조선 연구는 관학 아카데미즘의 내부로 제도화되는 전환점을 마련할 수 있었다. 실제로 경성제대를 거점으로 활동했던 일본인 연구자들의 활동은 일본 본토에 비해 상대적으로 두드러졌다.

하지만 그럼에도 관학으로서 조선학의 권위는 식민지의 경계를 벗어나지 못했다. 교토제대 문학부 교수를 겸했던 '조선사학 제1강좌'의 이마니시 류는 본토에서는 '강좌'를 맡지 못한 채 '동양사학'의 범주에 머물렀으며, 1933년 식민지에서의 연구를 바탕으로 도쿄로 '영전(榮轉)'했던 '조선어학·조선문학 제2강좌'의 오구라 신페이도 도쿄에서는 정작 조선어학이 아닌 '언어학 강좌'를 맡았다는 등의 예

그림 3-2. 『매일신보』 기사 "조선어 연구에 반생을 바친 오구라 신페이"
오구라 신페이는 식민지에서 수행했던 조선어 연구를 기반으로 도쿄제국대학 교수로 자리를 옮긴다.
출처: 『매일신보』, 1942년 10월 19일자.

화(例話)들은 식민지와 모국의 학술 사이에 여전히 보이지 않는 문턱이 존재했음을 드러낸다.

실제로도 일본의 고대사 규명에 해당되는 조선 고대사의 영역, 그리고 중국 문명·문화의 전파 및 수용과 관련되는 한일관계사의 영역을 제외한다면, 조선사는 여전히 일본 국사학의 통사체제와 서사구조 외부에 남아 있었다고 말하는 편이 옳을 것 같다. 국사학의 외연적 확장이 선험적으로 전제하고 있던 일본 민족의 고유성, 특히 천황과 신민들 사이에 존재하는 유서 깊은 밀착관계를 파괴할지도 모른다는 두려움에 본토의 국사학계는 예민하게 반응했던 것이다. 경성제대 설립 이후 식민지 관학이 본토의 관학을 대신해서 조선 연구를 주도하는 양상을 보인 데에는 이런 비밀이 있었던 것이다. 경성제대 설립과 함께 조선사편수회와 청구학회가 '식민사학의 트라이앵글'을 구축하여 식민지의 연구 여건이 크게 개선된 점도 있겠지만, 일본 학계의 입장에서는 조선 연구가 여전히 모호한 영역으로 남아 있었으며 따라서 여전히 기피되고 있었던 점도 무시하기 어려운 요인이다.

하지만 그렇다고 조선사를 마냥 동양사의 영역으로 남겨두는 것도 곤란하기는 매한가지였다. 조선사를 철저하게 '타자'로 남겨두는 상황에서는 일본이 조선을 식민지로 만든 역사적 명분, 다시 말해 '일선동원(日鮮同源)'의 이데올로기를 적극적으로 주장하는 데는 아무래도 무리가 따르기 때문이다. 특히 이런 딜레마는 식민지 현지에서의 역사교육에서 두드러졌다.

1930년대 중반 경성제대 제4대 총장 야마다 사부로(山田三良, 1869~1965)는 조선총독부에 역사교과서 조사위원회의 설치를 요구했다. 1920년대까지 활용되었던 중등교육 역사교재들이 그간 조선사 연구의 성과를 전혀 반영하고 있지 못할 뿐 아니라, '국사' 과목의 교육적 취지와는 관계없는 조선에 대한 '사실(史實)'들이 기계적으로 삽입되어 있다는 이유였다.[41] 경성제대가 중심이 되어 성취한 조선사 연구 성과를 조선총독부의 중등교과서 편찬에 적극 반영하는 한편으로, 검정교과서 위주인 일본 본토의 국사교과서에도 영향을 미치겠다는 야심만만한 시도라고 하겠다.

하지만 이런 시도는 결과적으로는 국사학과 동양사학 사이에서 '조선사'의 위치가 여전히 얼마나 모호한지를 드러내는 예시(例示)가 되고 말았다. 식민지 교육의 차원에서는 조선사를 본토와 같이 동양사교육의 일부로 둘 수는 없었지만 그렇다고 조선사의 성과를 일본 국사교육 속에 그대로 편입하는 것도 마뜩지 않았던 것이다. 왜냐하면 이 경우 역사교육 자체가 '국체명징(國體明徵)'이라는 교육적 목표에서 이탈해버릴 위험성이 생겨나기 때문이다.

실제로 경성제대의 국사학자와 조선사학자들은 '조일(朝日)'의 관계사 차원에서 조선과 관련된 역사적 사실을 국사교육의 체계 속에 포함하는 한편으로, 하나의 독자적인 영역으로서 조선사를 설정하고 이것이 제국 일본의 한 지방으로서 조선에 대한 역사 즉 '지방사'로 자리 잡을 수 있을지 그 가능성을 타진해보기도 했다.[42] 하지만 식민지 국사학자 혹은 국사학에서 전신(轉身)한 조선사학자들의 이러한 시도에 본토의 국사학계가 얼마나 호응했는지는 알 수 없다. 현재로서는 그 증거를 찾기가 쉽지 않지만, 히라이즈미 기요시(平泉澄, 1895~1984)의 황국사관이 풍미했던 1930년대 일본 본토 국사학의 풍토에서 조선사를 포함하는 이와 같은 '식민지발 국사학'의 시도가 환영받을 여지는 많지 않아 보인다.

이처럼 조선 연구, 특히 조선사 연구는 '자기'로서 일본과 '타자'로서 '동양(혹은 지나)' 사이의 경계를 모호하게 만드는 측면이 존재했다. 이런 문제는 일본 학계에서 '조선사학'을 전공으로 표방한 첫 연구자이자, 실제로도 고대사를 중심으로 '조선사'라는 영역을 실체화하려 했던 이마니시 류의 시도에서도 잘 드러난다.[43]

2장에서 다루었듯이 그는 도쿄제대 사학과 출신으로, 서양 역사학 방법론과 인류학 이론, 고고학의 실증적 조사 결과를 기반으로 '조선 민족'의 역사를 통사적으로 구성하고자 했다. 그는 인류학적 관점에서 본다면 현재의 조선 민족과 일본 민족의 혈통적 근접성은 부정할 수 없지만, 두 민족의 분리는 사적(史籍)으로 확인할 수 있는 '역사시대' 이전에 일어났다고 보았기 때문에 한국병합 당시에 유행했던 '일선동역론'의 조류에 대해 부정적인 입장을 견지했다.

또한 현재 조선 민족을 형성하는 주류는 혈통적으로는 '한종족(韓種族)'에서 기원한다는 점에서 이마니시는 조선 고대사를 삼한(三韓)을 중심으로 파악했다. 그는 주로 중국, 조선의 사적을 통해 전통적인 일본사의 사료적 한계를 문헌학적 차원에서 비판하고 이를 바탕으로 근대 실증사학을 개척하려 했던 시라토리 구라키치 등의 앞 세대 역사학자들과 달리, 조선총독부가 주관하거나 후원했던 각종 고고학적 발굴 작업, 사적 수집 작업 등에 적극적으로 참여하면서 오히려 조선 사적의 사료적 한계에 착목할 수 있었다. 그리고 그는 이런 문제점을 앞 세대와는 반대로 일본의 사적들과의 비교를 통해 보완하고자 시도했다.

이런 의미에서 그의 작업은 처음에는 서양의 역사학적 방법에 입각한 '동양사학'적 배경에서 출발했지만, 일본 사적의 적극적 활용을 통해 중화 문명과 차별화된 '일본의 길'을 한반도라는 역사적 무대를 통해 확인하는 방향으로 바뀌어간다. 그는 삼국통일 과정에서 중국이 보여준 태도는 당시 서양 열강이 노골적으로 드러내고 있던 '패권적인 제도(帝道)'에 다를 바 없다고 단언했다. 오히려 여러 차례 '배신'을 했던 백제가 멸망의 위기에 처하자 일본과 백제가 맺었던 호혜적인 동맹, 이마니시가 당시 썼던 표현으로는 'community of na-tions,' 즉 '민족들의 공동체'를 지키기 위해 국운을 걸었던 일본이야 말로 중국이 항상 강조하던 '왕도(王道)'의 구현이 아니었던가.[44] 그는 조선사의 역사적 무대인 한반도에서 일본이 앞으로 걸어야 할 길, 즉 패도(覇道)와는 다른 '제국에의 길'을 확인하려 했던 것이다.

이처럼 우리는 조선 연구가 한편으로는 지나와 내지를 상관적으로 연결함으로서 동양 문화 연구를 새롭게 재구성할 가능성도 부여하지만, 다른 한편으로는 그 모호한 위상 때문에 근대 일본 학술의 기본 전제에 균열을 일으킬 소지가 분명한 폭탄과 같은 존재였음도 여기서 확인할 수 있다. 단순히 조선 연구 그 자체의 위기로 그치는 것이 아니라 경성제대 동양 문화 연구, 나아가 일본 동양학 전체의 위기로 확산될 가능성이 농후했던 것이다. 그런데 이런 딜레마는 만주사변 이후 일본의 대륙 진출이 본격화하는 상황에서 새로운 전기를 맞이한다.

일본의 동양학계 또한 이런 시국적 요구에 부응해서 중국에서 '만몽'을 역사적, 문화적으로 다른 실체로 분리하려는 시도가 노골적으로 나타났다. '만선' 혹은 '북방'이 새삼 중요한 연구 과제로 부상하게 되었던 것도 이 무렵부터였다. 그리고 이것을 경성제대에 한정해 보면, 만주사변 이후 새로운 활로를 모색했던 경성제대의 방향 전환과도 무관하지 않았다. 전술했듯이, 핫토리 우노키치는 동양 문화를 표방하면서 조선을 지나와 내지 사이에 위치 지었다. 이것은 지나 연구와 일본 연구로 대별되는 일본 동양학의 학문 편제 속에서 조선 연구의 자리를 마련하려는 시도였지만, 동시에 여기에서 경성제대가 제국 일본이 지향했던 정치적 방향성 속에서 국책대학(國策大學)으로서 어떤 역할을 하려 했는지도 확인할 수 있다. 현재의 식민지 조선이 아니라 역사적·문화적 실체로서 조선을 규정하고 이를 통해 일본의 현재를 문화적으로 확인하는 역할이 그것이다.

그런데 만주사변 이후 경성제대에 공헌한 또 다른 인물인 제4대 총장 야마다 사부로가 설정했던 것은 이것과는 미묘하게 달랐다. 이 책 에필로그에서 간략하게 다루겠지만, 국제법학자 야마다 사부로가 설정한 것은 지나가 아닌 '대륙'의 길목에 있는 조선반도와 거기에 입지한 경성제대였다. 경성제대는 '대륙 유일의 제국대학'으로서 대륙을 '지나'로부터 단절시켜 독립된 문화적, 역사적 실체로 만드는 데 기여하는 한편으로, 식민지 조선은 더 이상 과거의 어떤 것이 아니라 일본의 대륙 진출을 학술적으로 정당화하는 현재의 전진기지가 되어야 한다는 것이다.[45]

그 결과, 경성제대는 연구를 통해 학문적 권위를 추구하는 대신에, 국책에 적극 부응하여 "반도의 문화 개발"과 "아시아 대륙의 문화 개발"을 떠맡은 문화첨병을 자임하게 된다.[46] 야마다 사부로 총장의 주도로 경성제대는 1932년 12월 '만몽문화연구회(滿蒙文化硏究會)'라는 전학적인(全學的) 연구조직을 결성했고, 이것을 기반으로 조선 연구를 대륙과 연계해 국책적 연구 프로젝트로 전환하려는 시도가 활발하게 전개되기에 이른다.

이제 '조선'은 더 이상 모호한 위상을 가진 역사적, 문화적 실체가 아니라, 제국 일본의 문화공작이라는 당면한 과제 속에서 의미를 가지게 된다. 동양 문화 연구 또한 '지나' 중심의 연구 경향에서 급속히 이탈하여 '대륙'을 무대로 활약했던 북방 민족에 주목하기 시작했다. 이 '대륙인'들은 일본이 극복해야 할 타자였던 '지나'와는 달리, 과거에도 그랬고 그리고 미래에도 그럴 일본의 확장된 자아로 다시 설정된다. 학문의 과제 또한 이 대륙인들과 일본 민족의 인종적·역사적·문화적 연속성 및 근친성을 규명하는 것으로 단순화되었다. 모호했던 조선의 위상 또한 이제 일본과 대륙 사이를 잇는 징검다리 이상의 의미를 가지기 어려워졌다. 핫토리 우노키치가 신생 대학을 통해 꿈꾸었던 '동양 문화의 권위'는 이렇게 10년도 지나지 않아 형해화되기 시작했던 것이다.

핫토리 우노키치 이후의 경성제국대학 동양 문화 연구

만주사변 이후 경성제대가 보여준 이러한 방향 전환에도 불구하고, 대학 창설 당시 핫토리 총장이 추구했던 학문적 사명이 대학에서 완전히 부정되거나 퇴색(退色)한 것은 아니었다. 대학의 전반적인 분위기가 급속하게 변화하는 가운데에서도 핫토리 우노키치의 제자들이 건재했던 동양학 분야의 강좌들, 특히 그의 직계에 해당하는 지나철학 강좌는 오히려 그가 대학 이념의 차원에서 추상적으로 제시했던 것을 연구의 차원에서 구체화하는 양상을 보여준다.

중국에서 조선을 거쳐 일본으로 이어지는 "문화동전(文化東傳)"에 초점을 맞추어 문화의 전파와 확산, 수용과 심화 등을 세밀하게 추적하는 연구 작업이 이를 증명했다. "이조(李朝) 500년의 문화, 송명수여(宋明睡餘)의 학(學)을 제(除)하면 그 밖에 무엇이 있는가?"[47]를 여전히 묻는 본토 동양학계의 뿌리 깊은 편견을 불식하는 한편으로 식민지에서 새로 발굴·수집된 — 실은 약탈한 — 한적(漢籍)을 통해 중국과의 문화 교류의 흔적을 새로 발굴함으로써 당시 극심한 침체에 빠져 있던 본토 동양학계 연구에 새로운 바람을 불러일으키려는 시도[48]가 모색되고 있었던 것이다.

그런데 이 '문화동전'의 문제의식이 단순히 중국 문화의 선진적 측면을 찬미하려는 것이 아니라는 사실은 주의할 필요가 있다. 왜냐하면 이들의 작업은 '찬란한 과거'에도 불구하고 '지나 문명의 정수'는 조선 심지어 본토인 중국이 아니라 어떻게 일본에서 더 훌륭하게 꽃피울 수 있었으며, "국체(國體)와 완전히 융화하여 일본의 고유한 것이 될 수 있었는지"를 규명하는 작업이기도 했기 때문이다.[49]

그리고 이러한 문제의식은 후지쓰카 지카시를 비롯하여 동양학자 혹은 지나학자들에게서 훨씬 더 두드러지게 나타났다. 경성제대의 동양사학, 국사학 강좌가 대체로 비교 연구 경향이 강한 전공의 연구자들로 채워졌다는 점은 이미 앞에서 지적했지만, 경성제대 동양학의 관점과 방법은 이런 비교사적 연구와도 비슷해 보이지만 다른 문제의식에 입각해 있었다. 오히려 비교라기보다는 동양학의 확장이라고 하는 것이 적절할 듯한데, "조선, 지나, 일본의 상관적 연구"를 동양학·지나학의 중심에 놓으려는 핫토리 우노키치의 지적인 기획이 여기에 강하게 반영되어 있었다.

그 대표라고 할 수 있는 후지쓰카 지카시는 경성제대 교수 시절부터 청대 고증학의 석학(碩學)들과 조선의 지식인들 사이에 이루어진, 연행(燕行)을 계기로 하는 교유에 주목하여 일본 본토 동양학에서 찾아보기 어려운 독보적인 연구 분야를 개척했다. 앞에서도 잠깐 언급했지만, 1908년 도쿄제대 문학부 철학과를 졸업한 그는 나고야의 제8고등학교 교수로 재직하면서 본토 학계에서는 이미 『논어』 연구로 저명했던 연구자였다. 그는 에도시대 한학의 학맥과 무관하지 않은 집안에서 성장했다.[50] 대학 시절 스승 호시노 히사시의 영향으로 청조 고증학의 일본 전래 문제에 대해서 관심을 가지게 되었지만, 처음부터 청대 고증학의 '동점(東漸)' 혹은 '동전(東傳)'에 관심이 컸던 것은 아니었다. 앞서도 이야기했지만, 경성제대에 부임하기 이전까지 고증학에 대한 관심은 개인적 차원을 넘어서지 못했다.

그런데 후지쓰카는 스승 핫토리 우노키치의 권유로 식민지 조선에 건너온 이후, 청조 고증학의 조선 전래로 연구 주제를 180도 틀게 된다. 그는 1921년 문부성 재외 연구원으로 중국에 건너갔을 당시 베이징 유리창(琉璃廠)의 한 서점에서 홍대용에 대한 정보를 우연히 발견한 적이 있는데, 경성제대 교수가 되면서 이를 단서 삼아 청대 고증학자들과 조선 지식인들의 교유, 나아가 이들과 일본 지식인들 사이의 교유 흔적들을 본격적으로 찾기 시작했던 것이다. 이 작업은 주어진 자료를 정밀하게 읽어 새로운 해석을 찾아내는 데 머무는 것이 아니라, 흩어진 자료를 찾아 모으고 이를 고증하는, 그야말로 고된 예비 작업을 전제로 하는 것이었다. 실제로 그는 '서치(書癡)'라고 불릴 정도로 책을 수집하고 정리하는 데 집착하는 것으로 유명했다.[51] 그 결과 그는 상당 부분 자신이 수집·소장한 자료를 기반으로 청대 고증학의 동전 연구를 본격적으로 착수할 수 있었다.

1935년에 제출된 박사학위논문을 기반으로 그의 사후 편집된 저서에 따르면, 경성 시절 그가 천착했던 문제는 다음의 한 문단으로 요약된다.

청조 문화의 동점(東漸)은 두 길로 나뉘어 하나는 바다를 거쳐 나가

사키(長崎)를 통해 일본으로 전해졌고, 다른 하나는 육로로 조선에 전해졌다. 그렇지만 그러한 유입과 전파의 양상은 그를 받아들이는 태도와 소화해내는 능력 그리고 두 나라의 문화사 위에 가져온 결과에서 이 두 길 사이에는 커다란 차이가 있음을 인정하지 않을 수 없다. 이 둘을 비교하는 것은 근세문화사상으로 매우 중요한 문제이며 특히 청조 경학의 문제에 몰두하고 있는 나 자신에게는 더욱 커다란 흥미를 불러일으키는 문제이기도 하다.[52]

그에 따르면 청조 문화의 동점에는 두 갈래 길이 있었다. 하나는 황해를 건너 나가사키를 통해 일본으로 전해지는 길이고, 다른 하나는 육로로 조선에 전해지는 길이다. 이 조선으로의 길은 쓰시마를 통해 간접적으로는 일본과도 이어지는 길이다. 이 두 길 중에서 후지쓰카 지카시는 후자의 길을 연구의 주제로 삼았다. 경성제대의 '지나철학' 교수로서 당연한 선택이었다. 그런데 이 과정에서 그는 일본과는 다른 방식으로 청조 고증학의 핵심 인물들과 교류했던 홍대용, 박제가, 김정희를 발견했고 그 교류의 궤적을 촘촘히 추적했다. 특히 이들 중 완당 김정희는 홍대용에서 시작해서 박제가로 이어졌던 지식인 교류 네트워크의 집대성으로, 이 시점에 이르면 김정희는 그저 청조 고증학을 수용하는 데 그친 것이 아니라 그 자신이 청조 고증학의 중심부에 우뚝 서기에 이른다는 것이다.[53]

청조 고증학을 동경했지만 중국에 건너가는 것이 금지되어 나가사키항(港)에 중국 배가 들어오기만을 손꼽아 기다렸던 에도시대 일본 한학자들의 처지를 생각해본다면[54] 연행을 통해 청조 고증학의 석학들과 교유했던 조선 지식인들은 에도 한학의 전통에 서 있던 후지쓰카 지카시의 입장에서도 부럽기 짝이 없는 일이었다. 그리고 그 결과가 지적 거인들의 출현이었다. 그가 반쯤은 동경하는 마음으로 담헌 홍대용에서부터 시작되는 조선 지식인들과 청조 지식인들과의 국경을 넘나드는 교류의 양상을 추적하여 질리도록 촘촘하게 그려내고 있는 것은 이런 사정과 무관하지 않았다.

특히 주인공인 김정희에 이르면 후지쓰카 지카시는 같은 한학자, 즉 고증학 전통에 서서 존경과 흠모의 자세로 그를 다룬다. 김정희와 교유했던 청조의 명사들이 주고받은 편지와 시를 찾아 수록했고, 교유의 매개가 되었던 책, 그림, 비문 탁본 등을 꼼꼼히 조사했다. 그는 그것이 어떻게 김정희와의 교유와 관련되었는지 그 이력을 상세하게 검토한다. 더군다나 후지쓰카 지카시는 이런 조사 과정에서 김정희가 당대 조선 지식인들과는 달리 일본 지식인과도 교류했고, 일본 한학의 수준에 대해서도 높이 평가했다는 사실도 발견할 수 있었다. 그는 크게 감동했던 듯하다. 그가 보기에, 당시에는 미미했던 또다른 동전의 길, 다시 말해 일본으로 이어진 길을 김정희는 주목하고 있었던 것이다. 그리고 이 길이 100년 후에는 빛을 발하게 되리라는 것을 예견하고 있었다는 점에서 김정희는 탁월한 인물이었다. 후지쓰카는 완당이 보여준 이런 '혜안(慧眼)'은 그가 조선 지식인이었기 때문이 아니라 오히려 조선 지식인이었음에도 불구하고 성취한 것이며, 조선을 뛰어넘는 당대의 지적 거인이었기에 가능했던 것이라고 보았다.

과거 하야시 줏사이(林述齋)나 마쓰자키 고도(松崎慊堂)가 그토록 알고자 했지만 끝내 알 길이 없었던, 조선으로 들어오는 청조 문화 동

점의 파도는 이제 서당(酉堂) — 김노경 — 의 아들 완당(阮堂) — 김
정희 — 이 귀국하면서 그 도도한 기세를 보이게 되었다. 그리고 완
당은 고가 세이리(古賀精里)를 공경하고 미야케 기쓰엔(三宅橘園)의
학식을 존경하면서 멀리 대마도에 접견하러 나온 일본의 여러 명사
들을 마음으로 들이며 일본 문화의 정수를 새롭게 재평가하고자 했
던 것이다. 이들 사이에는 비록 면식을 나눌 기회는 없었지만 분명히
혈맥이나 숨결 같은 그 무엇이 서로 통하고 있었다는 사실을 인정하
지 않을 수 없다. 이렇게 해서 대마도 한 귀퉁이에 던져진 돌 하나는
작은 파도 하나를 일으키고 그것이 천파만파로 발전하면서 마침내
100여 년이 지난 오늘날 거대한 파도와 세찬 물결이 치솟는 넓디넓
은 대양으로 전개되기에 이른 것이다. 옛일을 돌이켜 완당의 시대를
생각하면 감개무량할 뿐이다.[55]

그런데 이 대목에 이르면 그가 홍대용, 박제가, 김정희에게 보였
던 한학자로서의 존경심이 의미했던 바가 새삼 문제로 등장한다. 앞
서도 언급했듯이 그는 도쿄제대 시절 스승 호시노 히사시의 고증학
전통을 잇고 있다는 점에서 "바다를 거쳐 나가사키를 통해 일본으
로 전"해진 길 위에 선 사람이라고 할 수 있다. 따라서 '일본이 가지
않았던 길'을 탐색하는 작업은 곧 청조의 문화가 "유입되고 전파되
는 방식"만을 추적하는 것이 아니라, "이를 받아들이는 태도와 소화
해내는 능력"[56]을 탐구하는 작업이기도 했다. 그렇기 때문에 그는 홍
대용, 박제가, 김정희의 위대함을 경탄하는 한편으로, 왜 조선의 사
상계는 청조 고증학 석학들과의 활발한 교유를 통해 홍대용, 박제가,
김정희 같은 위대한 인물이 등장할 수 있었음에도, 결과적으로는 이

그림 3-3. 서재 망한려에서 후지쓰카 지카시(1930)
후지쓰카 지카시는 서울 종로구 충신동에 북한산을 바라보는 '망한려'라는 집을 짓고 고서를
모았다. 식민지 시기 장서가로 유명했다.
출처: 국립중앙박물관.

들이 자기 사회에서는 경륜을 펼치지 못한 채 사라지고 말았는지에
대해서 끊임없이 질문할 수 있었다.

그는 조선인의 고루한 습벽, 즉 "교만하고 오만하여 큰소리를 쳐
서 남을 속이며 (⋯) 이 때문에 학문의 진전과 발전이 얼마나 큰 방
해를 받"았는지를 한탄했던 홍대용이 정작 청조 경학을 접했을 때에
"구태를 벗어던지고 청조 경학의 신수(神髓)를 접하고자 하는" 새로
운 시도를 하지 않았다면서 그의 자기모순을 지적하였고,[57] 박제가
에 대해서는 그를 좌절시켰던 서얼제도를 문제 삼아 "다른 나라에서
는 찾아볼 수 없는 불행", "너무 가혹한 제도"라고 혹평하기도 했다.[58]

특히 "조선 500년 이래 절대로 다시 없고, 있다고 해도 그저 한둘

있을까 말까 한 영재로, 특히 청조학(淸朝學)의 조예에 관해서는 그를 필적할 사람은 아무도 없"[59]었던 김정희에 대해서는 "학술 발전이 크게 진전된 오늘날까지도 학자들 사이에서 (…) 되돌아보지 않"[60]고 있으며, 도리어 130년 일본 도쿠가와(德川)의 석학들 사이에 화제가 되어 조선 사절에게 전해지는 상황은 무엇인지를 되묻고 있다.[61]

그는 "이른바 종주국에 대한 의존성이 강하고 주자학을 신봉해 이를 국교로 삼아 그 틀에서 벗어나는 것은 전혀 허락"[62]하지 않았던 조선 사회의 구태의연함이 이러한 위대한 인물들을 질식시켰고, 결과적으로는 청조 고증학의 석학들과 직접 만날 기회조차 갖지 못한 일본 한학에 비해서도 뒤처지고 만 것이 아닌가 하는 결론을 내린다. 조선의 고증학은 청조의 지식인들과의 교류를 통해 경탄할 만한 역사를 만들어냈지만, 그럼에도 불구하고 몇몇 '영웅적인 개인'의 흔적만을 남긴 채 쇠퇴하고 말았다는 것이다.

반면에 일본은 청조 고증학을 주체적으로 수용했을 뿐 아니라 그것을 서구의 근대 학문과도 일정하게 '화해'시킬 수 있었다. 어떻게 이것이 가능했을까? 후지쓰카의 연구는 이러한 질문을 풀어내는 실증적인 작업으로서 의미를 가진다. 그리고 이 작업이야말로 일본 한학의 성장이라는 "내지의 문제"가 조선 고증학의 지체에 대한 연구를 통해 "광명(光明)이 부여"되고, 또 이 문제는 청조 고증학의 동점, 즉 "지나의 연구에 의해 천명(闡明)"되는 관계 속에 놓인다는 점에서, "조선, 지나, 일본의 상관적 연구"를 표방했던 총장 핫토리의 지향에 정확하게 부응하는 것이기도 했다.

이런 문제의식은 1941년 '지나철학 강좌'를 계승했던 아베 요시오에게서도 확인된다. 그의 이력은 후지쓰카 지카시와 여러모로 유사했는데, 우노 데쓰토의 제자였지만 핫토리 우노키치의 영향력 속에서 경성제대에 부임할 수 있었다는 점, 그리고 조선에 건너오기 전에는 '상관적 연구'와는 무관했다는 점 등은 공통적이었다. 그는 애초 일본 정주학(程朱學), 그중에서도 야마자키 안사이(山崎闇齋)의 도의철학(道義哲學)에 관심을 가지고 있었는데, 조선 부임을 계기로 안사이가 종조(宗祖)로 삼았던 퇴계 이황과 안사이 사이의 사상적 혈연관계를 규명하는 쪽으로 방향을 전환했다.

그런데 그가 안사이의 도의철학에 관심을 가지게 된 데에는 다른 이유도 있었다. 그는 이러한 도학적 흐름이 구마모토(熊本) 지방 실학파로, 그리고 근대 초기에 요코이 쇼난(橫井小楠), 모토다 나가자네(元田永孚)로 이어져서 천황이 발포했던 「교육칙어」의 흐름으로 연결된다고 보았던 것이다. 그래서 그는 "주자의 도통은 퇴계로 이어졌다"고 극찬했지만, 퇴계의 도통은 조선에서는 제국대학으로 전달되지 못한 채 형해화되었던 반면에, "일본의 도학파에게 전해"져서 황도철학(皇道哲學)으로 만개(滿開)하게 되었다는 결론에 도달할 수 있었다.[63]

식민지발 동양 문화 연구의 말로

이처럼 후지쓰카 지카시와 아베 요시오의 연구는 핫토리 우노키치가 꿈꾸었던 '동양 문화의 권위'라는 지적 프로젝트의 실현이라는 지점에서 공통점을 가진다. 식민지 동양 문화 연구라는 '지의 장치'를 만든 핫토리 우노키치는 1927년 경성제대 총장직을 물러난다. 하지만 그 이후에도 그는 동방문화학원 이사장 및 도쿄연구소 소장으로서 일본 동양학계에 지속적으로 영향력을 행사했고, 제자들을 통해 그 영향력이 경성제대에도 파급되고 있었다.

후지쓰카와 아베의 연구는 조선, 중국, 일본을 단순히 국가적, 사회적 차원에서 비교하는 것이 아니라, 3국의 경계를 관통하면서 작동하는 지적 네트워크를 추적한다는 점에서 지금의 시점에서 보아도 대단히 참신하고 '현대적인' 접근 방식을 취하고 있다. 게다가 편견 속에 은폐되어 있던 조선의 '화려했던 과거'를 적극적으로 부각하고 있다는 점도 좋은 인상을 부여한다. 아닌 게 아니라 오늘날 한국학계에서 이들은 대표적인 친한(親韓) 연구자로 존경의 대상이 되기도 한다.

하지만 지금까지 살펴보았듯이, 핫토리가 기획하고 후지쓰카와 아베가 구현했던 동양 문화 연구에서도 '조선'은 대단히 문제적인 개념이다. 왜냐하면 이것은 어디까지나 잠정적 차원에서만 의미를 가지기 때문이다. 그들에게 조선 연구라는 것은, "원래 조선문학은 결코 지나문학의 밖에서 독립할 만하지 않다"[64]라는 단언에서 확인할 수 있듯이, 조선 문화의 배후에 뿌리 깊이 각인된 '종속성'을 확인하는 작업에 다름 아니었던 것이다. 궁극적으로는 조선 문화의 독자성과 고유성을 부정하여 '조선'이라는 범주 자체의 해체를 지향하고 있었다.

따라서 핫토리 우노키치가 경성제대의 특별한 사명으로 동양 문화 연구를 강조했던 것은 단순히 그가 중국 사상 전문가였기 때문만은 아니었다. 그가 보기에 '동양 문화의 권위'는 조선에 대한 '상관적 연구'가 지양(止揚, Aufheben)을 통해 도달해야 할 지점이었다. 그리고 그렇기 때문에 이를 통해 경성제대가 조선반도에서 "제국 문화를 천명"하는 것도 가능해진다.[65] 조선의 문화에서 '일본이 갈 수도 있었지만, 결국에는 가지 않았던 길'을 탐색하는 것은 일본의 주체적인 문화 수용의 계기를 찾는 방법이기도 했기 때문이다. 그래서 그는 '동양 문화의 권위'라는 대학의 학술적 사명을 수행하기 위해서는 "일본정신을 원동력으로 삼고 일신(日新)의 학술을 무기[利器]로 삼아 나아가야 한다"[66]고 강조할 수 있었던 것이다.

우리는 지금까지 경성제대 초대 총장 핫토리 우노키치가 여러 상충하는 이해관계 속에서 어떻게 식민지발 동양 문화 연구라는 새로운 지적 프로젝트를 신생 대학을 통해 실현하고자 했는지를 확인할 수 있었다. 이것은 기본적으로는 일본 관학 아카데미즘의 식민지 이식을 지향했지만, 그렇다고 단순한 복제는 아니었다. 조선에 건너온 도쿄의 지나학은 핫토리의 구상에 따라 '반도(半島)'를 경유해서 지나에서 일본으로 이어지는 문화와 지식의 흐름을 실증적으로 포착하고, 이 흐름을 적극적이고 주체적으로 수용하여 지나와 조선을 도리어 앞서게 되었던 일본의 문화적, 사상적 역량을 보여주는 방식으로 변환되었다. 그리고 이러한 동양 문화 연구의 흐름은 만주사변 이후 경성제대가 '지나'에서 '대륙'으로 방향 전환을 한 이후에도 지속되었다. 지나에서 반도를 거쳐 일본으로 이어지는 문화적 교류는 원초적으로는 일본 사상의 기원을 묻는다는 점에서 '중심(안)으로 향하는 문제의식'이었고, 따라서 일본의 대륙 진출, 지나와 대륙의 분리가 큰 문제가 될 수 없었던 것이다.

하지만 중국인의 풍속과 성정(性情)이 대상이 되는 지나문학의 경우에는 양상이 달라진다. 지나와 대륙이 분리되면, 대상으로서 중국 고전문학을 정의 내리는 데 상당한 난관에 봉착하기 때문이다. 경성제대 지나문학 강좌가 고지마 겐키치로의 퇴임 이후 상당 기간 공석으로 남게 된 것에는 이런 이유가 컸다. 가까스로 지나문학 강좌의 교수로 취임했던 가라시마 다케시는 중국의 고전문학이 아니라 오히려 당대 중국의 문학적 흐름에 주목했다. 퇴행하는 중국의 현대문학을 통해서 마찬가지로 '퇴행 일로'에 있는 현재 중국의 현실을 주목하겠다는 발상이었다.

현대 중국으로 눈을 돌리자는 문제의식은 비슷한 시기에 이런 문제의식을 제출했던 동문 다케우치 요시미(竹內好)와 닮아 있었다. 하지만 그 효과는 정반대였다. 왜냐하면 가라시마의 당대 지나에 대한 관심은 도리어 중국과 대륙의 분리라는 일본 관학 아카데미즘의 국책적 과제에 부응하려는 의도와 맞물리기 때문이다. 경성제대의 동양 문화 연구, 그중에서도 지나철학과 지나문학의 대조적인 행보에 대해서는 후지쓰카 지카시와 아베 요시오, 다카다 신지와 가토 조켄(加藤常賢)으로 이어지는 지나철학 계통의 연구자들, 그리고 고지마 겐키치로, 가라시마 다케시, 조선한문학사의 김태준(金台俊)까지 이어지는 지나문학 계통의 연구자들의 구체적인 궤적을 추적함으로써 더욱 분명해질 것이다. 조선 연구를 통해 '조선'이라는 범주 자체를 지양하고 '동양 문화'라는 새로운 범주를 창출하기를 바랐던 경성제대 동양학과 관련해 남겨진 과제이다.

4장

불가능한 조선의 식민정책학?

식민정책학자 이즈미 아키라의 운명

어느 식민정책학자의 침묵

이번에는 지금까지 다루었던 인물들과는 조금 다른 유형에 속하는 일본인 연구자의 조선 연구에 대해서 주목해보려고 한다. 경성제대 법문학부에서 '국제공법 강좌'와 '외교사 강좌'를 맡았던 이즈미 아키라(泉哲, 1873~1943)이다. 1927년 경성제대 교수로 취임할 당시, 그의 나이는 이미 50살을 넘어 중반에 가까웠다. 법문학부에서 오다 쇼고 다음으로 나이가 많은 교수였다. 그래서 경성제대에 재직했던 기간은 길지 않았다. 당시 제국대학에는 정해진 정년 규칙은 없었지만, 60살이 되면 스스로 물러나 후학들에게 자리를 비워주는 것이 불문율이었다.

그는 1935년 정년을 맞았는데, 취임 직후 몇 년을 제외하고 대체로 국제법학자로서의 활동에 충실했다. 교육자로서는 대학에서 '평시(平時) 국제공법', '전시(戰時) 국제공법' 같은 과목을 가르쳤으며, 연구자로서는 만주사변 이후 국제정세의 변화에 주목하는 일련의 논문을 『외교시보(外交時報)』에 발표했다. 특히 관동군에 의해 설립된 만주국을 불신임했던 국제연맹에 대해 맹렬하게 비판한 글이 주목을 받았다. 그리고 퇴임 이후에도 관심사를 이어가기 위해 만철조사부의 촉탁직을 수락했지만, 곧 병으로 쓰러지고 말았다. 그는 결국 병상에서 일어나지 못한 채 1943년 사망한다.

이런 이즈미 아키라의 이력은 확실히 '경성제대 법문학부의 조선연구'라는 우리의 주제와 무관해 보인다. 경성제대 시절 그는 대체로 국제법학자로서 활동에 충실했으며, 다루었던 연구도 조선과는 직접적인 관련이 적었기 때문이다. 하지만 그가 경성제대에 부임하기 이전에 국제법 전문가였을 뿐 아니라 활발한 활동을 전개한 식민정책학자였다는 사실을 알게 되면 그에 대한 인상이 달라질지 모르겠다.

조선에 건너오기 이전에 이즈미 아키라는 '리버럴한' 식민정책학자로서 명망이 높았다. 그는 동화주의에 바탕을 둔 일본의 식민정책에 대단히 비판적인 입장을 취했고, 식민지인들을 본위(本位)로 하는 식민정책을 지지하여 자치식민지를 지향했다. 과감한 논조로 타이완총독부와 조선총독부를 비판했으며, 그 결과 식민지 관료들의 반발을 초래하기도 했다. 심지어 그는 식민지의 자치를 지향하는 타이완 지식인들의 민족운동에서 이론적인 지주로 부상하기도 했다. 이런 화려한 경력에도 불구하고 그는 경성제대 교수로 내정되었다. 논란이 많았던 그의 식민정책학에 대해서 어느 정도 암묵적인 지지가 있지 않았을까? 그는 식민정책학자로서 연구 대상에 직접 뛰어들어, 관찰하고 실천할 수 있는 예외적인 위치에 서게 되었다.

그런데 그가 경성제대 교수가 된 지 얼마 되지 않아 이른바 필화 사건을 당하게 된다. 「조선을 어떻게 할 것인가」라는 제목으로 『외교시보』에 실은 논문이 발단이 되었다. 경성제대 교수 자리까지 위태로워질 정도로 상황이 전개되었지만 다행히 해직(解職)의 고비는 넘겼다. 하지만 그 이후 그는 식민정책학자로서는 침묵하고, 국제법학자로서만 살았다.

이런 그의 침묵을 어떻게 이해해야 할까? 그저 잔혹한 권력의 힘에 꺾일 수밖에 없었던 불운한 학자의 사례였을까? 아니면 리버럴했던 그의 식민정책학 자체가 시한폭탄처럼 모순을 품고 있다가 우연한 사건을 계기로 폭발한 것일까? 얼핏 권력 쪽에 선 학문처럼 보이는 식민정책학이 가지고 있는 이런 양가적인 성격은 어떻게 이해해야 할까?

이처럼 침묵에 이르기까지 식민정책학자 이즈미 아키라가 걸었던 길은 식민주의 역사학이 내적으로 품고 있던 분열의 양상과 여러모로 닮아 있다. 한편으로 타자로서 식민지(인)를 어떻게 '객관적'으로 포착할 수 있을 것인가라는 지(知)에 대한 욕망과, 다른 한편으로 이 타자와는 구별되는, 타자화(他者化)의 나락으로 빠지지 않는 나를 어떻게 구축할 것인가라는 권력에의 지향이 교차하는 곳에 식민주의 역사학도, 식민정책학도 위치하고 있기 때문이다. 그리고 그저 권력의 이데올로기가 아니라 식민지에 대한 학술지식을 생산하고 판정하려 했던 경성제대, 그중에서도 법문학부의 조선 연구가 서 있었던 것도 이 지점이었다.

식민정책학, 모호한 위상과 분열적 성격

최근 관련 연구를 살펴보면 일본의 제국주의와 식민통치를 새로운 시각과 방법론을 통해 조망할 필요가 있다는 인식이 제법 지지를 얻고 있는 듯 보인다. 일본 학계는 물론 한국 학계에서 공감대가 커지고 있으며, 구체적인 분석으로 이어지는 경우도 많다. '폭력적 지배와 민족적 저항'이라는 이항대립적 관계로는 도저히 회수될 수 없는, 식민-권력의 역동적인 작용을 다각도로 포착하려는 작업들이 민족, 지역, 계급, 사회집단, 성차의 경계를 넘나들면서 시도되고 있는 것이다. 이로 말미암아 식민과 제국을 규정해왔던 범주들의 경직성을 어느 정도 불식하는 성과가 나타나고 있는 것도 반갑다.[1]

식민지와 제국을 가로지르며 근대 학문의 형태로 생산되었던 식민지에 대한 지식체계와 관련해서도, 같은 맥락에서 최근 활발한 연구가 진행되고 있다. 이른바 '학지(學知)'의 연구가 그것이다. 특히 한국 학계에서 이런 종류의 연구는 한국 근대 학문의 역사적 기원에 관한 반성적인 고찰과도 연동되어 여러 학문 영역에서 거의 동시적으로 진행되는 양상을 보인다. 식민지 공간에서 생산된 근대적 분과학문들의 지식이 '제국'의 학문체계와 어떻게 연루되어 있었으며, 또 이렇게 구축된 '사상연쇄'[2]의 고리들이 탈식민화 이후까지 이어지면서 어떠한 지속과 변용을 겪게 되는가의 문제가 본격적인 고민의 대상으로 부상한 것이다.

그런데 이런 상황에서도 한국 학계가 정작 식민정책학의 학문적 전개에 대해서는 그다지 관심을 가지지 않은 것은 다소 의외라고 생각할지 모르겠다. 일본 학계에서는 이미 1980년대를 전후해서 마르

크스주의 경제사 연구자들이 지성사적 자기비판 차원에서 식민정책학의 지적 계보를 추적한 바 있다.[3] 그리고 개별 식민정책학자들의 작업에 대한 세밀하고 구체적인 고찰이 그 뒤를 이었다.[4] 덕분에 우리는 이제 제국 일본의 중심부에서 전개되었던 식민통치와 관련된 지식들의 계보를 대략적이나마 그릴 수 있게 되었다.

식민정책학과 관련된 연구기관에 대해서도 마찬가지다. 만철조사부나 동아연구소 같은 식민정책과 관련된 기관이 어떤 활동을 했는지, 그리고 이들이 패전 이후 어떠한 변모를 시도했는지에 대해서도 검토가 진행되었다.[5] 2000년을 전후해서는 오리엔탈리즘 및 제국사의 관점에서 식민정책학의 학문적 계보를 포착하려는 시도도 이루어져 일본뿐 아니라 한국 학계에도 적지 않은 영향을 미쳤다.[6]

이에 반해 한국 학계에서는 비교적 최근에 와서야 식민정책학을 주목하는 연구들이 나타나고 있다. 도고 미노루(東鄉實), 모치지 로쿠사부로(持地六三郞) 등 관료에서 전신(轉身)한 식민정책학자들의 지적 궤적을 추적하고 있는 역사학자 박양신의 연구를 제외한다면, 체계적인 고찰도 드문 편이다.[7] 이것은 한국 학계가 보여주고 있는 식민정책사 비판에 대한 열렬하고 지속적인 관심과는 명백하게 대비되는 현실이기도 하다.

식민지 기간 동안 조선총독부가 실시했던 경찰, 군사, 교육, 산업, 종교, 경제 등 각종 통치정책에 대해서는 관련 법령 및 그 법령을 만든 당국의 의도가 세세하게 분석되었고 철저한 비판을 거쳤다. 하지만 정작 이런 식민정책 일반이 가진 특징과 효과, 다른 식민지 제국과의 비교를 통해 전체적인 성격을 객관적으로 분석하고 평가하는 작업에 대해서는 의외로 부차적으로 생각하거나 무관심하다. 특히 식민정책학이라는 학문이 개별 식민정책을 넘어서는 식민정책 일반의 문제, 더 나아가 식민통치의 존재 이유에 관한 논거와 관련해서 고찰하는 학문이라는 점을 감안했을 때 더욱 그렇다.

식민정책 비판에는 열을 올리지만 정작 식민정책학 자체에는 관심이 없다. 왜 이러한 현상이 한국학계에서 나타났을까? 역사학자 이석원에 따르면, "국내 학계에서 식민정책학 및 이에 내재한 이론적 기반이 제대로 연구되지 않은" 데에는 두 가지 이유가 있다.[8] 우선, 우리 학계가 식민정책학 자체를 학문적 차원에서 접근하는 것을 기피해왔다는 지적이다. 앞서 언급했듯이, 학계의 실질적인 관심사가 일본의 구체적인 식민정책 및 식민관의 변화 그 자체에 있었기 때문에 식민정책학은 이를 보기 위한 수단 이상의 의미를 가지기 어려웠다는 것이다.

그런데 이러한 평가의 배후에는 어떤 선험적인 판단이 놓여 있는 듯하다. 그것은 식민정책학은 학문의 형태를 가장하여 식민통치를 정당화하는 이데올로기적 담론에 불과하다는 입장이다. 물론 그런 측면은 있을 수 있으며, 확실히 이데올로기적 정당화로서의 역할을 한 것도 사실이다. 하지만 구체적인 것은 분석을 통해 해명해야지 미리 판단해서 배제해버릴 문제는 아닐 듯하다. 게다가 이런 자세는 개별 식민정책을 철저하게 비판해가는 작업을 수행하는 과정에서도 역효과를 낳을 위험이 크다. 차분하게 따져보는 대신, 비판을 위한 비판으로 치달아 설득력 있는 비판에 도달하지 못할 위험성도 적지 않기 때문이다.

다음으로 대표적인 식민정책학자들이라고 할 수 있는 니토베 이나조(新渡戸稲造), 야나이하라 다다오(矢内原忠雄) 등은 일본 지식인들

중에서도 보기 드문 기독교도였으며, 실제로도 일본 제국주의에 대해 비판적 성향을 보였던 리버럴리스트로 평가되고 있다는 사실도 미묘하다. 가령 식민정책학의 학문적 흐름을 집대성했던 야나이하라 다다오는 일본뿐 아니라 한국 학계에서도 기독교 사상에 입각하여 제국주의에 저항한 양심적 지식인이자 무교회운동을 펼친 평화운동가라는 인상이 강하다.[9] 그렇기 때문에 식민정책이 풍기는 폭력의 냄새와 개별 식민정책학자들이 재현하는 '자유주의적' 이미지 사이에서, 하나의 학문체계로서 식민정책학은 좀처럼 그 위치를 설정하기 쉽지 않았다. 그리고 이러한 딜레마적인 성향은 일본 학계를 중심으로 그들의 학문이 가진 숨은 '식민주의적' 성격이 비판적으로 드러나고 있는 지금에도 좀처럼 바뀌지 않는 듯하다.

그런데 이런 모순과 분열만을 가지고 기존 연구들이 지적하는 바, 식민정책학에 대한 학문적 접근이 지금까지 간과되었던 요인으로 돌리기에는 무언가 석연치 않은 것도 사실이다. 왜냐하면 이 문제는 일본의 제국적 질서 속에서 식민정책학이라는 하나의 학문체계가 발 딛고 선 모순적 위치, 그로 인한 자기분열적인 내적 구조와도 연관이 있어 보이기 때문이다. 식민정책학이라는 명칭만 놓고 본다면, 이것만큼 명확한 학문이 없어 보인다. 미리 무언가를 알고 있지 않더라도 식민정책학이라는 이름만으로도 우리는 이것이 식민통치에 대한 체계적 고찰을 통해 원활하고 안정적인 식민권력의 토대를 제공하는 정책과학일 것이라고 쉽게 상상할 수 있다. 하지만 이런 선입견과는 별도로 '식민정책학'이라 이름 붙여진 지식체계의 변천을 구체적으로 따져 읽어본다면 곧 사정이 그리 만만치 않다는 걸 알게 된다. 나쁜 학문이 분명해 보이는데 이 학문을 했던 사람이 나쁜 사람으로 보이지 않는 모순, 심지어 식민정책을 옹호하는 나쁜 학문일 줄 알고 읽었는데 실제로는 거기서 식민정책에 대한 비판을 발견하게 되는 역설이 자주 일어나기 때문이다.

이런 상황에서 우선 지적해야 할 것은 '식민정책학'이라 이름 붙여진 이 학문의 연구 대상이 뜻밖에도 모호하다는 사실이다. 잘 알려져 있듯이, '식민(植民/殖民)'은 영어 'colonization'의 번역어로 일차적으로는 "자신의 나라가 아닌 땅에 영주할 목적으로 사람들이 이주하는 것"을 의미했다.[10] 조합된 한자의 뜻 그대로 "사람들을[民]을 낯선 땅에 심어[植] 번성시키는[殖] 행위"였던 것이다. 여기에는 이식된 곳에 이미 살던 사람들의 문제는 애초에 시야에서 벗어나 있었다.[11] '식민'과 관련된 초창기의 학문적 논의가 대부분 철저하게 이민을 보내는 쪽의 관점에서 이주 및 정착과 관련된 문제 해결에 집중하는 양상을 보였던 것도 무리가 아니었던 것이다. 이주한 땅에서 원주민의 존재를 새삼 발견하고 이를 '통치'의 대상으로 어떻게 설정할 것인가 하는 문제를 '식민'의 틀 속에서 포착한 것은 서양에서든, 심지어 일본에서든 오히려 나중의 일이었다.

이처럼 '식민'이라는 문제 설정은 한 무리의 사람들이 본거지를 떠나 새로운 곳에 정착하는 일련의 과정 전체와 관련을 가진다. 하지만 '정책'이라는 과제, 즉 이런 과정에서 어느 지점을 중심적인 연구 대상으로 설정하고 정책을 개입할 것인가 하는 문제는 당시 일본이 직면했던 상황적 조건에 바탕을 둔다. '식민'을 어떻게 정의내리고 식민정책학을 무엇으로 규정할 것인가의 문제는 제국 일본의 자기인식 및 정책적 지향과 철저히 연동되는 것이다.

가령 홋카이도의 삿포로농학교(札幌農學校)에서 출발한 1890년대의 식민정책학과 러일전쟁 직후 본격적으로 활성화되었던 1900년대의 식민정책학, 그리고 제1차 세계대전 이후 제도적으로 정착했던 1920년대의 식민정책학과 태평양전쟁을 통해 새롭게 집대성된 1940년대의 식민정책학이 학문적 성격과 정책적 지향을 달리했던 것도 이 때문이다.[12] 실제로 식민정책학은 농정학, 법학, 정치학, 경제학, 사회학 등 여러 영역을 가로지르며 시기와 연구자의 관심에 따라 학문적인 강조점이 달랐다.

게다가 식민정책학과 식민정책 사이의 관계도 문제다. 이것이 두 번째 지적할 점이다. 사실 이상적인 관점에서 본다면 양자의 관계는 철저하게 상호의존적이어야 한다. 식민정책학과 각 식민정책은 보편과 개별의 관계로 비유될 수도 있겠다. 기존의 식민정책들은 식민정책학의 학문적 소재가 되어야 하며, 이를 통해 획득된 학술적 지식은 미래에 시행될 식민정책의 방향과 내용을 지도한다.

하지만 최소한 일본의 경우, 양자의 관계는 생각보다 명확하지 않았으며 심지어 상호적대적인 측면도 없지 않았다. 권력 자체가 식민지배라는 것을 인정하지 않았다. 다시 말해, 일본은 식민지가 없으며 따라서 식민정책학의 대상은 존재하지 않는다고 공언했다. 일본이 서구의 식민통치와의 차별성을 공공연히 표방했다는 것은 널리 알려진 사실이다. 조선과 타이완은 아직 제국헌법의 적용을 받지 않는 '외지(外地)'일 뿐이라고 해서, 가급적 식민지라는 표현을 쓰는 것을 피했다. 일본은 자신들이 '식민지 제국(colonial empire)'이라는 사실을 최소한 공식적으로는 부인했던 것이다. '동문동종(同文同種)', '일선동조(日鮮同祖)' 등 상호 간의 문화적·역사적 근친성이 대대적으로 강조되었고, 현실에 존재하는 '식민적인' 차별은 잠정적인 것으로 폄하되었다.

우리가 지금까지 다루었던 식민주의 역사학도 바로 이러한 관점에 기반해 있었다. 그런데 이런 권력의 입장에서 본다면 식민지를 식민지로서 객관적으로 인지하고 그 정책의 특징과 유형을 학술적으로 분석하는 식민정책학은 도리어 불편한 존재일 수 있다. 식민지를 식민지로 다루는 것 자체가 식민지의 존재를 부인하는 정치권력에 대해 비판적 함의를 가지기 때문이다. 얼핏 식민주의 역사학과 동일한 지평에 서 있을 줄 알았던 식민정책학은 실은 식민주의 역사학과 대립적인 위치에 설 가능성도 존재했던 것이다.

실제로 일본에서 식민정책학의 학문적 흐름은, 후술하겠지만 영토적 팽창을 골자로 하는 19세기적 제국주의가 퇴조하고, 상업적 이해가 강조되는 20세기 초반 새로운 국제법학의 이론적 조류가 대두하는 가운데서 성장했다.[13] 식민지에 대한 영토적 지배는 철 지난 유행이 되었고, 당시 중국에 대한 서구 열강의 사례에서 보듯이 비용이 많이 드는 배타적 영유는 최소화되었다. 그 대신에 다국간(多國間) 조약을 통해 경쟁 비용은 줄이고 경제적 이익은 최대화하는 실용적인 풍조가 급격히 부상했다. 이런 '선진' 이론을 전폭적으로 수용하면서 성장했던 일본의 식민정책학의 입장에서 보면, 현실의 식민지 제국 일본은 세계 조류에 뒤쳐진 낙후된 국가로 비친다. 요컨대 일본에서 식민정책학과 현실의 식민정책의 관계는 상호협력보다는 상호대립의 측면이 강했는데, 이는 식민정책학이라는 학문체계가 가진 이와 같은 역설적인 성격과 무관하지 않았다.

식민정책학자가 식민지로 간 까닭

그렇다면 이 같은 식민정책학의 모호한 위상과 분열적인 성격이 제국의 현실 속에서 어떻게 드러나는가? 이런 맥락에서 주목되는 사례가 우리의 주인공인 이즈미 아키라이다. 앞에서도 잠깐 소개했지만, 그는 다이쇼 말기에 활동했던 대표적인 '리버럴리스트'이자 식민정책학자 중 한 사람이었다. 그는 자신보다 한 세대 앞의 식민정책학자들과 마찬가지로 삿포로농학교 출신이었다.

하지만 이즈미 아키라는 미국 유학을 통해 삿포로 출신의 1세대 식민정책학자들과는 차별화되는 새로운 접근 방식을 모색했다. 제1차 세계대전 이후 전후 세계질서 재편 과정에서 국제주의 혹은 국제협조주의가 크게 두각을 드러냈다. 이즈미 아키라는 이 국제주의를 준거로 일본의 낙후된 식민정책, 그 실상을 비판하는 작업에 착수했다. 강제적인 동화주의를 비판하고 식민지의 자치를 암시하는 이즈미 아키라 특유의 식민정책론이 구체화되었던 것이다.

이런 그의 입장에 관심을 가지고 적극적으로 호응했던 이들이 바로 식민지 타이완의 현지 지식인들이었다. 그들은 1920년대 초반 타이완의 대표적인 민족운동이었던 '타이완의회설립청원운동'을 주도했다. 그리고 이즈미 아키라는 그들의 이론적 지주로 부상했다. 물론 그는 자신의 구상을 현실에 구현하려고 시도했던 타이완인들의 민족운동에 대해 다소 애매한 태도를 보였다. 후술하겠지만, 식민정책학자로서 그의 입장에 잠재된 균열 및 모순과 관련이 깊은 에피소드였다. 아무튼 이런 논란과는 별도로 그는 이 사건을 계기로 일본 내에서도 식민정책학자로서의 위상을 확고히 할 수 있었다. 그가 조선총독부 고위 관료 출신들이 결성한 조선중앙협회로부터 조사 의뢰를 받은 것도 이 때문이었다. 이즈미 아키라는 1926년 1개월에 걸쳐 조선과 만주를 시찰한 후, 식민정책학자로서 전문가적 견해를 조사 의견서의 형태로 조선중앙협회에 제출했다.

그리고 1927년 그는 식민지에 설립된 첫 제국대학이었던 경성제대 법문학부 교수로 취임했다. 그가 담당한 강좌는 '국제공법 강좌'였다. 하지만 식민정책학자로서 그가 보여준 활발한 활동, 명료한 입장 등과 무관한 교수 인사라고 보기는 도저히 어려울 것 같다. 그가 식민정책학 이외에도 국제법학에서 탁월한 역량을 보여주고 있었던 것은 분명하지만, 법문학부 교수 중에서 오다 쇼고를 제외하면 최고령자에 해당하는 그를 굳이 식민지 조선까지 모셔올 이유는 없기 때문이다.

게다가 그는 제국대학 출신도 아니었다. 법문학부 교수 중에서는 사실상 유일했다. 경성제대 법문학부는 교토제대 출신자도 두 명밖에 없을 정도로 도쿄제대 일색(一色)의 학풍(學風)이었다는 점을 감안하면 그의 인사는 더욱 파격적이었다. 그가 다녔던 삿포로농학교는 같은 관립학교였지만 도쿄제대와는 여러모로 대조적이었다. 일본에서 처음으로 학사학위를 수여했던 삿포로농학교는 미국의 농업 칼리지, 매사추세츠 농과대학을 모델로 만들어졌는데, 리버럴한 학풍과 기독교주의적인 분위기로 일본 내에서 유명했다. 평생 경건한 기독교도였으며 리버럴한 시각이 강했다는 점에서 이즈미 아키라는 전형적인 삿포로농학교 출신이라고 할 수 있겠다.

그런데 그는 농학교마저 제대로 마치지 못하고 미국으로 유학하여 실제 그의 최종 학력(學歷)은 미국의 대학이었다. 문과 계열의 제국대학 교수 중에서 이렇게 미국 유학 학력만 있는 경우는 경성제대가 아니더라도 극히 드물었다. 나이도 그렇고 이력도 그렇고 제국대학 교수라는 '아카데믹 커리어'를 밟을 만한 유형의 학자가 아니었던 것이다. 그만큼 그를 교수로 인선했던 측도 경성제대 이전 그의 학문적 이력을 높이 샀던 것이라고 하겠고, 이즈미 아키라의 입장에서도 교수직 제안에 다소간의 각오가 필요했을 것이다. 논란이 많은 식민정책학자로서의 이력이 여기서 큰 역할을 했음은 틀림없다.

이즈미 아키라의 입장에서 생각해봐도, 그의 경성행(京城行)은 큰 모험이었을 듯하다. 식민정책학자가 식민정책 현장에 직접 뛰어들어 관찰하고 분석하고 제안하는 것이 가능해진다는 것이 식민정책학자로서 가장 큰 매력이었을 것이다. 실제로 그는 경성제대 부임 이전에 조선중앙협회의 도움을 얻어 현지답사 형식으로 식민지 조선 사회의 사정을 광범하게 탐문한 바 있었다. 사정이 허락된다면, 그의 지론이었던 식민지 자치의 가능성을 식민지 현장에서 직접 탐색해보는 기회가 될 수 있었다.

하지만 동시에 이 모험은 위험한 일이기도 했다. 이즈미 아키라 스스로도 그렇게 비판한 적이 있지만, 조선총독부는 철저하게 동화주의를 고수하며 일본 위주의 식민정책을 강제하고 있었다. 3·1운동으로 큰 타격을 입고 '문화정책'으로 전환했다고는 하지만, 일본 위주의 정책관이 바뀐 것은 아니었고 여전히 일본 본토보다도 보수적이고 방어적인 분위기가 지배적이었다.

그리고 경성제대는 그런 조선총독부가 세운 대학이었다. 이 대학의 교수가 된다는 것은 조선총독부의 관원(官員)이 된다는 것을 의미했다. 그동안 사립대학 교수라는 비교적 자유로운 입장에서 타이완과 조선총독부를 비판하던 처지와는 완전히 달라지는 것이다. 이전까지 문제가 없었던 그의 리버럴한 경향이 새삼 문제가 될 소지도 있었다. 그리고 후술하겠지만 우려는 현실이 되었다.

그는 왜 '경성행'을 택했던 것일까? 경성제대의 교수가 됨으로써 그의 식민정책학은 어떤 변모를 겪게 되었을까? 그러한 변모는 식민지 조선이라는 제약의 산물이었을까? 아니면 이즈미 아키라 스스로가 추구했던 식민정책학 자체의 한계와 모순에서 말미암은 것일까? 물론 현재 상황에서 그의 행보를 둘러싼 이런 궁금증을 제대로 풀어내기에는 제약이 너무 많은 것이 사실이다. 오늘날 그는 전후 일본 '인더스학'의 선구자로 유명한 인류학자 이즈미 세이이치(泉晴一)의 아버지로 더 잘 알려져 있으며, 그의 인간적 면모에 대한 기록 또한 아들의 단편적인 회상 수준을 넘어서지 못한다.[14] 식민정책학자, 국제법학자로서 그의 면모를 체계적으로 탐색한 연구 또한 극소수에 불과하다.[15] 그리고 경성제대 시절 그는 식민정책학자로는 철저하게 침묵한다.

따라서 우리가 여기서 해소하려는 궁금증은 이를테면 '부재(不在)의 증명'에 가까운 무모한 작업이 뒤따르기 마련이다. 오다 쇼고나 이마니시 류에서와 마찬가지로, 여기서 경성제대란 존재는 그들의 지적 이력에서 출발점이라기보다는 도달점에 가깝다. 하지만 그만큼 조선 연구 장소로서 경성제대가 어떤 곳이었는지를 드러내는 흥미로운 소재인 것도 분명하다. 식민주의 역사학과 같은 듯 다른 궤적으로 교차하는 식민정책학의 딜레마를 여기서는 이즈미 아키라의 경우로 한정해서 조금 더듬어보자.

폴 라인쉬와 이즈미 아키라: 일본 식민정책학의 방향 전환

이즈미 아키라가 당대에 활발한 활동으로 주목받은 식민정책학 자라고 썼지만, 후세의 평가는 꼭 그렇지만은 않은 듯하다. 다른 식민정책학자들에 비해 상대적으로 덜 알려진 데다 그를 다루더라도 비중이 그리 크지 않기 때문이다. 그의 입장을 비판적으로 계승하거나 그에게 영향을 받은 사람들도 상대적으로 많지 않았다. 아닌 게 아니라, 그는 당대 일본의 지식사회에서는 주변적인 위치에 놓이기 쉬웠다. 제국대학 출신이 아니었을뿐더러 미국 유학 기간도 길었기 때문이다. 귀국 후에는 사립대학(메이지대 교수, 1920~1927)과 식민지 제국대학(경성제대 교수, 1927~1935)의 교수직을 거쳤는데, 어느자리든 제자를 많이 양성할 수 있는 위치나 상황은 아니었다. 메이지 대학에서는 학과를 창설한 지 얼마 되지 않아 식민지로 떠났고, 제국대학이라고 해도 식민지에서 국제법학이나 식민정책학을 전공하겠다는 학생을 만나기는 어려웠을 터이기 때문이다.

게다가 정년퇴임 후 그는 만철조사부 촉탁에 위촉되었지만 곧 갑작스럽게 쓰러져서 활동이 어렵게 되고 말았다. 이즈미는 끝내 자리에서 일어나지 못한 채 1943년 죽음을 맞이했는데, 만약 그가 살아서 야나이하라 다다오나 난바라 시게루(南原繁) 같은 이들이 활동했던 전후 일본의 지식사회에서 활동했다면 완전히 평가가 달라졌을지도 모르겠다.

하지만 이런 후세의 평가와는 별도로 당대의 이즈미 아키라는 주변적일지언정 주목받는 지식인이었다. 무엇보다도 같은 세대의 어떤 지식인들보다 미국에서 오래 유학하면서 19세기 말~20세기 초반 국제법학계의 동향, 특히 식민통치와 관련된 서구 열강의 미묘한 태도 변화를 세밀하게 관찰할 수 있는 위치에 있었기 때문이다.[16] 그는 로스앤젤레스대학에서는 농업경제학을, 스탠퍼드대학과 컬럼비아대학에서는 국제정치학을 공부한 것으로 알려져 있는데, 이 과정에서 그의 사상 형성에 결정적인 영향을 미친 두 명의 국제법학자와 조우했다. 미국의 폴 라인쉬(Paul Reinsch, 1869~1923)와 네덜란드의 다니엘 짓타(Daniël J. Jitta, 1854~1925)가 그들이다.[17]

라인쉬와 짓타는 현재적인 의미에서 국제정치학과 국제법학의 새로운 학문적 가능성을 연 개척자로 유명했다. 제국주의 열강들 사이의 식민지 쟁탈전은 19세기 들어 한층 과격한 양상을 띠어갔고 실제로도 전면적인 상호충돌의 위험성이 커지고 있었다. 이들은 이런 위기는 국가주권의 절대성에 바탕을 둔 국가주의의 한계에서 비롯되었다고 보았다. 절대주권 사상의 제한과 상대화를 통해 국제정치와 국제법의 새로운 학문적 가능성을 모색할 필요가 있다는 것이 이들의 공통된 입장이었다.[18]

그런데 이들 중에서 폴 라인쉬의 논의는 당시 일본인 지식인들 사이에서도 광범하게 영향을 미치고 있었다. 독일계 미국인으로 위스콘신대학에서 정치학을 공부한 라인쉬는 미국 국제정치학계에서 새로운 세대의 등장을 상징하는 인물이었다. 세계를 개별적으로 분산된 주권국가들의 총합으로 간주하고 민족주의를 중시했던 기존의 '정통적' 견해에 의문을 드러내면서, 국제정치에 대한 대안적 인식의 가능성을 제시했기 때문이다.[19] '국민제국주의(national imperialism)'에 관한 논의는 라인쉬가 생각했던 문제의식의 일단을 잘 보여준다.

그에 따르면, 20세기는 국제정치의 '거대한 전환기'였다. 장기 19세기를 지배했던, 영토 확장을 골자로 하는 '전통적인' 제국주의는 현격하게 퇴조하기 시작했으며, 미국이 국제정치의 무대에 새롭게 등장했기 때문이다. 제국주의는 영토의 확장이 아니라 경제적 팽창을 중심으로 하는 새로운 시대에 돌입했다. 국민제국주의란 이러한 상황을 지칭하기 위해 라인쉬가 만든 개념이었다.[20] 물론 새로운 시대에도 상업적 팽창을 둘러싼 각축은 여전할 것이다. 하지만 그가 보기에, 이 시기는 주권절대론에 입각한 국가들 사이의 제로섬(zero-sum)적인 충돌보다는 도리어 국제협력을 추진하는 국제주의적 계기를 내포한다는 점에서 이전 시기와 차별화된다.[21]

이러한 인식은 라인쉬 자신이 1913년부터 1919년까지 베이징 주재 미국공사를 역임했던 경험과 결합하면서 훨씬 더 구체성을 띠게 된다. 그는 복수의 서구 열강이 중국에서 세력권을 설정하기 위해 경합하는 양상을 중국 분할의 전조로 보는 '전통적' 견해를 비판하면서, 복수의 열강들이 중국에서 구축한 다국간 조약에서 국제주의의 계기를 찾으려 했다.[22] 이는 주권절대론과 국가주의라는 기존의 국제법적 이해로는 설명될 수 없는 현상으로, 국가주권의 제한과 국제협조의 실효성에 대한 논의로 넘어가는 중요한 분기점이 되었다.

이러한 국제정치의 인식은 식민지의 운영과 정책과 관련해서도 종전과는 차별화되는 관점을 제공하게 된다. 그는 19세기 식민지의 일반적인 형태인 배타적 지배권에 근간한 주권식민지가 이론적으로 명백한 한계를 드러내며 현실적으로도 퇴조하는 양상을 보인다고 보았다. 이를 대신해서 통치의 부담은 최소화하면서도, 경제적 이익과 관련되는 시장 확대를 효율적으로 추구할 수 있는 조차지 등 간접 식민통치의 형태가 제국주의의 새로운 트렌드(trend)로 부상한다. 서구 열강들은 서로 대립하면서 영토 따먹기에 골몰하는 대신에, 오히려 같이 연대하면서 비공식적인 제국을 구축하고 중국 전체에 대한 영향력을 확대해간다. 그는 중국에서 이런 현상을 확인하면서, 식민정책학에서도 새로운 방향 전환을 예고하게 된다.[23]

이에 대한 일본 학계의 반응은 대단히 즉각적이었다. 라인쉬의 주요 저서들이 출간되는 족족 신속하게 번역되어 일본에 소개된 것이다. 그의 주저인 『19세기 말의 세계 정치(World Politics at the end of the nineteenth century)』(1900)는 미국에서 발간된 지 1년도 안 되어 정치학자 다카타 사나에(高田早苗)에 의해 이 책의 핵심을 요약한 해설서가 출판되었다.[24] 1902년 출간된 또 다른 저서 『식민정부(Colonial Government)』는 일본에서는 4년 뒤인 1906년에 『식민통치책(殖民統治策)』이라는 제목으로 번역되었다. 1905년에 출간된 『식민행정(Colonial Administration)』은 1910년에 번역되었는데, 제목은 『식민정책(殖民政策)』이었다.[25]

당시 미국과 일본의 시차를 감안했을 때, 그의 논의는 거의 실시간으로 태평양을 가로질러 수용되고 있었다고 해도 과언이 아니었다. 그리고 라인쉬의 저작 중에서 『식민통치책』은 러일전쟁 이후 일본 식민정책학에 가장 큰 영향을 미친 저작 중 하나로서 "실로 우리나라(일본: 인용자)의 이 학문은 라인쉬에 의해 비로소 체계화되었다"라는 평가를 받을 정도였다.[26]

이처럼 일본 학계에서 라인쉬의 논의에 대한 반응이 즉각적이었던 이유는 무엇 때문이었을까? 우선 메이지 초기 근대국가의 건설 과정에서 주요한 이론적 토대가 되었던 절대주권 사상과 국가주의가 이미 한계를 드러내고 있었기 때문이다. 일본도 이미 1895년 청일전쟁 이후 '국제협조'가 가진 위력을 실감할 수 있었다. 막대한 비용을 치르며 전쟁을 통해 획득한 랴오둥반도(遼東半島)를 러시아, 프랑스, 독일 3국의 간섭으로 반환한 이른바 '삼국간섭'이 그 계기였다. 이 반환의 파급력은 엄청나서 일본은 상당 기간 후유증을 겪어야 했다.

이런 실패에 직면하면서 일본 학계 내부에서는 절대주권론이 간과해왔던 '국제협조'의 주권적 위력을 이제는 진지하게 고려해야 하며, 일본의 절대주권을 안정적으로 확보하고 또 확대하기 위해서라도 국제관계의 변화에 대한 적절한 인식과 세밀한 관찰이 필요하다는 공감대가 생겨났다. 어떤 의미에서 일본의 실패는 이러한 변화를 놓쳤던 국제정치학 · 국제법학의 실패였던 것이다. 20세기에 들어서면서 일본의 법학계는 서구 학계의 동향을 예의주시하면서 주권제한주의 및 국제협조주의를 적극 수용했다. 그리고 이러한 흐름은 제1차 세계대전 이후 한스 켈젠(Hans Kelsen, 1881~1973)의 '국제법우위설'에 입각한 국제주의가 크게 유행했던 상황과도 직결된다.[27]

그런데 우리의 논의와 관련하여 삼국간섭에서 일본이 느꼈던 한계는 그것만이 아니었다. 일본이 삼국의 '간섭'을 물리치기 어려웠던 데에는 다른 이유도 있었기 때문이다. 그중 하나가 국제사회의 여론이었다. 청일전쟁에서 승리한 대가로 만주 일대를 사실상의 주권식민지로 구축하려 했던 일본의 시도에 대해 국제사회는 그다지 우호적이지 않았던 것이다. 사실 일본의 입장에서 청일전쟁은 청나라와 일본 양자 간의 문제이고, 따라서 그 전후 처리와 보상 또한 양자 간에 이루어지는 것은 당연하다고 믿었다. 그리고 실제로 랴오둥반도의 배타적 영유는 청나라와 합의를 본 사안이기도 했다.

그런데 서구 열강은 패전의 대가가 지나치게 가혹하다고 주장했다. 서구 열강의 입장에서는 중국 영토를 일본이 배타적 영유에 입각해서 식민지로 취득하는 것은 지나치게 낡고 전통적인 방식이었다. 점령을 하는 일본 측이나 점령을 당하는 중국인들의 입장에서 대가가 너무 크다고 본 것이다. 특히 서구 열강은 일본의 랴오둥반도 영유가 쓸데없이 피지배 중국인들의 '민족적' 반발을 초래해서 중국의 상황을 불안정하게 만들지 않을까 우려했다. 물론 이런 여론의 배후에는 일본의 부상에 대한 서구 열강의 견제가 도사리고 있었지만, 명분 차원에서도 일본은 열강을 납득시키지 못했다.

결국 청일전쟁에서 겪은 일본의 실패는 식민지 및 식민정책의 문제를 엄밀하게 규정하지 못했을 뿐만 아니라 그 세계적인 추세를 따라가지 못한 식민정책학의 실패이기도 했다. 라인쉬의 논의는 이 같은 두 가지 실패, 즉 국제정치학·국제법학의 실패와 식민정책학의 실패라는 상황에서 그 빈자리를 메울 수 있는 이론적 자원으로 등장했다. 그렇다면 일본이 추구하는 식민지를 포함한 '제국질서'는, 라인쉬가 강조했던 상호협조의 '국제질서'와 어떻게 결합해나갈 것인가?[28] 라인쉬의 논의가 던지는 이러한 질문을 가장 적극적으로 받아들였던 이가 바로 이즈미 아키라였다.

농정학적 식민정책학과의 결별

이즈미 아키라는 오랜 유학 생활 끝에 1913년 일본으로 귀국한다. 그리고 같은 해 도쿄외국어학교에서 식민정책 강의를 시작했다. 1914년부터는 메이지대학 정학부(政學部)에서 같은 과목을 가르쳤다. 이후 1920년부터는 메이지대학 법학부의 전임교수가 되어 식민정책과 국제법 강의를 담당했다. 그리고 1925년 메이지대학에 정치경제과를 창설한다. 농정학(農政學)과 더불어 식민정책학을 강의했던 삿포로농학교의 선배들, 사토 쇼스케(佐藤昌介)나 니토베 이나조와는 달리 이즈미 아키라는 국제법과 국제정치론과 병행해서 식민정책학을 강의했고, 1921년부터는 강의록을 기반으로 저서를 출간하기 시작했다. 1921년 간행한 『식민지통치론』은 큰 인기를 끌었고, 이를 기반으로 1924년 증정(增訂)본을 출간했다. 1921년에는 『국제법개론』, 1924년에는 『국제법문제연구』도 간행했다. 식민정책학자로서 이즈미 아키라의 독창성은 주저인 『식민지통치론』에서 비교적 분명하게 드러난다.

삿포로농학교에서 최초로 식민론을 강의했던 사토 쇼스케는 철저하게 농정학의 입장에서 식민정책을 다루었다. 일본 농촌의 궁핍과 농가 인구의 과잉을 해결하는 방안으로 식민의 필요성을 제시했던 것이다.[29] 그의 관점에서 보았을 때, '식민'이란 국내 농업 인구의 이주로, 구체적으로는 홋카이도의 집단 농민이주를 의미했다. 그는 철저하게 일본 내부의 농촌문제 해결이라는 농정학적 과제에 입각해서 '식민'정책을 설정하고 있기 때문에 외국 식민에 대해서도 철저하게 부정적 입장을 취했다. "농업을 개량하는 길은 외국 식민에 있지 않고 내국 식민 즉 홋카이도 식민에 있다."[30]

물론 외국 식민의 문제를 인정하지 않는 그의 입장은 1900년을 전후해서 변화하게 된다. 하지만 특유의 관점을 모두 바꾼 것은 아

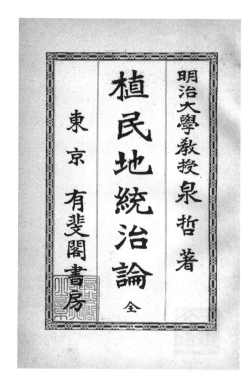

그림 4-1. 이즈미 아키라가 메이지대학 교수 시절 강의용 교재로 출간한 『식민지통치론』(1921)의 속표지 그의 강의와 저서는 식민지 타이완 학생들에게 큰 영향을 미쳐 타이완의회설립운동이 일어나는 계기가 되기도 했다. 출처: 일본국회도서관.

니어서, 그는 해외 식민도 일본 국내 농촌의 과잉인구 해소, 일본 국세(國勢)의 과시, 상대적으로 발달된 농업이민을 통해 해외 미개지의 개척이라는 관점에서 설명한다. '국내 식민'이라는 기존의 입장을 공간적으로 그대로 확대하는 형태로 해외 식민을 이해했던 것이다.[31]. 이처럼 그는 철저히 농학자의 입장에서 식민을 농가 및 농장의 운영이라는 기술적(技術的) 문제로 이해하고 있었다. 따라서 그의 식민정책학이 '식민'이란 개념 설정에 내포된 정치적 성격을 애써 무시하거나 회피한다는 지적이 제시되는 것도 무리는 아니었다.[32]

한편, 사토 쇼스케와 마찬가지로 농정학에서 출발했던 니토베 이나조는 스승보다는 훨씬 유연하고 확장적인 시각에서 식민정책학을 구성했다. 홋카이도 전체가 근대 일본의 영역 내로 편입되는 등 '내부 식민화(internal colonization)'가 당면한 일본 사회의 과제였던 시기에 식민학을 가르쳤던 사토 쇼스케와는 달리, 니토베 이나조는 근대 일본이 해외 식민지를 공식적으로 획득하기 시작하던 시점에 식민정책학을 배우고 가르쳤다.

실제로 니토베 이나조는 삿포로농학교 교수로 있던 1901년 동향 선배였던 타이완총독부 민정장관 고토 신페이(後藤新平, 1857~1929)의 부름을 받아 2년 가까이 식민지 타이완의 행정 실무를 직접 경험하기도 했다. 그는 타이완총독부의 민정국 식산과장, 식산국장 심득(직무대리), 임시타이완당무국장 등을 거쳤으며 이때의 경험을 기반으로 식민정책에 관한 논문을 써 1906년 교토제대에서 법학 박사학위를 취득한다. 그리고 도쿄제대 농학부 교수를 거쳐 1912년 도쿄제대에 처음 개설된 '식민정책학 강좌'의 초대 강좌교수로 부임한다.[33]

잘 알려져 있듯이, 그의 식민정책학 강의 내용을 그가 사망한 이후 제자인 야나이하라 다다오가 정리, 간행한 것이 『니토베 박사 식민정책강의 및 논문집(新渡戶博士植民政策講義及論文集)』이었다. 이 책에서 그는 "식민지는 신(新)영토이며, 식민이란 고국(故國)에서 신영토로 이주하는 것"이라고 정의 내린다.[34] 그리고 덧붙여 "신영토란 새롭게 획득한 영토"이며 따라서 이 "영토는 정치적 의미를 가진다"고 하였다.[35] 이주, 특히 농민의 이주라는 기술적인 문제로 식민을 국한했던 사토 쇼스케와는 달리, 니토베 이나조는 식민의 정치적 성격을 분명히 하고 있는 것이다.

여기에는 일본이 타이완을 주권식민지로 획득한 시대적 상황 및 타이완총독부의 관료로서 식민정책을 다루었던 개인적 체험이 반영되어 있다. 하지만 이때 '정치적'이란 것이 무엇인지를 엄밀히 설명하지 않으며, 개념 범주의 구별 이상으로 식민정책의 성격에 대한 학술적 논의를 제대로 전개하지 못한다는 점에서는 한계도 명확했다.[36] 인구과잉의 문제에 집요하게 천착하며 '식민' 자체의 개척적·문명적 성격을 강조한다는 점은 사토 쇼스케의 식민학과 닮은 점도 많았다.

그런데 이즈미 아키라는 식민의 개념을 규정하면서 처음부터 이주와 식민을 분명히 구분한다는 점에서 선배들의 논의와는 차별화된다. 그는 일시적이 아닌 "생애거주(生涯居住)할 목적"으로, 개별적이 아닌 집단적으로 이루어지며, "가족과 더불어" "본국(本國)은 아니지만" "무소속의 토지 또는 자국의 영토"로 이주하는 행위를 식민으로 보았다.

오늘날 사용되는 식민(植民)이란 문자(文字)는 본국을 벗어나 다른 지방에 생애거주할 목적으로 가족과 더불어 이주하는 행위를 가리키며, 여기서 영주지(永住地)란 타국의 영토가 아니라 무소속의 토지 또는 자국의 영토를 뜻한다. 그래서 타이완, 조선, 가라후토(樺太, 사할린: 인용자) 등에 가족을 이끌고 영주를 목적으로 도항(渡航)할 때는 식민이다.[37]

이즈미 아키라에 따르면 세 가지 요소 중 어느 하나라도 결여된 이주 행위는 식민이 아니라 이민이며, 이민과 식민은 "근본에 있어서 그 의의를 달리하고 있다"고 주장한다. 그런데 여기서 핵심은 이주하는 장소가 '주권국의 영토'라는 점으로, 사토 쇼스케나 니토베 이나조와 달리 식민지의 정치적 성격을 매우 명확하게 드러내고 있다는 사실이다. 이즈미 아키라의 식민정책학의 특징적인 측면이라고 하겠는데, 왜냐하면 '주권국의 영토'란 해당 지역에 주권의 설정을 인정받는다는 것으로 명백히 국제질서 속에서만 규정되는 것이기 때문이다.

나아가 이러한 개념 규정은 전통적인 의미의 배타적인 영토 영유, 혹은 주권식민지 이외에도 다양한 식민지의 형태를 시야에 넣을 수 있는 장점을 가진다. 그의 식민정책론은 자신의 저서 『(증정)식민정책론』의 「예언(例言)」에서 "이 책은 위스콘신대학 정치학과 학과장이었고, 이후 여러 해에 걸쳐 주중 미국공사를 맡았던 스승 폴 라인쉬 박사의 강의록 및 저서에 빚진 바가 많다"[38]고 고백할 정도로 라인쉬의 영향을 많이 받았는데, 덕분에 여러 형태의 간접 식민지의 형태를 논의에 포함할 수 있었다.

그는 식민지 통치의 형태 혹은 종류로, 세력 범위, 식민지 보호국, 특허회사, 위임통치, 조차통치, 자치식민지로 구별하는데, 이는 라인쉬가 『식민통치책(Colonial Government)』(1902)에서 제시했던 분류와 사실상 동일하다. 그는 주권의 설정과 관련해서 식민지를 협의의 식민지와 광의의 식민지로 분류하는데, 간접 식민지는 "주권의 설정이 지극히 불완전한 것" 혹은 "식민지와 유사한 것"으로서 대체로는 식민지라는 범주에 포함하고 있다.

식민정책학에서 무엇이 식민지인지, 그리고 그 식민지의 국제법적 위상은 어떠한지는 철저하게 국제정치학적 관점에서 결정된다는 이즈미 아키라의 관점, 실제로는 라인쉬의 관점이 강하게 투영되었

다. 즉, 식민정책학은 이즈미 아키라에 이르러 농정학적 지평에서 국제정치학적 지평으로 완전히 전환되었다. 이것은 1930년대 야나이하라 다다오의 식민정책학 기획과 차별화되는 지점이다. 야나이하라는 식민이란 현상을 "이질적인 문화, 정치, 경제, 사회적 토대를 가진 일군의 집단 혹은 사회가 이동해서 다른 문화, 정치, 경제, 사회적 토대를 가진 집단 혹은 사회와 접촉"하는 것으로 정의한다. 그는 식민정책학을 이런 접촉이 야기하는 사회, 경제, 문화적 변용을 규명하는 것으로 간주한다. 식민정책학을 통해 '이동'을 중심에 놓고 사회 현상을 종합적으로 분석하는 '정책' 사회과학을 구상했던 것이다.[39] 이에 반해서 이즈미 아키라의 식민정책학은 상호협조가 중심이 되는 '국제질서'의 변화를 면밀하게 추적하여 이를 기반으로 일본과 그 식민지의 '제국질서'가 안고 있는 문제점과 낙후성을 명료하게 드러내려는 지적 기획이라는 측면이 강하다. 과한 비유를 양해한다면, 이즈미 아키라의 식민정책학은 '글로벌 스탠더드(global standard)'에 준거하여 일본 식민통치의 낙후성을 비판하고, 국제협력의 보편적 원리 — 이즈미 스스로는 이 보편적 발전 원리를 '인류의 안녕행복(人類の安寧幸福)'으로 설정했다[40] — 에 입각해서 일본의 '제국질서'를 보편적인 '국제질서'에 근접하도록 발전시키려는 기획이라는 점에서 전후 '근대화 이론'의 논리와 닮아 있다고도 하겠다.

이상주의의 급진성: 동화주의와 비동화주의

그런데 이러한 이즈미 아키라의 관점은, 그 자신의 의도와는 무관하게, 현실의 일본 식민정책에 대해서 상당히 급진적인 입장을 취하게 만드는 측면이 없지 않았다. 국제정치학의 관점에서 보면, 제1차 세계대전 이후 국제질서는 '국제주의'를 기조로 급진적으로 재편되고 있는 데 반해, 일본의 제국질서는 여전히 19세기적인 제국주의 단계에 머물러 있는 듯 보였기 때문이다. 특히 이러한 일본 식민정책의 낙후성을 여실히 보여주는 것이 이즈미 아키라가 보기에 '동화주의'였다.

이즈미는 일본의 식민정책학자들 중에서도 대표적인 '비(非)동화주의자'로 널리 알려져 있으며, 실제로도 그의 식민정책론 중 상당 부분은 동화주의 비판에 할애하고 있다. 다른 식민정책학자들과 다를 바 없이, 그도 식민지 통치의 원칙을 두 가지로 구별하고, 동화주의와 비동화주의가 여기에 해당한다고 간주한다. 그런데 이 지점에서 흥미로운 것은, 이즈미의 관점에서 동화주의와 비동화주의란 동등한 위상을 가진 원칙도, 양자택일을 할 선택지도 아니라는 것이다. 그는 동화주의를 다음과 같이 규정한다.

동화주의는 무자각의 통치방침이기 때문에 이런 주의로 일관했던 사례는 없다. 겉으로는 본국의 제도를 모방하지만 내실은 식민지 특유의 제도를 채용하든가, 아니면 유리한 건 본국을 따르고 불리한 건 식민지의 구습에 근거하는 것이 보통이다. 대부분은 식민지인의 의무에 대해서는 동화주의를 채용하고 권리는 이를 인정하지 않는 것이 상례이다. (…) 동화정책은 무방침의 통치정책으로 임시변통의 일시적 정책이라고 말해도 될 것 같다. 따라서 영구적 성질을 가진 것이 아니라 가능한 한 단기간에 폐지될 운명에 처한다. 그리고 동화주의는 본국 본위의 통치방침으로 식민지의 행복과 안녕을 중심에 두지 않는다. 이것이 오늘날의 식민지 통치방침으로서는 매우 불합리하다고 말할 수 있는 이유이다.[41]

그는 식민통치의 원리로 '동화주의'를 설정하고 있기는 하지만, 실제로는 '식민통치'라는 자각(自覺)이 아예 없는 상태의 통치 방식으로 생각했다. 예컨대 동화주의란 고대의 왕국이 말이 통하지 않는 이역(異域)의 땅을 빼앗아 자기 영토로 삼는 것과 같은 차원의 통치 원리로, 이를 고수하는 한 식민정책학도 필요 없고 심지어 근대 정치학도 무용(無用)하다. 그의 논리에 따른다면, 영주할 목적으로 새롭게 취득한 땅에서 우리와는 다른 역사와 문화를 가진 '이질적인' 사람들이 미리 살고 있었음을 발견한 이후에야, 그리고 우리의 목적을 관철하기 위해 이들을 통치의 대상으로 설정한 이후에야 비로소 식민통치라는 의식적 실천이 가능할 터인데, 동화주의에 입각한 이민족 통치는 이런 최소 기준을 전혀 충족하지 못하기 때문이다.

그런 의미에서 이즈미가 보기에 식민정책학의 실질적인 고찰 대상은 비동화주의뿐이다. 그는 비동화주의를 식민자들의 "자각에 바탕을 둔 통치주의로 식민지 영유의 기다(幾多)한 경험에 의해 식민지인들의 민족적 심리를 이해한 결과가 배태한 진정한 식민지 통치 방침[42]"이라고 불렀다. 한편으로는 식민자들이 식민통치를 시작했던 최소한의 이유를 만족시켜가면서, 다른 한편으로는 피식민자들의 불만을 가급적 완화하고 그들의 안녕행복을 가능한 한 추구해가는 것이 비동화주의라는 것이다. 이즈미 아키라는 그 균형점을 찾아내기 위해 식민지의 통치기구들을 세밀하게 점검하는 한편으로, 교육, 종교, 산업, 금융, 재정, 교통, 치안 등 각 분야에서 식민지 행정의 상태를 조사할 필요가 있다고 보았다.[43] 이즈미 아키라는 이것이 식민정책학의 과업이며 이를 수행하는 과정에서 산출된 일련의 지식들이 식민정책학의 내용을 이룬다고 본 것이다.

그리고 그의 관점에서는 식민정책학의 대상에 포함하지 말았어야 할 '동화주의'를 굳이 '2대 원칙'이라는 항목으로 포함했던 것도, 결국에는 그가 '비동화주의'라고 불렀던 통치 원리를 효율적으로 실현하기 위한 '수단'이 필요했기 때문이다. 이즈미 아카라는 동화주의와 비동화주의 관계를 다음과 같이 정리한다.

> 제1종 즉 동화주의는 제2종 즉 비동화주의의 방책을 뽑아내기 위한 준비적 행위로 간주할 수 있는데, 제2종의 방책을 만들기 위해서는 반드시 제1종의 경험을 거쳐야 하는 것은 아니다. 다만, 문화의 정도가 낮고 인지의 발달이 충분하지 않은 시대, 즉 강자의 권리가 인정받는 시대에는 자연스레 채용될 수 있지만, 오늘날 새롭게 식민지를 통치하려 할 때 제1의 과정을 거쳐야 할 이유는 조금도 없다.[44]

요컨대 그의 입장에서는 자신은 비동화주의자가 아니며, 식민정책학 자체가 비동화주의 원칙에 입각한 식민통치를 학문적 대상으로 삼을 뿐이라는 것이다. 그리고 이런 비동화주의에 입각한 식민통치가 도달하게 되는 필연적인 장래를, 이즈미 아키라는 자치식민지라고 보았다. 피식민지인들의 민족심리를 자극하지 않고 그들의 행복과 안녕을 추구하는 길은 결국 자신의 땅을 자신들이 직접 다스리는 수밖에 없기 때문이다.

비동화주의를 채용하고 있는 나라에서는 기초법 혹은 제국 전반에 관련된 법률을 제외하고는 식민지 입법부를 세워 식민지의 법률과 규칙을 제정하는 임무를 당연하게 맡기고 있다. 그리고 자치식민지에 이르러서는 본국은 전혀 직접적으로 법률을 만들지 않으며 전부 식민지 의회로 하여금 이를 담당하게 한다.[45]

그는 자치식민지는 내부 통치를 피식민자 자신들이 자율적으로 맡는다는 점에서 사실상 독립국이나 마찬가지라고 보았는데,[46] 이러한 비동화주의 전망은 제1차 세계대전 중인 1917년에 결성된 영연방제국(Commonwealth of Nations)을 염두에 둔 것으로 보인다. 이 영연방제국을 구성하는 정치체(政治體) 중에서 "제국 전체에 관련된 법률을 제외하고는 식민지 입법부로 하여금 식민지의 법률, 규칙 제정의 임무 일부 또는 전부를 맡기는" 형태,[47] 즉 가장 발달된 식민통치의 형태가 자치식민지였다. 이 자치식민지에서는 식민모국에서 임명한 총독을 제외하고는 행정권과 입법권을 식민지인들이 자치적으로 확보할 뿐만 아니라, 재정 운용 및 군사 비용도 식민지가 담당하는, "거의 독립국이나 다름없는" 상태로 유지된다.

이즈미 아키라는 현실의 국제질서에서 확인할 수 있는 영연방제국의 존재야말로 국제질서와 제국질서 사이를 매개할 수 있는 새로운 추세로 보았는데, 이러한 식민 본위의 식민지배는 첫째 문명화의 사명과 부합하며, 둘째 제1차 세계대전 이후 세계의 정치가 민중의 여론에 좌우되는 상황을 반영하며, 셋째 인간의 본원적 권리와도 어긋나지 않는다는 점에서 필연적이라고 보았다. 요컨대 이즈미의 동화주의/비동화주의 논의는 범주적 구분과는 거리가 멀었다. 그

보다 이즈미는 식민통치의 방침이라는 관점에서 보면 동화주의에서 비동화주의로의 '이행'이 국제질서의 필연적 원리라고 보았던 것으로 보인다. '비동화주의'라는 용어보다 차라리 '포스트(post)' 동화주의라는 표현이 더 어울리는 것이다.

경성의 이즈미 아키라: 식민지 현실 속 식민정책학자

이상에서 살펴보았듯이 이즈미 아키라는 국제주의와 이상주의에 입각해서 동화주의 식민통치는 필연적으로 비동화주의 식민통치로 이행할 것이며, 비동화주의 식민통치의 궁극적 형태는 식민지인들이 자신의 손으로 식민지를 다스리는 것, 즉 자치식민지가 될 것으로 전망했다. 그리고 이 자치식민지는 입법권과 행정권이 식민모국이 아니라 식민지인들의 수중에 있을 때 비로소 완성된다. 다시 말해, 식민지인들의 의사를 대변하는 식민지 의회가 설립되어 자치적인 입법권이 확보되고, 또 이렇게 구성된 식민지 의회에서 다수를 차지하는 정당이 책임내각을 형성하여 사실상 행정의 전권을 행사하게 된다면, 설령 식민모국의 황제를 대신하여 총독이 파견되더라도 식민지의 내치(內治)와 관련해서는 식민지인들이 본위가 될 수 있다는 생각이었다.

그리고 이런 식민지인 본위의 자치체제가 순탄하게 확립된다면, 제국의 편제도 식민모국과 식민지 간 보다 평등한 관계를 이룰 수 있게 된다. 사실상 연방제의 길을 걸을 수 있다는 것이다.[48]

자치식민지는 거의 독립국이나 다를 바 없고 본국과의 관계는 영국 황제의 대표자인 총독을 두는 데 지나지 않는다. 행정부는 입법부에 책임을 지고, 입법부는 인민에게 책임을 진다. 사법부는 총독이 임명하지만 그 지위는 보장된다. 그리고 재정 같은 것은 전혀 본국과 관계없이 식민지 특유의 것이 된다. 심지어 육군과 해군 같은 것조차 식민지가 비용을 들여 설치할 수 있는 모양이다.[49]

이런 입장에서 그는 식민지인들의 민족자결과 독립 요구를 이해하지만 자치식민지와 연방제국으로 충분히 그들의 불만을 해소할 수 있을 것으로 보았다. 그리고 현실의 영연방제국이 법적으로 규정된 것처럼 마냥 이상적인 것은 아니며 현실의 지배–종속 관계가 만만치 않지만, 이미 국제적인 추세가 내적으로는 자치의 허용과 외적으로는 연방제적 관계의 방향으로 진행되고 있는 이상, 이를 거스르기는 쉽지 않을 것으로 전망했다.

이처럼 전체적으로 본다면 그의 이론틀은 점진적 진화론에 가까운 '발전' 도식이며, 설명 방식 또한 추상적이고 이상주의적이다. 따라서 세부적으로 본다면, 다소 순진하다는 인상조차 받을 수 있다. 그런데 흥미로운 것은 그의 분석틀이 '이상주의적'이었기 때문에 현실의 식민정책에 대한 평가는 타협의 여지를 두기 어려웠으며, 비판의 논조 또한 대단히 급진적인 성격을 가지게 된다는 것이다.

예컨대 이즈미 아키라의 입장에서 동화주의에 입각해 있는 일본의 식민통치는 일본을 중심으로 하는 '제국질서'가 20세기 들어서 급격히 재편되고 있는 '국제질서'에 비해 얼마나 낙후되어 있는지를 보여주는 생생한 증거였다. 그는 일본의 식민지 통치에 대해서 다음과 같이 단언했다.

우리나라는 최신의 식민국이 되어 거의 본국에 필적하는 식민지를 가지게 되었지만 본격적으로 식민지 통치 문제를 연구하는 사람이 적은 점은 매우 개탄할 만한 일이다. 이 때문에 식민지 행정이라는 중요한 임무를 맡은 사람들이 의지할 만한 지도를 받지 못하는 모양으로 결국에는 타이완, 조선과 같이 실정(失政)을 하여 최근에야 비로소 그 잘못을 깨닫는 상태이다. 하지만 소수자의 자각만으로는 아무래도 누적된 폐해를 근절하는 데 충분한 개혁을 할 수 있는 것은 아니다. 식민지 총독이 아무리 선의(善意)와 영단(英斷)으로 대개혁을 실행하려 해도 군벌이나 관료가 이를 견제하고 국민들이 아무런 후원을 해주지 않는다면 아무리 총독이라도 근본적인 정책을 세워서 대개혁을 할 수가 없다. 전제시대에는 가장 위력을 가진 한 사람이 만민을 지배했다면, 오늘날에는 만민이 소수를 지배하게 되었다. 따라서 국민 다수가 각성할 때에만 대개혁을 이룰 수 있는데, 오늘날과 같이 국민이 국가 대사에 대해서 아무 의견도 낼 수 없는 때라면 그 실현은 불가능하다. 국민이 오늘날의 상태에 있게 된 것은 국민들 자신이 잘못해서가 아니라 잘못된 교육방침이 그렇게 만든 것이라 하겠다. 왜냐하면 지금까지 교육은 권리, 의무의 관념을 명확히 하고, 그 운용을 원만하게 하는 방법을 가르치지 않았고, 정치사상의 발달은 애써 이를 저지하는 방침을 채택해왔기 때문이다.[50]

이즈미 아키라는 이처럼 국제주의와 이상주의에 입각하여 일본 국내 정치 및 식민지 통치의 낙후성을 가차 없이 비판하고 있다. 그는 당시의 상황 속에서 감히 발언하기 어려운 과감한 일본 사회 비판을 '식민정책학'이라는 이름으로 제기했던 것이다.

그래서인지 그의 저서 곳곳에서 인도주의적이고 민주주의적인 관점의 지지와 현실의 일본 식민정책을 염두에 둔 동화주의의 불합리성에 대한 격렬한 비판을 어렵지 않게 찾아볼 수 있다. 특히 1919년 식민지 조선에서 일어난 3·1운동에 대한 그의 비판은 일본 본토의 '리버럴'한 지식인들 사이에서 쉽게 찾아보기 어려운, 사태 판단의 정확함과 비판의 격렬함을 담고 있다.

금일의 소요(3·1운동: 인용자)에 이르게 된 근저에는 병합 당시 이미 심겨 있던 것으로, 근본부터 잘못된 식민정책 아래에서 통치를 받아온 그들이 민족자결주의, 민주주의 등의 감화를 받아 평상시 품어왔던 불만과 굴종의 감정이 희망이 되어 나타난 결과라고 보는 것이 타당할 것 같다.[51]

이즈미 아키라는 3·1운동의 배후에는 일본인 위주의 전제적인 식민통치라는 구조적인 문제점이 있었기 때문에 조선인들의 불만은 당연한 것이라고 생각했다. 그는 식민통치에서 관건은 아무래도 민족문제라고 판단하고 있었다. 당시로서는 감히 주장하지 못했던 입장을 그는 스스럼없이 드러냈던 것이다. 그렇기 때문에 3·1운동 이후 이를 수습하는 과정에 대해서도 그는 대단히 비판적이었다.

조선에서 1919년에 일어난 소요를 진정시키는 데 내지(內地)의 군대를 늘려 파견해서 소요 지방의 인가(人家)를 불태우고, 남녀노소 다수의 조선인을 살해하는 것과 같은 행위는 절대로 필요한 진정 조치였다고 믿기지 않는다. (…) 조선은 인구가 1,500만 명 이상이고 4,000년 동안 특수한 문화를 일군 일 민족의 거주지이다. 하지만 하루아침에 일본에 병합하자마자 우리나라는 단숨에 이를 동화시키려고 용을 쓰고 있다. 그야말로 무모함이 극에 이르는 일로 세계 식민 역사에서도 보기 드문 실책이라고 해야 할 것이다. 수천 년에 걸친 민족성을 변혁해서 그 문화를 다른 문화로 대체하려는 것은 불가능 중의 불가능이라고 칭할 만하며 어떤 위대한 정치가라도 이 목적을 달성하기 어려울 것이다.[52]

이즈미 아키라는 당시 공공연한 비밀에 부쳤던 일본 관헌에 의한 살상(殺傷)을 폭로하면서까지 조선총독부의 진압 과정을 비판했을 뿐 아니라, 수습책으로 제시되고 있는 '문화정책'도 일본인 본위이며 조선인의 문화를 대체하려는 시도라는 점에서 불가능한 목적이라는 점을 분명히 하고 있었다.

그리고 그의 이러한 태도는 식민지 현지의 실질적인 호응으로 이어지기도 했다. 그의 영향을 받은 타이완인 유학생들이 열렬하게 그를 지지했던 것이다.[53] 이즈미 아키라는 타이완의 상황에 대해서도 총독부의 일본 본국 중심적인 정책을 신랄하게 비판하면서 식민통치책은 식민지 중심, 타이완 중심주의에 기반할 것을 강하게 요구한 바 있었다.[54] "타이완은 총독부의 타이완이 아니라 타이완 도민의 타이완"이다. 이처럼 이즈미 아키라는 타이완인의 행복과 안녕을 위해서라도 결국 타이완은 자치식민지가 되어야 한다고 생각했던 것이다.

그런 의미에서 1921년부터 본격화된 타이완의회설립청원운동에 대해 그가 적극적인 지지 의사를 보낸 건 당연했다. 그런데 타이완총독부는 1923년 1월 결성된 타이완의회기성동맹회(臺灣議會期成同盟會)를 '치안경찰법' 위반이라는 이유로 강제로 해산한다. 주최 측은 합법적으로 활동할 수 있는 일본 본토의 도쿄로 거점을 옮겨 활동을 이어나갔는데, 타이완총독부는 이 기성회의 실체가 타이완에 있다는 이유를 들어 1923년 12월 도쿄에 있는 타이완인 지식인들에 대한 검거 작전을 감행했다. 식민지의 치안법이 일본 본토에서 활동하는 타이완인 지식인들에게 적용된 악명 높은 사건이었다. 이른바 '대경(臺警) 사건'에 의해 소환, 가택수사, 구류를 당한 사람이 100여 명 안팎에 이르렀다.[55] 그리고 그중에서 금고와 벌금을 받은 세 사람은 메이지대학 법과 학생으로 이즈미 아키라의 제자였다.[56]

그런데 일본 사회에도 적지 않은 충격을 주었던 대경 사건과 관련해서 이즈미 아키라가 보였던 입장은 생각보다 미온적이었다.[57] 타이완 자치의 필연성을 확신하는 발언을 했던 그는 타이완인들의 검거에 대해서는 "우리는 결코 곧바로 이를 실현하려 바랐던 것은 아니며, 오직 가까운 장래에 '학리적(學理的) 정책'이 수립되는 것을 볼 수 있다면 만족할 뿐"이라고 말을 아꼈던 것이다.[58] 도리어 타이완인들에 대해 "하등 비관할 일은 아니며 자중(自重)해서 정당한 요구를 온건하게, 그리고 끊임없이 노력해서 관철할 일"이며, "폭력은 도리어 여러분의 희망 달성에 방해가 될 뿐이라는 것을 기억하길 바란다"[59]고 자제를 당부하기까지 했다.

이처럼 이즈미는 현실의 일본 식민정책에 대한 가장 강력한 반대자였지만, 그렇다고 그의 입장이 반(反)식민주의와 곧바로 연결되는 것은 아니었다. 아사다 교지(浅田喬二)에 따르면, 실제로 그는 '식민지 영유'는 결국 폐지될 것으로 보았지만 그렇다고 민족자결과 독립운동의 허용까지도 필연이라 생각하지는 않았던 듯하다.[60] 이즈미 아키라에 따르면, "민족자결이란 고도의 발달을 이룬 민족은 내정에서 다른 간섭을 받지 않고 스스로를 다스릴 권리를 가진다는 것을 (…) 의미한다. 또한 민족자결이란 국가의 창설에 관한 근본주의"[61]이다. 그가 보기에, 민족자결은 민족의 귀속을 결정할 것을 목적으로 하는 지극히 온건한 조치로서 내정자치, 혹은 정치적 자치까지를 포함하는 정치적 개념이었다. 그래서 그는 종종 식민지인들은 그들의 입장에서 민족자결을 "식민국에 반항할 수 있는 권리로 이해하고 있는 모양"인데 전혀 그렇지 않다고 단언할 수 있었다.

> 식민지인의 입장에서 이를 본다면, 식민국의 기망(冀望)이 무엇이었는지 그 여하를 불문하고 완전히 그들이 원하는 바 그대로 경제·사회 및 정치제도를 유지하고 경우에 따라서는 그 정치적 귀추를 결정하는 권리를 가지는 것이라고 이해하고 있다. 그들은 또 이 주의(主義)가 세계 각 식민지를 통해서 실행되고 있기 때문에 예속지들은 얼마지 않아 이 세계에서 존재하지 않는 결과로 나아갈 것이라는 해석을 택하고 있는 모양이다. 적어도 그들은 이를 식민국에게 반항할 수 있는 권리인 것처럼 이해하고 있는 것이다.[62]

그는 민족자결이 "혁명의 자유 혹은 식민지 독립운동과는 어떠한 관련도 없다"[63]고 단언한다. 그는 반동화주의, 자치식민지의 옹호자였고, 식민지를 직접적으로 영유하는 형태는 결국에는 사라질 것이라고 믿었던 자유주의자였지만, 결코 반식민주의자는 아니었던 셈이다.

심지어 그는 비동화주의와 식민지 본위가 실현 가능하다고 보았는데, 그 이유는 그것이 국제질서의 합리적이고도 필연적인 추세라고 믿었기 때문이다. 이른바 글로벌 스탠더드로 보았던 것이다. 그는 독실한 기독교신자였고, 리버럴한 시각에 휴머니즘적인 감수성을 가진 사람이었지만 동시에 법과 제도의 형식과 추세에 주목하는 법학자이기도 했다. 따라서 식민지인들의 적개적인 민족감정, 민족자결의 열망, 정치적 독립의 요구 등에 감정적으로는 크게 공감하면서도 그것이 실현될 수 있으리라고 보지는 않았다.

그는 자치식민지가 허용되어도, 연방제국이 실현되어도, 식민지인들은 그럼에도 정치적 독립을 요구할 수 있다는 사실은 인정했다. 하지만 정말로 정치적 독립이 가능하려면, 나라들 사이에 더 이상의 식민지배가, 인종차별이, 침략행위가 무의미해져야 한다는 견해를 제시했다.[64] 제국과 식민지라는 범주 자체의 소멸은 법학자인 그의 머릿속에서는 불가능했던 것이다. 그가 제시하는 비동화주의, 식민지 본위 같은 범주도 크게 다르지 않다. '국제법'이라는 자신의 전공에 걸맞게 어디까지나 형식적이고 규범적이었으며 외면적인 것에 불과한 것이기도 했다.

이러한 이즈미 아키라가 가진 이론의 내부 모순은 그가 경성제대 교수가 되어 식민지의 현실에 맞닥뜨렸을 때, 그리고 그가 필연적인 것이라고 믿었던 국제적인 추세가 다름 아닌 자신의 조국인 일본에 의해 붕괴되기 시작했을 때 여지없이 드러나게 된다.

앞서 언급했듯이, 1920년대 초반 '리버럴'한 식민정책학자로서 활발한 저술활동을 벌였던 이즈미 아키라는 1927년 4월, 돌연 제국대학의 교수가 되어 식민지에 부임했다. 학문자치를 존중받았던 제국대학 교수라고는 하지만 식민지라는 상황을 감안했을 때, 이즈미 아키라 같은 리버럴리스트가 경성제대 교수로 부임하는 것은 쉽지 않았음에 분명하다.

경성제대 임용 경위에 대해서는 이즈미가 남긴 자료가 없기 때문에 불확실하지만, 초대 법문학부 교수진에 아베 요시시게(安倍能成), 하야미 히로시(速水滉), 우에노 나오테루(上野直昭), 미야모토 와키치(宮本和吉) 등 당시 일본 본토에서도 소장 '리버럴리스트'로 저명했던 철학자 그룹이 대거 임용되었고, 젊은 법학계열 교수들 중 상당수도 진보적인 경향이 강했다. 이 점을 고려하면 그의 임용이 완전히 불가능한 인사였던 것은 아니었다.

대학 설립 당시부터 식민지 대학으로서의 역할을 기대했던 조선총독부 측과 특유의 대학자치를 관철하여 제국대학의 '격(格)'을 유지하고자 했던 교수들 사이의 알력이 상당했다는 점을 생각해보면, 이즈미 아키라를 포함한 리버럴리스트들이 대거 교수로 발탁된 것은 이러한 갈등구조가 특정한 쪽으로 치우치지 않도록 하는 균형추 역할을 했던 것도 간과할 수 없다. 다만, 학력의 차이보다는 차라리 사상의 차이를 용인했던 제국대학 특유의 학력패권주의를 감안했을 때, 다른 리버럴리스트들과는 달리 이즈미 아키라에게는 또 다른 사정이 있었을 터다.

그리고 그런 맥락에서 주목을 끄는 것이 그와 중앙조선협회의 연관이다. 그는 경성제대 교수로 부임하기 직전인 1926년 8월, 조선총독부 고위 관료 출신들이 결성한 중앙조선협회의 촉탁으로 1개월에

거쳐 조선 전역과 만주를 돌아보고 이에 대한 조사 각서를 작성하여 4차례에 걸쳐 중앙조선협회의 회지에 개제한다. 「조선의 사회문제 (朝鮮の社會問題)」(『중앙조선협회보(中央朝鮮協會報)』 1, 1926년 8월)와 「조선의 현재와 장래(朝鮮の現在と將來)」(상·중·하)(『중앙조선회보』 3~5, 1927년 1·4·7월)가 그것이었다.

타이완총독부와 조선총독부의 활동에 비판적이었고, 심지어 식민정책의 평가를 둘러싸고 타이완총독부 관료와 논쟁을 벌인 바 있는 이즈미 아키라를 조선총독부 고위 관료 출신자들이 촉탁으로 받아들였다는 것은 놀라운 사실이다. 3·1운동 이후 수습책을 둘러싸고 조선총독부의 고위 관료들 사이에서 이즈미 아키라가 제시했던 자치식민지 제안을 가능한 하나의 방안으로 고려하고 있었던 것은 아니었을까? 그가 늦은 나이에 뜬금없이 조선으로 부임할 수 있었던 배경으로 작용했을 듯도 한데, 자료의 부족으로 더 이상의 접근이 어려워 아쉽다.

여하튼 조선총독부 일각에서 식민정책학자로서 이즈미 아키라의 유용성을 평가하는 분위기가 있었던 것은 분명해 보인다. 그리고 이즈미 아키라의 입장에서도 이를 계기로 조선 통치를 담당했던 유력자들에게 자신이 식민정책학의 전문가로서 받아들여졌음을 확인하게 된 것인지도 모르겠다.

이미 잠깐 언급했지만, 1927년 4월 경성제대 법문학부에 부임한 이즈미 아키라는 국제공법 강좌를 담당했다. 그가 폴 라인쉬의 영향을 받아 이전까지 일본 학계에서 부차적으로만 다루어졌던 국제법과 국제질서 분야를 적극적으로 개척해왔다는 점에서는 지극히 타당한 대우였다. 식민지 사회에서도 일본 국제공법학계의 선각자이자

학계의 권위자인 이즈미의 부임에 큰 기대감을 드러내고 있었다.[65]

그는 1928년 신설된 후 한동안 공석(公席)이었던 외교사 강좌의 담임도 1930년까지 맡았다. 하지만 정작 경성제대에 '식민정책학 강좌'가 설치되지 않은 것은 이즈미 아키라 자신에게나 그의 부임을 기대했던 식민지의 지식인들에게는 아쉬운 일이었다. 전술했듯이, 부임 직전까지도 이즈미 아키라는 일본에서 타이완 의회 설립을 둘러싼 논란의 중심에 있었고, 그의 영향을 받아 '자치'운동을 추진했던 타이완인 유학생·지식인들과도 밀접하게 연계되어 있었기 때문이다. 조선인 유학생·지식인들도 이를 예의주시하고 있었음은 물론이다. 대학을 설립한 조선총독부의 입장에서는 '식민'이라는 이름을 내건 강좌를 개설하는 데 부담감이 컸을 것이다. 이미 언급했듯이, 조선총독부의 공식 입장에서는 조선은 식민지가 아니었다. 조선인들을 자극할 위험성도 고려해야 했다.

그런데 이즈미 아키라의 조선에서의 활동은 식민지 안팎의 기대와는 달리 지지부진했다. 일부 성급한 논평자는 그가 경성제대 법학부장으로 가장 유력한 후보자라고 꼽았지만,[66] 그는 외부활동을 가급적 자제하고 침묵하는 모습을 보였다. 식민정책학자로서의 활동도 아예 없었다. 퇴임할 때까지 국제법학자로서 만주사변 이후의 국제정세의 동향을 국제법의 차원에서 분석하는 논문을 여럿 발표했을 뿐이다.

그렇다면 왜 그는 조선에 건너온 이후 식민정책학자로서는 철저하게 침묵하게 되었을까? 그 발단은 1928년 『외교시보』에 2회(554호, 555호)에 걸쳐 발표한 「조선을 어떻게 할 것인가」라는 논문에서 비롯되었다. 사실 그 논문은 중앙조선협회의 의뢰를 받아 작성했던

「조선의 현재와 장래」를 제목만 바꾼 것이다. 그 논문은 이즈미가 식민정책학자로서 일관되게 주장해왔던 비동화주의와 식민지 본위를 척도로 삼아 조선의 사회·정치·교육 문제를 분석한 것인데, 대체로는 그가 타이완의 식민정책을 분석했던 것과 거의 흡사했으며 결론 또한 크게 다르지 않았다. 물론 경성제대 교수로서는 유례를 찾아보기 어려울 정도로 강한 어조였다.

내용을 구체적으로 살펴보면, '총설'에서는 한국병합 이후에 조선인들이 행정, 입법, 사법 등에서뿐 아니라 경제활동에서도 철저하게 배제되고 차별받는 경위에 대해 간략하게 기술되어 있고, '사회문제'라는 장에서는 조선의 사회계급, 주거 형태, 식생활, 경제관념, 인간관계가, '정치문제'라는 장에서는 중앙행정조직, 지방행정, 통치정책 등이 검토되고 있다.

연속된 논문에서는 교육문제가 주로 다루어지고 있는데, 초등학교, 중등학교, 고등전문학교의 상황을 관찰한 후, 교육의 차별적 기회, 조선어 교육의 문제, 무차별평등의 차별적 성격 등을 검토하고 있다. 중앙조선협회의 회보에 실린 원래의 글에는 경제문제, 동양척식회사, 교통문제, 금융기관, 종교문제, 국경 이외의 조선인 보호 등도 다루고 있었는데, 『외교시보』의 연재가 갑자기 중단되면서 실리지 않았다.

전반적으로는 일본인의 시각이라고 볼 수 없을 정도로 신랄한 비판들이 많은데, 정작 이런 비판의 의미는 비교적 간단하고 반복적이다. 즉, 동화주의의 한계는 명확하여 조선인 본위의 자치식민지 건설이 필요하다는 것이다. 단순하게 말하면 앞서 검토했던 그의 논의를 식민지 사례에 그대로 적용한 것에 불과했다. 이즈미 아키라의 글에서 볼 수 있는 특유의 형식성, 규범성, 추상성, 이상주의적 성격이 『외교시보』에 실린 이 글에서도 유감없이 발휘되고 있다.

그런데 그가 일본에서 썼던 책은 신랄한 어조에도 불구하고 별문제가 없었던 데 반해, 이 논문에 대한 조선총독부의 반응은 대단히 즉각적이고 단호했다. 조선총독부는 이즈미 아키라의 논문을 실은 『외교시보』에 대해 즉각 발행 금지 처분을 내린 것이다.[67] 이즈미 아키라가 중앙조선협회에 제출했던 보고서 중 마지막 것은 아직 논문으로 발표도 못 한 상태였다. 심지어 조선총독부는 이즈미 아키라의 사상을 문제 삼아 경성제대 측에 교수 해임을 강하게 요구하기도 했다. 이때의 사정은 나중에 언론에 이렇게 전해졌다.

> 일찍이 마쓰우라 시게지로(松浦鎭次郎) 씨가 성대(城大) 총장이었을 무렵, 금권만능주의의 관리들은 온후하고 성실한 학자인 이즈미 씨를 조선에서 쫓아내려는 계획을 세웠다. 조선의 자치, 즉 조선인에게 자치를 부여하자 운운하는 글을 잡지에 실었다는 이유로. 성대는 페리의 흑선이다. 곧바로 관리들은 마쓰우라 씨에게 달려가서 이즈미 씨의 사직 권고를 요구했다. 하지만 마쓰우라 씨는 조선에서 자란 속된 관리가 아니다. 이즈미 씨를 사직시키려면 먼저 내 머리부터 쳐라, 라고 말했다. 지금까지 총독부라면 아무리 말이 안 되어도 통할 것으로 생각했던 관리들도 정말 뜻밖이라 깜짝 놀랐던 모양이다.[68]

이처럼 이즈미 아키라는 당시 경성제대 총장 마쓰우라 시게지로가 조선총독부의 요구를 거부함으로써 가까스로 자리를 보전할 수 있었지만, 이 필화 사건에 대해 아무런 반론을 제기하지 않았고 이 사건 또한 나중에 일본 본토를 경유해서야 비로소 알려졌다. 이즈미 아키라 스스로는 이 사건에 대해 철저히 함구한다. 이후 그는 간도문제를 다룬 단 1편을 제외하고 부분적으로라도 조선문제를 다루는 것을 극력 피했다. 다소 어이없게도 식민정책학자 이즈미 아키라는 정작 식민지 조선에 와서는 식민정책에 대해 침묵하고 말았던 것이다.

이즈미 아키라의 침묵, 그 이유

이즈미 아키라가 왜 조선총독부의 탄압을 받았는지, 그리고 그런 탄압에 대해 왜 침묵했는지에 대해서는 현재 자료의 한계로 확실히 알기는 어렵다. 독실한 기독교 신자로, 평판처럼 온후하고 성실한 그의 성격에서 기인했을지도 모르겠다. 다만, 문제가 된 글이 왜 중앙조선협회 회보에 실렸을 때는 괜찮았다가 2년 뒤 『외교시보』에서 탈이 났는지에 대해서는 조금 따져볼 필요가 있겠다. 이것은 조선총독부 고위 관료들이 결정했던 중앙조선협회의 성격과도 관련되는 문제이다. 이즈미의 필화 사건은 초기 중앙조선협회와 조선총독부 사이의 편치 않은 관계를 상징하는 것은 아니었을까?

기존 연구들은 1919년을 전후해서 조선총독부 관료조직의 대대적인 교체가 있었음을 상세히 밝히고 있다.[69] 1910년대 조선총독부의 관료들은 번벌(藩閥)의 비호 속에서 일본 본국 제국의회의 견제에 비교적 자유로웠던 것으로 알려져 있다. 이들은 장기간 식민지에 복무하면서 조선에 대한 나름의 이해관계를 구축하기도 했다.

그런데 이들의 장기 집권은 3·1운동이 야기한 식민통치의 위기 속에서 종식되고, 일본 본토의 내무관료들 중심으로 대대적인 관료의 수혈이 진행되었다. 그리고 이전 식민관료들과는 달리, 이들은 문화통치의 기조하에 강력한 제도연장주의를 추진하기 시작했다. 1910년대에 조선총독부에서 활동했던 중앙조선협회의 인사들 입장에서는 자신들이 이룬 것들이 부정되는 경험이었을 것이다.

중앙조선협회가 식민지 본위, 비동화주의로 유명했던 이즈미 아키라에게 조사촉탁을 맡긴 것은 이런 사정과 관련이 있었던 것이 아닐까? 중앙조선협회 회보에서는 전혀 문제가 없었던 그의 발언을 조선총독부가 문제 삼았던 것은 실제 이즈미 아키라 자신의 의도와는 상관없이 조선총독부의 문화통치를 '정치적으로' 공격하는 발언으로 해석했기 때문일지도 모르겠다.

어쨌든 지금도 그의 침묵에 대해서는 의문점이 많다. 다만, 이런 탄압에 대해 이즈미 아키라가 보여준 무력감은 이미 타이완의회설립청원운동 당시의 태도에서 어느 정도 예견된 측면이 있었음은 분명하다. 정규영은 이 무력감을 "당시 일본인 자유주의적 지식인의 존재 양상을 잘 보여주는" 사례라고 쓰고 있지만,[70] 이즈미 아키라의 식민정책학 자체가 가지는 내적인 한계 및 모순과 관련해서도 생각해볼 필요가 있지 않을까?

지금껏 살펴보았듯이, 이즈미 아키라의 식민정책학이 가지는 현실 정책비판의 잠재력은 철저하게 국제질서와 제국질서가 결합되는 양상에 대한 면밀한 추적을 기반으로 하기 때문이다. 즉, 비동화주의, 식민지 본위론, 식민지 자치론도 기본적으로 그것이 식민지인들에게 어떤 의미와 가능성을 가지는지에 대해 따져보는 대신, 세계정치의 보편적이고 필연적인 추세라는 맥락에서 제기되었다. 식민지인들을 위한다지만, 이것은 어디까지나 논리의 귀결이었다. 이런 논리는 이상주의에 입각해 있기 때문에 대단히 단호한 비판을 가할 수는 있지만, 실제 그 내용은 공허하고 추상적일 수밖에 없었다.

그리고 이러한 공허함과 추상성이 현실의 식민권력의 압박 속에서 무력하게 무너져버리는 것은 어찌 보면 당연하다. 게다가 그는 현실의 식민정책을 비판하지만 식민지배 자체를 부정하지 않으며 부정할 수도 없었다. 왜냐하면 그것을 부정하는 순간, 그를 지탱하고 이끌어온 식민정책학이란 학지(學知) 자체가 존재 의의를 상실하게 되기 때문이다. 이즈미 아키라가 타이완문제에서 보여준 어정쩡함, 조선문제에서 보여준 침묵은 '식민'을 상대화할지언정 이를 부정하는 것은 불가능했던 식민정책학이란 지적 기획의 불완전함을 예증하는 것은 아닐까? 그리고 이것은 경성제대 법문학부가 서 있었던 애매한 위상을 은유하고 있는 것은 아닐까?

경성제국대학의 조선 연구, 그 후

지금까지 우리는 식민주의 역사학의 제도화라는 큰 흐름 속에서 경성제대가 서 있었던 위치, 그리고 그 특징을, 경성제대에서 활동했던 몇몇 일본인 연구자들의 조선 연구를 사례로 삼아 추적해보았다. 그리고 이것은, 지금껏 살펴보았지만, 특정한 개인 연구자의 지적 궤적을 단순히 살펴보는 것을 넘어서는 작업이기도 했다. 그들의 궤적은 식민권력을 배후에 두고 '학문'이라는 이름으로 추진되었던 일본인들의 조선 연구가 어떻게 경성제대의 성립을 기점으로 제도화의 분기점을 맞이하였는지, 그리고 그 제도화의 특징과 한계가 무엇이었는지를 여실히 드러내고 있기 때문이다.

　　오다 쇼고의 이력을 통해서는 통치를 위한 지식이 필요했던 식민권력이 어떤 우여곡절을 거쳐 경성제대를 설립하게 되었는지의 경위가 드러났다면, 이마니시 류의 연구 궤적을 통해서는 일본의 학문 편제 속에서도 주변부에 있었던 조선 연구가 어떻게 하나의 학문 분과로 제도화될 수 있었는지 그 고투(苦鬪)의 과정이 그려졌다.

학문과 이를 뒷받침하는 제도가 결코 따로 존재할 수 없다는 사실도 이들의 활동을 통해 분명해졌다. 학술지식의 생산기관으로서 경성제대는 여러 학제에서 조선 연구가 가능한 훈련받은 연구자들을 끌어모으고, 이들을 기반으로 후속 세대를 양성하게 되는데, 경성제대에 소속된 다양한 분과학문을 아우르는 공통의 지향이 조선 연구였다.

조선 연구는 경성제대에 의해서 비로소 제도화된 분과학문으로 정립될 수 있었고, 분과학문이 된 조선 연구가 체계적으로 양성해낸 인력들이 통치를 위한 지식을 생산하는 데 참여하여 식민권력에 이바지한다. 매번 전문가를 촉탁이라는 형태로 일본 본토에서 초빙해 학술 조사를 수행해야 했던 조선총독부의 처지에서도 경성제대의 설립은 인력 수급의 전환점이라고 할 만했다.

그런데 경성제대에 집결한 일본인 연구자들은 조선 연구가 단지 식민통치를 위한 지식으로만 머물기를 원치 않았다. 그들은 학문의 신천지(新天地)인 이 땅에서, 한때는 '그들'이었고 지금은 '우리'이기도 한 조선이라는 연구 대상을 가지고, 침체에 빠져 있는 일본 본토의 국학(國學), 동양학 학계의 활로를 찾기를 바랐다. 조선 연구야말로 일본과 중국을 아우르는 새로운 상관적 연구의 실험무대이지 않았을까. 경성제대의 실질적인 내용을 채워 넣은 초대 총장 핫토리 우노키치가 시업식에서 표명했던 "동양 문화의 권위"란 조선 연구이면서도 조선 연구를 넘어서는 경성제대 특유의 연구를 통해 구체적인 모습을 드러낼 것이다.

다만, 핫토리 총장은 식민당국과의 갈등 등으로 총장직에 오래 있지는 않았는데, 그의 제자들에 의해 이러한 이상이 구체적인 연구 형태로 발표되기 시작했다. 경성제대 동양학 연구자 후지쓰카 지카 시와 아베 요시오의 연구는 한중일을 아우르는 지식인의 네트워크에 주목했는데, 특정 지역에 관한 연구로 한정되지 않는 상관적 연구를 통해 조선 연구가 지역적 한계를 넘어서 제국적 연구로 도약하는 기반이 되고자 했다.

하지만 경성제대의 설립을 통해 전기를 맞이한 일본인 연구자들의 조선 연구가 마냥 낙관적이기만 한 것은 아니었다. 오다 쇼고와 이마니시 류 등의 노력으로 조선 연구는 가까스로 제국 일본의 학문으로서 '시민권'을 가질 수 있었지만, 그 효력은 식민지를 벗어나지 못하는 경우가 많았다. 다시 말해 경성제대에서 조선 연구는 강좌라는 제도적 기반으로 확고해졌지만, 일본 본토에서는 여전히 주변적 위치에 머물렀다.

그래서일까, 경성제대 설립 이후 조선에 대한 학술 연구는 수적으로는 늘었지만, 지역적으로 편중되는 현상이 두드러졌다. 연구는 많아졌지만 대부분 식민지 조선에서 생산되기 일쑤였고, 따라서 도리어 일본 본토 학계에서는 조선에 대한 관심이 줄어드는 현상조차 나타났다. 식민권력은 경성제대 설립을 기반으로 일본인 연구자들에 의한 조선 연구의 저변 확장을 꾀했지만, 식민지 편중 현상은 좀처럼 나아지지 않았다.

그리고 이런 지적인 고립 속에서 핫토리 총장이 지향했던바, 제국적 차원의 상관 연구에 대한 반감이랄까 저항도 만만치 않게 제기되고 있었다. 철저하게 실용적 관점에서 식민통치에 도움이 되기를 기대했던 것이 경성제대 설립자인 조선총독부의 입장이었기 때문에, 조선에서 출발했지만 조선을 지양(止揚)하며 한중일을 포괄하는 상관적 연구로 확대되기를 바랐던 핫토리의 제국적, 유사 보편적 입장은 적극적인 환영을 받기 어려웠다.

식민당국의 처지에서는 이러한 연구의 자유가 자칫 식민통치의 정당성에 균열을 내는 의도치 않은 결과를 낳는 것이 무엇보다도 두려운 일이었다. 그래서 일본인 연구자들의 조선 연구가 식민권력이 허용하는 선을 넘었다고 판단했을 때는 연구자들의 자율성을 뺏고 심지어 인신을 구속하고 처벌하는 데 주저하지 않았다. 이 책에서 다루는 다이쇼 시기 대표적인 자유주의적 식민정책학자 이즈미 아키라의 침묵이 드러내는 바, 그리고 이 책에서 다루지는 않았지만 마르크스주의적인 관점에서 이재유 같은 조선인 활동가와 적극적으로 교유했던 미야케 시카노스케(三宅鹿之助, 1899~1982)의 구속과 해직이 드러내는 바도 바로 이 지점이었다.[1]

아무리 경성제대의 조선 연구가 학문적 자율성과 과학적 엄밀성, 그리고 제국적 보편성을 지향한다고 해도 그 한계는 명확했다. 그 배후에 식민지배의 폭력적 현실이 최종심급처럼 작용하고 있다는 사실이 그것이다. 이것은 경성제대 법문학부의 조선 연구를 설명하는 데 반드시 고려해야 하는 또 하나의 요소이자 핵심적인 배경이다.

그런데 이 책에서 다룬 일본인 교수들의 조선 연구는 경성제대 법문학부의 조선 연구 전체를 포괄하기에는 대단히 제한적인 것이 사실이다. 조선사학과 동양학의 흐름 중 일부가 다루어졌지만, 어쩌면 조선 연구에서 그보다 더 중요할지도 모르는 조선어학과 조선문학 연구의 흐름이 빠졌으며, 일본사와 동양사 영역에서도 관계사의 차원에서 조선의 문제를 다루고 있다는 것도 충분히 고려되지 못했다. 법과 계열에서는 법제사와 경제사 영역에서 조선문제가 심도 깊은 분석의 대상으로 부상했지만, 이 책에서는 이 또한 분석 대상에서 제외되었다.

게다가 연구자의 나이와 세대 측면에서도 다소 치우쳐 있다. 다시 말해 경성제대 법문학부 교수들 중에서도 가장 나이가 많은 노장 학자들이 주요 분석 대상으로 다루어진 것이다. 1867년생인 핫토리 우노키치는 대학 총장이기에 예외라 하더라도 1871년생인 오다 쇼고는 법문학부 교수를 통틀어 최연장자였고, 1873년생 이즈미 아키라는 법과 계열 교수 중에 최연장자였다. 1875년생 이마니시 류와 1879년생 후지쓰카 지카시도 취임 당시 이미 40대 후반이었다. 1883년 이후 출생하여 30대에 교수로 임용되는 경우가 다수였던 법문학부 문과계 교수진, 심지어 1898년 이후 출생한 20대 연구자들이 대거 교수로 임용되었던 법과계 교수진의 상황을 생각하면 상당한 연장자였다. 아베 요시오만 1905년생으로 이 책의 다른 일본인 연구자와 달랐는데, 그는 후지쓰카의 후임으로 경성제대 지나철학 강좌의 제2대 교수로 취임했으니 한 세대 아래라고 해야겠다.

그런데 이런 조선 연구의 해당 분야와 연구자 세대에 대한 편향성은 사실 필자가 어느 정도 의도했던 측면이 없지 않았다. 먼저, 조선사학과 동양사를 중심으로 조선 연구의 궤적을 추적하려고 했던 것은, 일본인들에 의해 학문이라는 이름으로 수행된 조선 연구가 가진 특징적인 측면을 식민주의 역사학 비판이라는 차원에서 부각하기 위해서였다. 식민지 조선의 역사와 문화에 대해 처음부터 노골적인 왜곡의 의도 없이 접근하고 있는 학술적 연구를 어떤 관점에서 보아야 할까? 내용적인 왜곡의 차원을 넘어서 타자를 대상화하고 학술화(學術化)하는 근대 학문의 지적인 기획이 식민주의적인 욕망, 타자에 대한 지배의 정당화와 좀처럼 명료하게 분리되지 않는다면, 다시 말해 근대적인 것과 식민적인 것이 명확하게 가를 수 없는 상황이라면, 우리는 식민주의적이면서 동시에 근대적인 학문을 어떻게 비판해야 하나? 일본사와 동양사 사이에 조선의 역사적 사실을 우겨 넣어야 했던 조선사라는 학문은 이런 의미에서 식민주의 역사학의 딜레마를 여실히 보여줄 있는 사례가 아닐까? 이 책이 오다 쇼고와 이마니시 류의 조선사학과 핫토리 우노키치, 후지쓰카 지카시, 아베 요시오의 동양학을 중심으로 경성제대 조선 연구의 추이를 살펴보려 했던 것도 이러한 사정과 관련이 깊다.

세대적으로 앞선 일본인 연구자들을 굳이 선택한 것도 나름 이유가 있었다. 경성제대에 부임해서 비로소 조선 연구에 착수하게 되는, 그런 의미에서 경성제대가 그들의 학문적 이력에서 하나의 출발점이 되는 다른 교수들과는 달리 이 책이 다루는 주인공들에게 경성제대란 각자의 학문적 이력에서 맞닥뜨린 하나의 도달점 혹은 전환점을 의미했다. 오다 쇼고와 이마니시 류에게 경성제대란 그들이 추구했던 조선 연구의 도달점이었고, 후지쓰카 지카시와 아베 요시오에게는 그들이 추구했던 것을 조선 연구로 바꾸는 전환점이었다. 그리고 이들은 경성제대 법문학부 교수들 중에서는 이미 학문적 권위를 자랑하는 원로급 중진으로서 경성제대 조선학의 학풍을 구축하는 데 선도적인 입장에 놓여 있었다. 경성제대 조선학의 전모는 아니더라도 그 기원을 추적하는 데 있어서는 이상적인 위치에 있었던 이들이 이 책에서 다루었던 주인공이었다. 심지어 경성제대 교수로 부임하기 이전에 자유주의적 식민정책학자로서 식민지의 사정을 신랄하게 비판할 수 있었던 이즈미 아키라가 경성제대 부임 이후에 보여준 침묵 혹은 '조선 연구의 부재'마저도 경성제대 조선학의 특징을 보여주는 하나의 양상이었다. 그리고 이 부재와 침묵을 통해 드러나는 경성제대 조선학의 특징은, 1930년대 중반 이후, 다시 말해 제국 일본이 본격적으로 대륙 침략의 길로 들어선 이후로 더욱 노골적으로 드러나는 것이기도 했다.

실제로 경성제대는 1931년 만주사변을 기점으로 방향 전환을 모색하고 있었다. 애초 초대 총장 핫토리 우노키치가 추구했던 경성제대가 나아가야 할 바, 즉 상관적 연구를 통해 '동양 문화의 권위가 되는 길'은 식민당국이 원했던 그런 실용적인 조선 연구와는 거리가 멀다는 점에서 어느 정도 갈등이 예견되어 있는 것이기도 했다. 본토 제국대학과 같은 수준의 학문적인 자유가 요청되었고, 이를 위해 핫토리 총장은 아베 요시시게 등의 자유주의 철학자, 이즈미 아키라 같은 식민정책학자를 대거 경성제대 교수로 임용하는 행보를 보였다. 핫토리가 평소 보수적인 성향이 강했던 만큼, 이런 조치는 이례적이라 할 만하다. 당연히 식민당국과의 충돌은 불가피했고, 핫토리는 취임 후 얼마 않아 대학을 떠나게 된다.

4장에서 다룬 이즈미 아키라의 필화 사건도 핫토리가 경성제대 총장직을 물러난 지 얼마 되지 않아 일어난 사건이었다. 핫토리의 상관적 연구는 그의 직계 제자라 할 수 있는 후지쓰카 지카시, 아베 요시오 등의 지나철학 강좌에 의해 계승되지만, 그 밖의 조선 연구들이 계속적으로 핫토리 총장의 비전을 따르기에는 무리가 있었다. 경성제대에서 조선 연구를 어떻게 위치 지을 것인가의 문제가 이미 일찍부터 문제로 부상한 것이다.

그리고 이런 상황에서 새로운 전기가 된 것이 만주사변이었다. 관동군의 군사적인 모험주의에 의해 강제적으로 창출되었던 인위적인 공간인 '만몽'은 경제 불황으로 침체 상태에 빠져 있던 일본의 학계·대학에게는 오히려 새로운 '기회의 땅'으로 부상했다. 이는 설립 이후 불황 속에서 고비용의 대학 유지 자체가 문제로 부상하고 있었던 경성제대도 예외는 아니었다.

특히 1931년 경성제대의 제4대 총장[2]으로 취임한 야마다 사부로는 만주의 상황을 예의주시하여 1932년 3월 만주국에서 이시와라 간지(石原莞爾), 이타가키 세이지로(板垣征四郎) 등 만주사변의 주모자들과 만나기도 했다.[3] 그리고 1932년 10월 경성제대의 공식적인 개학식 자리에서 이런 방향 전환의 구체적인 내용과 의의가 총장의 발언으로 표명되었다. 이 자리에서 야마다 총장은 경성제대의 존재 의의와 사명을 다음과 같이 말했다.

> 본 대학은 조선에서 유일한 최고학부이며, 단지 반도(半島)의 문화 개발을 위해 노력하는 데 그치는 게 아니라, 한층 더 나아가 만몽(滿蒙)을 비롯하여 아시아 대륙의 문화 개발에도 공헌해야 할 중대한 사명을 가진 제국대학입니다.[4]

'만몽'과 '아시아 대륙의 문화 개발'로 요약될 수 있는 총장의 발언은 물론 "서린신국가(西鄰新國家)" 다시 말해 신생 만주국의 발달에 공헌할 필요가 있다는 사이토 마코토 총리대신의 축사[5]와 궤를 같이하는 것으로 시국에 대한 대학의 대응이라는 측면을 분명히 담고 있다.

하지만 야마다 총장의 발언은 여기에 그치지 않고 제국이라는 관점에서 조선을 다시 위치 짓고 이를 바탕으로 대학의 사명을 새롭게 규정하려는 시도라는 측면도 존재했다. 다시 말해, 이 발언에는 만몽을 위시한 '대륙'을 중심으로 대학의 존재 의의를 새롭게 규정함으로써, '대륙으로 팽창하는 제국'이라는 관점에서 대학의 적극적인 역할을 강조하려 했던 그의 의도가 반영되어 있는 것이다.

그리고 이러한 측면은 대학이 설립될 당시 총장이었던 핫토리 우노키치가 표방했던 경성제대의 사명과 비교해보면 더욱 특징적으로 드러난다. 이미 살펴보았듯이, 핫토리는 제국에서 조선이 가졌던 특수한 위상은 문화 및 역사의 견지에서 조선이 중국과 일본을 연결해주는 역할을 해왔다는 사실에서 기인한다고 보았다. 그렇기 때문에 조선 연구는 단순히 조선 자체에 관한 연구로 한정되는 것이 아니라, "일본정신을 원동력으로 삼아" 중국, 조선, 일본 사이의 문화적 관계를 폭넓게 고찰하는 작업이 될 수 있다. 그런데 야마다 총장에 따르면 경성제대의 사명은 이렇게 바뀐다.

조선은 고래(古來) 만몽(滿蒙)과 가장 밀접한 관계를 가지고 있었으며 왕래 문명동점(文明東漸)의 무렵에도 교량이 되었던 것처럼 지금 또다시 문명서점(文明西漸)의 교량이 되어야 할 사명을 가진다. 기후 풍토, 생활 상태 등 만몽 개발자(開發者)로 가장 적임이기 때문에 현시(現時)에도 벌써 만주에 거주하는 자 약 100만 명이라는 많은 수에 이르렀던 것이다. 따라서 우리 학교는 단지 조선반도의 문화 개발에 노력하는 것에 그치지 않고 더 나아가 만몽의 문화도 개발해야 할 특

별한 사명을 가지고 있다.[6]

물론 조선의 역할을 '가교(架橋)'로 규정하고 있다는 점에서 야마다 총장의 발언은 초대 핫토리 총장이 주창했던 취지와 유사하거나 최소한 연장선상에 있는 것처럼 보이기도 한다. 하지만 미묘한 차이도 분명 존재했다. 야마다는 제국 판도 속의 조선의 입지를, 내지와 '지나'의 사이가 아니라 내지와 '만몽' 사이에 위치 짓고 있기 때문이다.

야마다 총장에 따르면, 조선은 '지나'가 아니라 만몽과 역사적으로 밀접한 관계를 가진 존재로서, 만몽에서 내지로 이어지는 북방 대륙 문화의 "문명동점"에 "교량"이 되어왔다. 더욱이 이러한 조선의 역할은 역사나 문화의 측면에만 한정된 것이 아니었다. 왜냐하면 만주사변 이후 당시의 시국을 단순히 군사적 팽창이 아니라 내지에서 조선을 거쳐 '만몽'으로 이어지는 "문명서점"의 과정으로 해석할 수 있다면, 조선은 이러한 문화 개발의 과정을 매개하는 "교량"이라는 현재적인 의미를 새로 부여받을 수 있기 때문이다. 즉 조선이야말로 '만몽 개발'의 적임자로 적극적으로 재규정될 수 있다는 것이다.

이처럼 야마다 총장은 "만몽 개발자"라는 조선의 현실적 가치를 새삼 발견함으로써, 조선에 자리 잡은 경성제대에 대해서도 새로운 존재 의미를 부여한다. 다시 말해, 대학 설립 당시처럼 대학의 사명은 조선에 대한 역사적, 문화적 연구를 통해 "동양 문화의 권위"를 드러내는 데 그치는 것이 아니라, '반도'와 '만몽'에서 적극적으로 문화를 '개발'하고 이를 전파하는 역할을 수행해야 한다는 것이다.

'연구'라는 용어 대신에 '개발'이라는 용어가 빈번히 쓰이고 있는 것에도 알 수 있듯이, 이러한 역할은 학문 또는 과학 그 자체를 부인하지는 않지만 최종적으로는 국책적 과업에 수렴되는 것으로, 개별적인 연구자들의 고립적인 연구활동과 대비되는 새로운 학제적 조직 기반을 필요로 한다. 개학식 발언 직후 야마다 총장이 '만몽문화연구회'라는 새로운 전학적 연구조직을 제안했던 것은 이런 의미에 필연적인 수순이었다.

경성제대는 학문과 과학의 이름으로 '만몽 문화'의 실질적 내용을 구축해냄으로써 변방 식민지 대학이 아니라 '대륙 유일의 제국대학'으로서 자신감을 회복하려 했다. 또한 개별적이고 분산적이기 마련인 개별적인 전문 연구활동을, 대학의 적극적인 사회적 역할에 초점을 맞춘 '문화 개발'이라는 구체적인 활동 속에 수렴함으로써 식민지 사회로부터 '고립'을 극복하려 했다. 그리고 그 첫 단추로 실현된 것이 1932년 11월 7일 결성된 만몽문화연구회였다. 그리고 이 만몽문화연구회는 중일전쟁을 기점으로 1938년 6월 대륙문화연구회로 확대 개편되었다.

이 연구회는 법문학부와 의학부, 대학예과를 가리지 않는 전학적인 연구조직으로 출범했는데, 대학이 식민권력의 국책적인 과제를 수령하는 창구 역할을 하고 있었다. 대학의 연구자들은 이 연구회를 통해 국책적인 연구 과제를 스스로 발의하여 대학 외부의 재정적인 지원을 얻어냈다. 학생 탐험대, 대중 강좌 등 대학의 교육적 기능을 캠퍼스 밖으로 확대하기 위한 재원도 이 연구회를 매개로 제국 정부나 총독부, 혹은 식민지 사회로부터 확보할 수 있었다. 오늘날의 관점에서 본다면, 만몽문화연구회와 대륙문화연구회는 경성제대의 산학협력단 같은 역할을 했다고 하겠는데, 명칭에서 단적으로 드러나듯이 이제 '만몽'과 '대륙'은 '대륙 유일의 제국대학'인 경성제대의 사회적인 존재 이유로 부상하게 된 것이다.

그리고 이에 따라 경성제대 조선 연구의 의미 또한 서서히 바뀌어갔다. 물론, 조선총독부가 경성제대의 설립자이자 운영자이기 때문에 실용적인 조선 연구 그 자체는 여전히 일정한 수요를 가지고 지속적으로 진행된다. 하지만 동시에 조선 연구는 다른 의미에서 조선 연구로 끝나면 안 되게 되었다. 경성제대의 역할이 "만몽 개발자"로 규정되는 한, 조선 연구의 성과 또한 "문명서점"을 거쳐 만주와 몽강(蒙疆)의 연구로 확장될 필요가 있었던 것이다. 이제 학술은 그저 '문화의 권위'로 그쳐서는 안 된다. 새로운 땅, 새로운 국가에 필요한 새로운 '문화의 개발도구'로서 구체적인 내용을 가져야 했다. 이제 조선 연구는 만몽 문화, 대륙 문화를 개발하는 도구로서 다시 규정되었던 것이다.

그리고 변방 식민지의 제국대학에서 버려진 조선 연구가 "문명서점"의 시국 속에서는 오히려 만몽 문화의 개발도구로 거듭날 수 있을 것이라는 희망이, 그들이 그토록 "탐욕스러울 정도로 대륙의 새로운 점령지를 연구"[7]하는 데 몰입했던 이유를 일정 부분 설명해준다. 만몽문화연구회와 대륙문화연구회는 조선 연구를 통해서 다듬어진 식민지 학지(學知)가 '국책'에 부응해서 어떻게 새로운 지식의 생산과 확산에 기여할 것인가를 모색하는 시험대였다. 연구에만 초점을 둔 기존의 학술여행 대신에 학생들을 이끌고 제국의 변경에 뛰어들었던 몽강학술탐험대, 대학 수준에서 조직적이고도 체계적인 국책 강좌를 모색했던 '대륙 문화 강좌'는 본토의 제국대학이었다면 엄두를 내기 힘들었던 실험이었다.

식민지였기 때문에 오히려 '국책'과 '학리(學理)', '군기(軍旗)'와 '과학의 깃발' 사이의 행복한 동거가 모색되었던 것이다. 1938년 6월 전례가 없었던 몽강학술탐험대의 활동에 고무되었던 경성제대 법문학부 교수 오다카 도모오(尾高朝雄)가 탐험대에 다음과 같은 의의를 부여했을 때, 그런 희망은 정점에 도달하고 있었다.

> 원래 국책과 학리란 차의 두 바퀴와 같아서 항상 평행하게 전진해나가지 않으면 안 된다. 대륙의 정치적, 경제적 경영은 먼저 대륙의 풍토, 대륙의 문화에 대한 냉철주도한 과학인식에 입각해야 한다. 단적으로 말하면, 군기가 나아가는 곳에는 과학의 깃발도 같이 나아가야 하는 것이다. 대륙 진출의 제일선에서 얼마나 군사시설, 정치 경영과 학술 조사, 과학 연구가 내적으로 상호 포함될 수 있는 것인가 하는 것은 이번에 우리가 몇 번이나 깊은 감사를 가지고 사무치게 경험한 바이다. 우리가 하는 역할은 이런 대륙문화전쟁을 위한 첨병 역할에 지나지 않는다.[8]

"군기가 나아가는 곳에는 과학의 깃발도 같아 나아가"는 현장을 탐험대의 활동 속에서 직접 목격했던 오다카 도모오에게, "대륙문화전쟁"이란 더 이상 상징적인 구호가 아니라 '엄연한 현실'이었다. 현지인을 만나 강연과 연설을 하고, 군대를 대동하여 정보를 수집하며, 수집된 정보들을 탐험을 지원했던 당국자들에게 보고한다. 이런 일련의 활동들은 점령지 통제를 위해 이루어지는 문화전(文化戰), 선전전(宣戰戰), 정보전(情報戰)의 활동과 전혀 다르지 않았던 것이다.

하지만 일련의 활동들이 일시적인 착시현상에 불과했다는 사실이 밝혀지는 데는 그리 오래 걸리지 않았다. '학리'와 '과학'이 존속할 수 있는 최소한의 기반이 되는 대학의 자치는 식민지라는 취약한 상황 속에서 급속하게 무너졌고, 대학의 사명은 국책적 가치로 채워졌기 때문이다. 군기가 과학을 압도할 뿐 아니라 이를 대체해버리는 상황 속에서, '학리'는 빈껍데기만 남았고 학자는 전쟁을 위한 진짜 첨병 ― 오다카 도모오와는 다른 의미에서 ― 이 되고 말았던 것이다. 그리고 '학리'를 표방한다는 점에서 다른 일본인들의 조선 연구와 차별화되었던 경성제대의 조선 연구 또한 학리가 껍데기로 남고 학자가 첨병이 된 상황에서 더 이상 선전도구로서 이데올로기와 다른 것이 되기 어려웠다. 이것이야말로 전쟁 말기 경성제대 법문학부의 조선 연구가 직면했던 필연적인 귀결이라고 한다면 지나친 과장일까?

본문의 주

프롤로그 경성제국대학과 식민지 조선 연구의 궤적

1 제국대학의 대학자치 관행과 이것이 식민지 대학에 미친 영향에 대해서는 정준영, 2011, 「식민지 제국대학의 존재방식: 경성제대와 식민지의 '대학자치론'」, 『역사문제연구』 15(2) 참조.

2 服部宇之吉, 1926, 「京城帝國大學始業式に於ける總長訓辭 1」, 『文教の朝鮮』(1926年 6月號), p. 7.

1장 제도화되는 식민주의 역사학: 오다 쇼고의 조선사학회와 경성제국대학

1 오다 쇼고의 이력과 관련해서는 小田省吾, 1934, 「小田省吾略歷自記」, 『辛未洪景來亂の硏究』, 小田先生頌壽記念會를 참조했다.

2 和田八千穗, 1945, 「朝鮮教育の回顧」, 『朝鮮の回顧』, 近澤書店, p. 113.

3 小田省吾, 1919, 「平和克服後の教育」, 『朝鮮教育研究會雜誌』 46, pp. 3-5.

4 小田省吾, 1917, 『朝鮮總督府編纂教科書概要』, 朝鮮總督府, pp. 4-6.

5 小田省吾, 1915, 『朝鮮史要略』, 朝鮮教育會.

6 경성제국대학 법문학부의 초대 학부장 사무취체를 맡았던 철학자 아베 요시시게(安倍能成, 1883~1966)는 오다 쇼고를 "평범한 의미에서 관료"라고 간단히 언급했다. 그는 경성제국대학의 대학예과가 2년제로 단축된 것은 조선총독부 관료들의 몰지각에서 비롯된 것이라는 취지의 비판을 제기한 적이 있는데, 그런 조치의 배후에 오다 쇼고가 있었음을 염두에 둔 평가였다. 조선총독부에서 오다 쇼고의 '은혜'를 특별히 입지 않았던 동료 교수들의 평가는 대략 이러했던 듯싶다. 安倍能成, 1966, 『我が生ひ立ち: 自叙傳』, 岩波書店, p. 108 참조.

7 실제로 조선사학회를 비롯하여 일제강점기 '일인(日人) 조선사 연구 학회'들의 상황 및 활동에 대해서는 이만열, 1981, 「일제 관학자들의 식민주의 사관」, 『한국근대역사학의 이해』, 문학과지성사; 조동걸, 1993, 「식민사학의 성립 과정과 근대사 서술」, 『한국민족주의의 발전과 독립운동사 연구』, 지식산업사; 박걸순, 2004, 『식민지 시기의 역사학과 역사인식』, 경인문화사 등 꽤 일찍부터 많은 연구들이 나와 있다. 최근의 연구는 별도의 목록을 만들어야 할 정도로 활발하다.

8 朝鮮史學會, 1927, 『三國史記』, 近澤書店; 朝鮮史學會, 1928, 『三國遺事』, 近澤書店; 朝鮮史

學會, 1930,『新增東國輿地勝覽』1-4, 近澤書店. 이 고사서(古史書)의 저본을 선택하고 교
정을 맡았던 것은 당시 경성제국대학 법문학부 교수 이마니시 류(今西龍, 1875~1932)
였다. 그는 조선사학회가 발족할 당시에 평의원을 맡았으며, 학회 사업으로 추진되었던
『조선사강좌』의 필진으로 예정되어 있었다. 그런데 후술하겠지만, 중국으로 유학을 가
게 되면서 실제 강좌를 강술(講述)하지는 못했다. 당시 이마니시 류를 대신해서 고대사
를 저술했던 이가 오다 쇼고였다.

9 朝鮮史學會, 1927,『朝鮮史大系』1~4, 近澤書店. 당시까지의 연구 성과를 담은 조선사 개
설서가 거의 전무했기 때문에『조선사대계』는 상당한 기간 동안 조선 역사를 가장 상세
하게 담고 있는 입문서 혹은 참고서로서 활용될 수 있었다. 출판 등의 제약이 많았던 당
시 조선인들의 입장에서도 이것은 마찬가지였던 듯하다.『동아일보(東亞日報)』1929년
11월 26일자 및 같은 신문 1930년 1월 23일자의「독서고문(讀書顧問)」참조.

10 하타다 다카시(旗田巍), 이기동 옮김, 1983,『일본인의 한국관』, 일조각, 280쪽.

11 박걸순, 2004, 앞의 책, 274쪽 참조.

12 조선반도사 편찬사업과 관련해서는 이미 상당한 연구 성과들이 축적되어 있다. 대표적
인 것만 들어도, 장신, 2009,「조선총독부의 조선반도사 편찬사업 연구」,『동북아역사논
총』23; 정상우, 2011,「조선총독부의『조선사』편찬 사업」, 서울대학교 박사학위논문;
이성민, 2008,「해제: 일제의 조선 역사 왜곡정책,『조선반도사』의 실체와 조선사 편찬」,
『친일반민족행위관계사료집Ⅴ』, 친일반민족진상규명위원회 등이 있다.

13 고대사와 관련된『조선사』1편의 경우, 사건에 관련된 사료를 모두 게재하고 있기 때문
에 사료집의 역할도 겸하고 있었다. 조선사편수회가 편찬한『조선사』의 구성 방식에 대
해서는 정상우, 2011, 서울대학교 박사학위논문, 3장 1절 참조.

14 이만열, 1981, 앞의 논문; 박걸순, 2004, 앞의 책 등 앞서 언급된 연구 이외에도 조범성,
2016,「일제강점기 조선사학회의 활동과 근대사 인식」,『한국민족운동사연구』84와 같
이 최근 들어서는 조선사학회 자체에 대한 체계적인 고찰이 시도되고 있어 주목된다. 하
지만 이 연구들은 일본인 역사학자들의 활동이 얼마나 관변적인 성격이 강했는지, 한국
사를 체계적으로 왜곡함으로써 한국인의 역사인식에 얼마나 심각한 악영향을 미쳤는지
를 구명하는 데 초점을 맞추고 있다. 물론 이러한 과제의 당위성은 말할 나위가 없지만,
식민사학이 끼친 심각한 폐해가 개별 역사인식의 왜곡에 국한되지 않는다는 것이 필자
의 생각이다. 식민사학의 제도화라는 관점에서 조선사학회를 검토하려는 이유도 여기에
있다.

15 이 세 가지의 물적 기반은 각각 조선사편수회, 경성제국대학, 그리고 청구학회에 대응한
다고 하겠다.

16 『學校設置關係書類』,「朝鮮史學會設立認可ニ關スル件」, 국가기록원 소장자료
(CJA0004692).

17 조선사학회 고문에는 조선총독부 고위 관료(학무국장 나가노 미키長野幹, 내무국장 오
쓰카 쓰네사부로大塚常三郎, 경무국장 마루야마 쓰루키치丸山鶴吉)와 식민지 안팎의 최
고위 기관장(동척 총재 이시즈카 에이조石塚英藏, 만철 총재 가와무라 다케지川村竹治,

식산은행 취두 아루가 미쓰토요有賀光豊, 조선은행 취두 미노베 슌키치美濃部俊吉, 만철 경성철도京城鐵道 국장 안도 유사부로安藤又三郎), 조선인 유력자들(박영효, 이완용) 이외에도 일본 본토의 '조선사' 석학들(도쿄제대 구로이타 가쓰미黑板勝美, 세키노 다다시關野貞, 교토제대 미우라 히로유키三浦周行), 조선사편찬위원회 관련 인사들(나가노 미키, 박영효, 이완용, 권중세, 이왕직 차관 시노다 지사쿠篠田治策)을 포괄하고 있었다. 조선총독부 공식 기관도 아닌 '통속역사(通俗歷史)' 간행을 표방했던 이 단체에 왜 이처럼 많은 유력자들이 고문으로 이름을 올리게 되었는지에 대해서는 향후 본격적인 규명이 필요한 과제이다.

18 정상우, 2011, 앞의 논문, 58-59쪽.

19 이마니시 류가 조선사학회에 이름을 걸고 있음에도 불구하고 조선사 강의에 전혀 참석하지 않았던 것이 단지 베이징 유학 때문인지, 아니면 조선 상대사의 이해와 관련하여 오다 쇼고 등과 갈등이 있었던 것인지에 대해서는 추후 상세한 연구가 필요할 것 같다. 가령 이마니시 류가 집필한 미출간 조선반도사 원고와 오다 쇼고의 '상대사' 부분을 세밀하게 비교·검토할 필요가 있다.

20 『史學雜誌』第35編 1號, 1924, 「彙報」, p. 82(박걸순, 2004, 앞의 책, 103쪽에서 재인용).

21 朝鮮總督府中樞院, 1938, 『朝鮮史編修事業槪要』, p. 147.

22 장신, 2009, 앞의 논문, 376-377쪽.

23 식민지에 대한 역사서술이 가지는 딜레마적 상황에 대해서는 라나지트 구하, 이광수 옮김, 2011, 『역사 없는 사람들』, 삼천리; 디페시 차크라바르티, 김택현·안준범 옮김, 2014, 『유럽을 지방화하기: 포스트식민 사상과 역사적 차이』, 그린비가 참조할 만하다. 이 저서들에서는 더 나아가 식민통치가 만들어낸 타자화되고 분열적인 역사적 주체상(像)이 식민지 출신의 역사가들에게도 여전히 영향을 미쳐서 식민통치가 끝난 이후에도 어떻게 지속적으로 자신을 '역사 없는 사람들', '분열된 역사적 주체'로 재생하고 있는지를 검토하고 있다.

24 朝鮮總督府中樞院, 1938, 『朝鮮史編修事業槪要』, pp. 138-139.

25 이하 문단의 인용 부분은 朝鮮總督府, 1916, 「朝鮮半島史編成の要旨及順序」의 내용에서 따온 것이다.

26 여기서 "망설(妄說)을 풀고" 있는 '신서적(新書籍)'이란 당시 식민지 조선에도 은밀히 반입되어 널리 읽히고 있었던 박은식의 『한국통사(韓國痛史)』 등을 염두에 둔 발언이었다.

27 친일반민족행위진상규명위원회, 2008, 『친일반민족행위관계사료집 V』, 친일반민족진상규명위원회, 32쪽에서 재인용.

28 나가하라 게이지, 하종문 옮김, 2011, 『20세기 일본의 역사학』, 삼천리, 120쪽.

29 한국통감부에서는 취조국(取調局), 조선총독부에서는 참사관(參事官室)이 주도했던 구관조사사업은 "조선에서 각반(各般)의 제도와 일체(一切)의 구관(舊慣)을 조사"하는 것을 목적으로 하였는데, 사료 편찬과 관련해서 실지(實地) 조사와 전적(典籍) 조사, 고도서(古圖書)의 수집, 해제, 발췌 같은 작업도 병행되었다. 특히 강점 직전 대한제국 정부의 궁내성은 홍문관(弘文館), 규장각(奎章閣), 강구원(講究院)을 비롯하여 서고(書庫)의 장

서와 이왕가(李王家) 역대 기록, 기타 기록 14만 804책을 모았는데, 이후 조선총독부 참사관실은 이것을 인계받아 대대적인 정리 작업을 진행하는 한편, 민간의 고도서 수집·정리 작업도 추진했다. 이러한 작업은 조선반도사 편찬이 시작될 무렵, 도서별 카드 및 카드대장의 작성을 완료해서 일단락되어 있는 상태였다. 이승일, 2001, 「조선총독부의 '조선도서 및 고문서의 수집·분류활동」, 『기록학연구』 4, 105-112쪽 및 김태웅, 1995, 「일제 강점 초기의 규장각도서 정리 작업」, 『규장각』 18, 176-190쪽 참조.

30 주지하다시피 일본 실증사학은 주류 강단사학으로 정착하는 과정에서 사론(史論)을 가급적 배제하고 철저하게 사료의 문헌학적 고증에 치중하는 방향으로 발전해왔는데, 구로이타 가쓰미, 이마니시 류 등은 이런 일본 실증사학 분야 중에서도 고문서의 수집 및 문헌학적 고증에 주력하는 경향이 강한 대표적인 연구자들이었다.

31 『매일신보』, 1919년 10월 9일, 「경대(京大) 교수 삼포(三浦) 박사 담(談), 조선역사고적 조사에 대하야」.

32 미쓰이 다카시, 2004, 「'일선동조론'의 학문적 기반에 관한 시론」, 『한국문화』 33.

33 장신, 2009, 「조선총독부의 조선반도사 편찬사업 연구」, 『동북아역사논총』 23 참조.

34 정상우, 2014, 「『조선사』(조선사편수회 편) 편찬사업 전후 일본인 연구자들의 갈등 양상과 새로운 연구자의 등장」, 『사학연구』 116, 159쪽.

35 朝鮮史學會, 1923, 「朝鮮史講座發刊の辭」, 『朝鮮史講座, 要項號』. 이하 큰따옴표는 원문의 인용이다.

36 朝鮮史學會, 1923-1924, 「總序」, 『朝鮮史講座, 朝鮮一般史』.

37 朝鮮史學會, 1923, 「朝鮮史學會會則」, 『朝鮮史講座, 要項號』. 단, 4조의 세부 항목은 "イロハ" 순으로 배열되어 있는데, 이 글에서는 편의상 이를 '一二三'으로 고쳤다.

38 朝鮮史學會, 1923年 9月 15日, 『朝鮮史講座』 第1號 참조.

39 이런 의미에서 서지 표기가 없는 『일반사강의』, 『분류사강의』, 『특별강의』를 단행본으로 분류한 것은 문제가 있으며 오해를 낳을 소지가 많다. 조선사학회는 공식적으로 그런 책을 출간한 적이 없기 때문이다. '조선사강좌'와 관련해서 조선사학회가 발간한 것은 『조선사강좌』 제1호~제15호와 '요항호(要項號)'뿐이다. 『조선사강좌』 각호는 일부 대학에서 부분적으로 보관되어 있지만 서지 표시가 뒤죽박죽이라 파악하기가 쉽지 않다. 명지대학교 자연대 도서관이 제1호부터 제11호까지 모두 소장하고 있어서 그나마 대략을 파악하는 데 편리하다.

40 朝鮮史學會, 1924年 6月 15日, 「會報」, 『朝鮮史講座』 第10號, pp. 249-250.

41 朝鮮史學會, 1923年 10月 15日, 「會員通信」, 『朝鮮史講座』 第2號.

42 조법성, 2016, 앞의 논문, 101쪽.

43 朝鮮史學會, 1924年 11月 15日, 「製本に就いて急報」, 『朝鮮史講座』 第11號 참조.

44 朝鮮史學會, 1941, 「三版の後に記す」, 『三國史記』 三版, 近澤書店 참조.

45 조선사학회 설립 전후까지 오다 쇼고가 썼던 학술적인 글은 다음과 같다. 小田省吾, 1918. 9, 「慶州邑城沿革考」, 『朝鮮彙報』 44號; 小田省吾, 1919. 12-1920. 1, 「京城に於ける文祿役日本軍諸將軍陣地の考證」, 『朝鮮及滿洲』 150-151; 小田省吾, 1920, 「三國史記の稱元

法並に高麗以前稱元法の研究」,『東洋學報』10(1-2); 小田省吾, 1920. 4, 「朝鮮半島最初の危機と日本」,『同源』2; 小田省吾, 1922. 6, 「文廟に關する調査」,『朝鮮』87; 小田省吾, 1923. 9, 「李朝黨爭槪要」,『朝鮮』101; 小田省吾, 1923. 10, 「古代に於ける內鮮交通傳說について」,『朝鮮』102.

46 朝鮮史學會, 1923, 「總序」,『朝鮮一般史』.

47 장신, 2009, 「조선총독부의 조선반도사(朝鮮半島史) 편찬사업 연구」,『동북아역사논총』 23 참조.

48 정준영, 2009, 「경성제국대학과 식민지 헤게모니」, 서울대학교 박사학위논문 참조.

49 정상우, 2011, 「조선총독부의『조선사』편찬사업」, 서울대학교 박사학위논문 참조.

50 稻葉岩吉, 1935, 「朝鮮研究の課程」,『世界史大系 11』, 平凡社, p. 199.

51 오다 쇼고는 특히 정쟁사를 조선사학회 분류사강의 이전에도 간략한 형태로 발표한 적이 있었다. 小田省吾, 1923. 9, 「李朝黨爭槪要」,『朝鮮』101이 그것이다.

52 小田省吾, 1929, 「李氏朝鮮時代に於ける倭館の變遷」,『朝鮮支那文化の研究』, 京城帝國大學法文學會; 小田省吾, 1930. 8, 「朝鮮の朋黨を略敍して天主敎迫害に及ぶ」,『靑丘學叢』1; 小田省吾, 1931. 2 · 5, 「朝鮮陶磁器に關する若干の文獻に就て」,『靑丘學叢』3 · 4; 小田省吾, 1932. 5 · 11, 「洪景來叛亂の槪略と其の動機に就いて」,『靑丘學叢』8 · 10; 小田省吾, 1934, 『辛未洪景來亂の研究』, 小田先生頌壽記念會.

2장 종속화되는 조선 고대사: 이마니시 류의 조선사 기획

1 최근 들어 한국 역사학의 제도적 탄생 및 성장과 관련해서 주목할 만한 연구 성과들이 많이 나오고 있는데, 한국사의 '현대적' 출발을 1960년대 이기백과 김용섭 등에 의해 제기되었던 '식민사관의 극복'이라는 과제 설정에서 찾는다는 점에서는 일치하고 있다. 신주백, 2016,『한국역사학의 기원』, 휴머니스트; 윤해동 · 이성시 엮음, 2016,『식민주의 역사학과 제국: 탈식민지 역사학 연구를 위하여』, 책과함께; 김정인, 2017, 「식민사관 비판론의 등장과 내재적 발전론의 형성」,『사학연구』125 등 참조.

2 임지현 · 이성시 엮음, 2004,『국사의 신화를 넘어서』, 휴머니스트; 도면회 · 윤해동 엮음, 2009,『역사학의 세기: 20세기 한국과 일본의 역사학』, 휴머니스트; 윤해동 · 이성시 엮음, 2016, 앞의 책 등 참조.

3 신주백, 2011, 「1930년대 초 · 중반 조선학학술장의 재구성과 관련된 시론적 탐색」,『역사문제연구』15(2); 김종준, 2013,『식민사학과 민족사학의 관학 아카데미즘』, 소명출판; 정병준, 2016, 「식민지 관제 역사학과 근대 학문으로서 한국 역사학의 태동: 진단학회를 중심으로」,『사회와 역사』110 등 참조.

4 심희찬, 2013, 「근대 역사학과 식민주의 역사학의 거리: 이마니시 류가 구축한 조선의 역사상(歷史像)」,『한국사학사연구』28; 정상우, 2014, 「『조선사』(조선사편수회 편) 편찬사업 전후 일본인 연구자들의 갈등 양상과 새로운 연구자의 등장」,『사학연구』116; 정상

우, 2017, 「일제하 일본인 학자들의 한국사에 대한 통사적(通史的) 이해」, 『역사와 현실』 104 등 참조.

5 랑케로 대표되는 실증사학이 근대 역사학의 제도화, 특히 근대적 분과학문으로서의 정립에 미친 영향에 대해서는 Iggers & Wang (2008), *A Global History of Modern Historiography*, Routledge, ch.3; Georg G. Iggers (2011), "The Intellectual Foundations of Nineteenth-Century 'Scientific' History: The German Model", in MacIntyre, Maiguashca & Pók eds, *The Oxford History of Historical Writing, Vol. 4: 18001945*, Oxford University Press; Gabriele Lingelbach (2011), "The Institutionalization and Professionalization of History in Europe and the United States", in MacIntyre, Maiguashca & Pók eds, 위의 책; 김백영·정준영, 2016, 「유럽사회사의 흐름」, 강진연 외, 『사회사/역사사회학』, 다산출판사 등이 참고가 된다.

6 초기 식민사학의 토대를 형성한 일본인 역사가들이 대부분 일본사학사의 관점에서 본다면 근대 역사학의 이론 및 방법을 일본 학계에 뿌리내리게 했던 대표적인 역사학자들이었던 만큼, 이러한 접근은 일본 학계에서 시도되었다(李成市, 2004, 「コロニアリズムと近代歷史學: 植民地統治下の朝鮮史編修と古蹟調査を中心に」, 『植民地主義と歷史學』刀水書房; 永島廣紀, 2004, 「日本統治期の朝鮮における〈史學〉と〈史料〉の位相」, CEòxOv- 795; 箱石大, 「近代日本史料學と朝鮮總督府の朝鮮史編纂事業」, 『前近代の日本列島と朝鮮半島』, 山川出版社 등). 다만 이 경우에는, 일부 연구에서 나타나는 현상이지만, 근대사학의 특징에 치우친 나머지 식민주의적 특성을 과소평가할 위험성도 존재하기에 주의를 요한다.

7 사이비 역사학의 문제점에 대해서는 최근 『역사비평』을 중심으로 체계적인 비판이 제기되고 있으며, 그 성과 중 일부는 젊은역사학자모임, 2017, 『한국고대사와 사이비역사학』, 역사비평사로 출간되었다.

8 이에 대해서는 Michel Foucault (1980), *Power/Knowledge: Selected interviews and Other writings, 1972-1977*, ed, by C. Gordon, Pantheon Books 참조.

9 小田省吾, 1933, 「故今西龍博士の學問と事業に就て」, 『京城帝國大學史學會會報』第3號, p. 16.

10 內藤湖南, 1934, 「序」, 今西龍, 『百濟史研究』, 近澤書店, p. 5.

11 이마니시 류의 사후, 그가 남긴 원고는 그의 경성제국대학 조선사학 강좌를 계승한 후지타 료사쿠(藤田亮策)와 스에마쓰 야스카즈(末松保和), 그리고 경성제국대학 시절의 애제자 다가와 고조(田川孝三)에 의해 수습되어 1945년 이전까지 『신라사연구』(1933), 『백제사연구』(1934), 『조선사의 길라잡이(朝鮮史の栞)』(1935), 『조선고사연구』(1937) 등 4권이 출간되었다. 그런데 원고를 수습, 정리한 후배와 제자에 따르면, 이마니시 류의 원고는 그가 문헌 조사 및 발굴 성과를 반영하여 끊임없이 원고를 고쳤기 때문에 미완성인 것이 많으며, 심지어 발표된 논문들에서도 끊임없이 고치고 증보한 흔적을 발견해서 "선생의 학문에 대한 열정과 성실함에 경탄"(이마니시 류, 이부오·하시모토 시게루 옮김, 2008, 『신라사연구』, 서경문화사, 502쪽)을 금치 못했다고 한다. 근대적 문헌 고증과 고고학 조사 양 방면에서 극도로 엄격했던 그의 면모를 엿볼 수 있는 대목이다.

12 심희찬, 2013, 앞의 논문, 288-293쪽.

13 최재석, 1987, 「이마니시 류(今西龍)의 한국고대사론비판(韓國古代史論批判)」, 『한국학보』 13(1), 3쪽.

14 박성봉, 1976, 「이마니시 류(今西龍)의 한국 고사연구(古史研究)와 그 공과(功過)」, 『한국학』 12호, 영신(永信)아카데미한국학연구소, 37쪽.

15 메타역사론 분석의 상세한 사례는 헤이든 화이트(Hayden White)의 주요 저작에서 확인할 수 있다. Hayden White (1973), *Meta-history The Historical Imagination in Nineteenth-Century Europe*, The Johns Hopkins University Press; Hayden White (1987), *The Content of the Form, Narrative Discourse and Historical Representation*, The Johns Hopkins University Press.

16 Hayden White (1973), 앞의 책, p. 34.

17 장신, 2009, 「조선총독부의 조선반도사 편찬사업 연구」, 『동북아역사논총』 23; 정상우, 2018, 『조선총독부의 역사 편찬사업과 조선사편수회』, 아연출판부, 40-63쪽 등 참조.

18 메이지유신(明治維新) 직후부터 일본 정부는 『일본서기(日本書紀)』에서 『일본삼대실록(日本三代實錄)』까지의 육국사(六國史)의 뒤를 잇는, 국사 통사 서술을 추진했지만 뚜렷한 진전을 보지 못하고 사실상 포기하게 된다. 대신에 도쿄제국대학 문과대학에 사료편찬괘를 설치한 후, 이를 중심으로 1901년부터 『대일본사료』라는 편년체 스타일의 사료집 혹은 색인집을 간행하기 시작했다. 일본의 정사(正史) 국사 편찬사업에 대해서는 미야지마 히로시, 2000, 『일본의 역사관을 비판한다』, 창비 참조.

19 윤해동, 2016, 「식민주의 역사학 연구시론」, 윤해동·이성시 엮음, 앞의 책, 21-60쪽 참조.

20 이하의 조선반도사 편찬사업을 사례로 식민사학의 특징을 분석하는 작업은 오다 쇼고와 조선사학회를 다룬 이 책의 1장에서 시도한 바가 있다. 중복을 피하고자 여기서는 식민사학의 서사구조가 가진 특징에 초점을 맞춘다.

21 나가하라 게이지, 2011, 앞의 책, 120쪽.

22 朝鮮總督府朝鮮史編修會, 1938, 『朝鮮史編修會事業槪要』, p. 7.

23 정상우, 2018, 앞의 책, 293-310쪽.

24 나가하라 게이지, 2011, 앞의 책, 3장 참조.

25 今西龍, 1934, 『百濟史硏究』, 近澤書店, p. 4.

26 제국주의 시대의 고고학적 발굴 조사가 가진 특징에 관해서는 이성주, 1995, 「제국주의 시대 고고학과 그 잔영」, 『고문화』 47 참조.

27 정상우, 2018, 앞의 책, 123쪽.

28 朝鮮總督府朝鮮史編修會, 1938, 앞의 책, 7쪽.

29 스테판 다나카, 2004, 『일본 동양학의 구조』, 문학과지성사, 4장 참조.

30 친일반민족행위진상규명위원회, 2008, 「『조선반도사』 1편 원고(상고 부분)」, 『친일반민족행위관계사자료집 V』, 친일반민족행위진상규명위원회, 138쪽.

31 朝鮮史學會, 1927, 『朝鮮史大系』 1, 近澤書店, p. 5.

32 오영찬, 2013, 「낙랑칠기 연구와 식민지주의」, 『백제연구』 49; 정인성, 2011, 「일제강점기의 낙랑고고학」, 『한국상고사학보』 71; 정상우, 2021, 「식민주의 역사학 속의 일본과 중국」, 『한국학연구』 62.

33 스테판 다나카, 2004, 앞의 책, 5장.

34 위의 책, 248-249쪽.

35 今西龍, 1912, 「大同江南の古墳と樂浪王氏との關係」, 『東洋學報』 2(1), pp. 96-104.

36 今西龍, 1912, 「百濟國都漢山考」, 『史學雜誌』 第23編 1號; 津田左右吉, 1912, 「浿水考」, 『東洋學報』 2(2).

37 今西龍, 1935, 「朝鮮史槪說」, 『朝鮮史の栞』, 近澤書店, pp. 95-97.

38 정상우, 2021, 앞의 논문, 30쪽.

39 이하의 낙랑군에 대한 설명은 이마니시 류가 저술한 것으로 추정되는 '조선반도사' 제1편 원고(상고 부분)에 전형적으로 나타난다. 실명을 밝히지 않았으며, '조선반도사'가 기본적으로 관찬(官撰) 사서(史書)였다는 점을 고려한다면, 당시 식민주의 역사학자들과 조선총독부 당국이 양해할 수 있는 최소한도의 수준이었을 것으로 추정되며 그만큼 전형적인 서사구조로 가정해도 무방할 것 같다.

40 이마니시에 대한 세간의 평가에 대해서는 春秋子, 1931, 「城大敎授物語(四): 今西敎授」, 『朝鮮及滿洲』(1931年 4月號) 참조.

41 小田省吾, 1932, 「故今西龍博士の學問と事業に就て」, 『京城帝國大學史學會報』 第3號, p. 16.

42 이것은 『경성제대 사학회보(京城帝大史學會報)』 제3호에 수록된 「고 문학박사 이마니시 류 저작표(故文學博士今西龍著作表)」에 따른 것이다. 이 표는 이마니시의 유고를 수습한 제자 다가와 고조가 작성한 것인데, 잡지에 투고하지 않은 원고나 시평(時評) 등의 잡글까지 포함하면 그 수는 2배 가까이 늘어난다.

43 이마니시 류의 생애에 관해서는 다음의 연구들을 참조할 수 있다. 심희찬, 2013, 앞의 논문; 박성봉, 1976, 앞의 논문; 林直樹, 1999, 「今西龍と朝鮮考古學」, 『靑丘學術論集』 14; 江上波夫 編, 1994, 『東洋學の系譜』 第2集, 大修館書店; 今西春秋, 1970, 「今西龍小傳」, 『(復刊本)朝鮮史の栞』, 國書刊行會.

44 이마니시 류는 1916년부터 1926년까지 교토제국대학에서 조교수로 있었고, 1926년 경성제국대학 교수 취임과 함께 교토제국대학에서도 교수로 겸임 발령을 받았다. 그는 식민지 경성제국대학에서는 사학과 조선사 전공의 교수였지만, 교토제국대학에서는 동양사학과 교수였다.

45 今西龍, 1932, 「支那の帝國主義が及ばせる日韓の關係」, 『朝鮮及滿洲』(1932年 9月號) 및 今西龍, 1935, 『朝鮮史の栞』, 近澤書店 참조.

46 林直樹, 1999, 앞의 논문, 84쪽.

47 京城帝大史學會, 1933, 『京城帝國大學史學會會報』 第3號. p. 9.

48 친일반민족행위진상규명위원회, 2008, 앞의 책, 137-138쪽.

49 조선반도사도 그의 저술이었지만, 관찬 사서로 작성되었기 때문에 온전히 개인의 사론(事論)으로 간주하기 어렵다. 따라서 여기서는 조선반도사 원고도 참조하되, 그의 강연

록 등 통사 서술에 나타나는 서사구조의 특징에 초점을 맞추어 분석하도록 하겠다. 今西龍, 1935, 「朝鮮史槪說」, 앞의 책.

50 친일반민족행위진상규명위원회, 2008, 앞의 책, 145쪽.

51 위의 책, 150-154쪽.

52 今西龍, 1935, 「朝鮮史槪說」, 앞의 책, pp. 66-67.

53 今西龍, 1935, 앞의 책, pp. 77-83; 친일반민족행위진상규명위원회, 2008, 앞의 책, 153-154쪽.

54 이에 대한 상세한 서사 내용은 사후 출간된 이마니시 류의 저서, 『신라사연구』(1933)와 『백제사연구』(1934)에 수록된 개설 부분에서 확인할 수 있다. 今西龍, 1918, 「新羅史通說」, 京都帝國大學講義案; 今西龍, 1930, 「通俗百濟略史」, 平壤敎育會講演.

55 이러한 그의 중국관은 다음과 같은 글에 단적으로 드러난다. 今西龍, 1932, 「支那の帝國主義が及ぼせる日韓の關係」, 『朝鮮及滿洲』(1932年 9月號) 및 今西龍, 1935, 「朝鮮の文化」, 『朝鮮史の栞』, 近澤書店.

56 이런 점에서 이마니시는 기본적으로 일본 사적(史籍)에 대한 신뢰를 기반으로 '임나일본부설'을 지지하고 있다. 하지만 그의 역사관은 후기로 갈수록 당시 동아시아 국제사회에서 일본이 국가 간의 호혜와 신의를 강조했다는 입장이 두드러졌기 때문에, 임나일본부라는 것이 무엇인가에 대한 대답 또한 미묘하게 달라진다. 일본이 패도(覇道)가 아니라 왕도(王道)를 추구했다는 입장을 강하게 견지하면 할수록, 임나일본부를 점령과 지배로 보는 통념과는 충돌하고 모순될 여지가 커지기 때문이다. 이 문제에 대해서는 향후 세밀한 고찰이 필요할 것이다.

57 伊藤猷典, 1942, 『鮮滿の興亞敎育』, 目黑書店, pp. 3-4.

3장 '국사'와 동양학 사이: 후지쓰카 지카시와 아베 요시오의 동양 문화 연구

1 동양학자 핫토리 우노키치의 대략적인 이력에 대해서는 정근식 외, 『식민권력과 근대 지식: 경성제국대학 연구』, 서울대학교출판문화원, 2011, 67-69쪽 참조. 경성제국대학에 부임하기 이전 그의 학문적 경향 및 활동과 관련해서는 水野博太, 2015, 「19世紀末における漢學と '支那哲學': 服部宇之吉の學問的可能性と清國留學への道程」, 『思想史硏究』 21; 陳瑋芬, 1995, 『斯文學會の形成と展開-明治期の漢學に關する一考察』, 『中國哲學論集』 21; Takahiro Nakajima (2017), "New Confucianism in Modern Japan", in *The Bloomsbury Research Handbook of Contemporary Japanese Philosophy*, ed. Michiko Yusa, Bloomsbury Academics 등 참조.

2 백영서, 2004, 「'동양사학'의 탄생과 쇠퇴: 동아시아에서의 학술제도의 전파와 변형」, 『창작과 비평』 32(4); 박광현, 2005, 「경성제국대학 안의 '동양사학': 학문제도, 문화사의 측면에서」, 『한국사상과 문화』 31.

3   東京大學百年史編集委員會 編, 1987, 『東京大學百年史 部局史二』, 東京大學出版會, 1987, p. 624.

4   지나학의 일부로서 지나문학과 관련해서도 이미 연구 성과가 제출된 바 있다. 천진, 2010, 「식민지 조선의 지나문학과(支那文學科)의 운명: 경성제국대학 지나문학과를 중심으로」, 『중국현대문학』 54. 그런데 이 연구는 전통적인 한학과의 절연이라는 관점에서 '문학'의 문제를 검토하고 있다는 점에서 본 연구가 다루고자 하는 문제와는 차이가 있다.

5   1926년 개학 당시 23개 강좌로 출발했던 법문학부는 3년 사이에 49개가 되었고, 의학부는 1926년 12개의 기초의학 강좌를, 1928년에는 14개의 임상의학 강좌를 설치했다. 1940년 방사선의학 강좌가 의학부에 추가로 설치되었다. 법문학부와 의학부의 강좌 구성은 1945년 일본 패전까지 지속되었다.

6   「京城帝國大學各學部ニ於ケル講座ノ種類及其ノ數ニ關スル件ヲ定ム」, 『公文類聚』 第50編 第31卷, 1926年 3月 20日, JACAR(アジア歷史史料センター) Ref. A01200556600.

7   후지쓰카 지카시(藤塚鄰) 등 핫토리 우노키치의 제자들의 증언에 따르면, 독일의 동양학 연구에 영향을 받은 핫토리 우노키치는 도쿄제국대학 교수 시절 사회학 및 종교사적 접근 방식을 '지나학(支那學)'에 접목하려는 시도를 했던 것으로 알려져 있다. 그가 애초 경성제국대학 강좌 구성 계획에서 사회학과 종교학 강좌를 도쿄제국대학과 같은 수준으로 설치하려 했던 것은 이러한 그의 학문적 지향과 관련이 있는 듯이 보이지만 결국에는 실현되지 못했다. 水野博太, 2015, 앞의 글, p. 90.

8   오구라 신페이(小倉進平)의 '조선어 · 조선어문학 제2강좌'가 '언어학 강좌'를 사실상 대신했다. 오구라는 1933년 도쿄제국대학 교수로 전임하는데, 거기서 담당했던 강좌가 '언어학 제1강좌'였다는 사실은 이러한 사정과 무관하지 않다.

9   '심리학 강좌'가 2개로 늘어난 것은 초대 법문학부장 하야미 히로시(速水滉)와 그의 제자 구로다 료(黑田亮)를 중심으로 경성제국대학에 실험심리학 시설과 인력이 집중적으로 배치되었기 때문이다. 덕분에 경성제국대학은 제국 일본 전체에서 실험심리학 시설과 인력을 가장 잘 갖춘 '학문적 메카'로 군림했다.

10 速水滉, 1927年 2月 27日, 「半島文化と大學の使命」, 『京城日報』.

11 법문학부와 의학부의 강좌는 1940년에 1개 강좌가 추가된 것 이외에는 패전까지 그대로 유지된다. 한편, 1941년에는 이공학부가 신설되면서 39개 강좌가 3년간 순차적으로 설치되었다.

12 나중에 경성제국대학의 교수가 되는 다카하시 도루(高橋亨)는 1920년 『태양(太陽)』에 투고한 글에서 3 · 1운동이 야기한 위기는 곧 '교화(敎化)'의 위기이며 따라서 이를 해소하기 위해서는 "불교철학, 불교문학 등 불교문화를 비천(卑闡)하고 교수하는 종교대학을 경성에 일으켜 여기에 내선 학생을 수용"해야 한다는 주장을 제기하기도 했다. 高橋亨, 1920, 「朝鮮改造の根本問題」, 『太陽』(1920年 10月號), p. 58. 조선인들의 광범한 지지를 기반으로 기독교 계통의 교육기관이 식민지에서 영향력을 확대하는 것을 막기 위해서는 불교, 유교 등 기독교에 대항하는 종교를 기반으로 하는 대학의 설립으로 맞불을

놓을 수밖에 없다는 것이 그의 계산이었던 것이다.

13 '헤게모니를 둘러싼 경합'이라는 관점에서 경성제국대학의 설립 경위 및 그 특징을 분석한 작업으로 정준영, 2009, 「경성제국대학과 식민지헤게모니」, 서울대학교 박사학위논문 참조.

14 松田利彦, 2014, 「京城帝國大學の創設」, 酒井哲哉·松田利彦 編, 『帝國日本と植民地大學』, ゆまに書房, pp. 107-148.

15 세균학자 시가 기요시(志賀潔)는 27세에 세계 최초로 적리균을 발견하여 당시 그의 스승 기타자토 시바사부로(北里柴三郎)와 더불어 노벨상에 가장 근접했던 의학자로 알려졌다. 그는 1920년 조선총독의 권유로 조선총독부의원 원장 및 경성의학전문학교 교장을 맡았는데, 이전까지 군의관 출신이 독점했던 식민지 보건·위생·의사 양성의 최고위직책이었다. 그 자신은 도쿄제국대학 의학부 출신이지만, 핫토리 우노키치와 달리 의학계 내부의 도쿄제국대학 학벌(學閥)과는 대립적인 입장을 견지하고 있었다. 그 결과 경성제국대학 의학부의 인적 구성은 도쿄제국대학 출신이 상대적으로 적었는데(57.7%), 그가 경성의전에 불러들인 교수들과 자신의 스승 기타자토가 있던 게이오기주쿠대학(慶應義塾大學) 의학부 네트워크가 의학부 교수 구성에 폭넓게 활용되었다. 상세한 것은 정준영, 2010, 「식민지 의학교육과 헤게모니 경쟁」, 『사회와 역사』 85 참조.

16 특히 법학계 교수 인사의 경우, 당시 도쿄제국대학 법학부장이었던 국제법학자 야마다 사부로(山田三良)의 역할이 컸다고 알려져 있다. 그런 의미에서 야마다는 경성제국대학을 탄생시키는 데 공헌한 또 한 사람의 '아버지'였던 셈이다. 그는 경성제국대학 교수들, 특히 '학은(學恩)'을 입은 법문학부 법과 계열 교수들의 추천에 의해 1931년 경성제국대학 제4대 총장으로 취임한다(임기 1931. 10.~1936. 1.).

17 박영미, 2012, 「일제강점기 재조일본인의 한문학 연구 성과와 그 의의」, 『한문학논집』 34.

18 水野博太, 2015, 앞의 글, p. 87.

19 鄭圭永, 1995, 「京城帝國大學に見る戰前日本の高等敎育と國家」, 東京大學博士論文, pp. 139-141.

20 1924년 불화설과 관련해서는 다음의 신문 기사를 참조할 것. 『시대일보』, 1924년 10월 2일, 「교육방침의 상위(相違)로 조선제국대학의 분규, 당국 대 핫토리(服部) 박사의 충돌」; 『동아일보』, 1924년 10월 19일, 「조선제대 총장 핫토리 우노키치(服部宇之吉) 사직(辭職), 후임(後任)은 시데하라(幣原) 박사(博士)로 내정(內定)」; 『동아일보』, 1924년 11월 21일, 「경성대학(京城大學) 총장 핫토리 씨(服部氏)의 사직 문제」; 이에 대한 식민당국의 해명은 『동아일보』, 1924년 10월 26일, 「핫토리(服部) 박사의 총장 사퇴 여하, 나가노(長野) 학무국장(學務局長) 담(談)」을, 핫토리 자신의 해명은 『帝國大學新聞』, 1924年 11月 10日, 「總督府の政略に大學は累されず」를 참조할 것. 그런데 이 불화설은 학부 설립 직전인 1926년 1월 다시 재현되었던 것으로 보인다. 『동아일보』, 1926년 1월 13일, 「핫토리 우노키치(服部宇之吉) 총장 사임(辭任) 후임(後任)은 양씨(兩氏) 유력(有力)」 참조.

21 『동아일보』, 1924년 11월 21일, 「경성대학 총장 핫토리 씨의 사직 문제」. 이 기사에서 또

하나 주목되는 것은 경성제국대학의 설립과 총장 사임 문제를 둘러싼 갈등을 바라보는 식민지인들의 냉정한 시선이다. 조선인의 입장에서는 경성제국대학 총장의 사임이 일개 교수의 사임 문제에 불과하며, 항간에 조선총독부 방침과 핫토리의 진보사상이 대립한다지만 여기서 진보라는 것도 조선총독부와 비교했을 때나 그렇다는 표현이 그것이다.

22 식민주의 역사학자로서 오다 쇼고의 활동이 가지는 의미에 대해서는 이 책의 1장 참조.

23 경성제국대학 교수 가운데 다카하시 도루는 다양한 분과 영역에서 가장 많이 다루어지는 문제적 인물이라고 하겠는데, 경성제국대학 조선문학 강좌와 관련해서는 박광현, 2007, 「다카하시 도오루와 경성제국대학 '조선문학' 강좌」, 『한국문화』 40이 여전히 대표적인 연구 성과라 할 수 있다.

24 오구라 신페이(小倉進平)의 생애와 학문적 경향에 관해서는 이진호, 2008, 「오구라 신페이(小倉進平)의 국어 음운론 연구」, 『우리말 연구』 23; 정승철, 2010, 「오구라 신페이(小倉進平)의 생애와 학문」, 『방언학』 11 등 참조.

25 이마니시 류의 조선사 연구 궤적 및 그 특징에 대해서는 이 책의 2장 참조.

26 이러한 관점에서 본다면, 가장 모호한 위상을 가진 것이 오히려 국어학·국문학 계열 강좌라고 할 수 있을 것 같다. 역사학 계열 강좌들과는 달리 국어학·국문학 강좌는 식민지 현실에서의 일본어 사용 및 그 교육의 문제와 무관하기 어려웠으며 따라서 조선과 관련된 연결고리를 확장해가는 것은 자칫 이론과 실천 양면에서 문제를 증폭할 소지가 다분했기 때문이다. 따라서 국문학 강좌의 다카기 이치노스케(高木市之助), 국어학 강좌의 도키에다 모토키(時枝誠記)는 이론과 실천을 구분하고 자신들의 작업을 이론, 즉 아카데미즘 안으로 가두려는 입장을 견지했다. 이들은 철저하게 아카데미즘 속에 머물면서 자신들의 학문이 식민권력의 경박한 도구가 되는 것을 막으려 했지만, 결과적으로는 식민지의 현실을 외면함으로써 공허한 중심으로서 국문학·국어학이 가지는 권력적 성격을 승인하고 있었다. 이들의 이력 및 궤적에 대해서는 박광현, 2004, 「식민지 조선에서 대한 '국문학'의 이식과 다카기 이치노스케」, 『일본학보』 59; 김영, 2012, 「일제강점기 제국주의 문학의 성격 연구: 경성제국대학 시지성기(時枝誠記)를 중심으로」, 『일본어문학』 59; 고야스 노부쿠니, 이한정 옮김, 2017, 『한자론: 불가피한 타자』, 연세대출판문화원, 137-164쪽 참조.

27 다보하시 기요시(田保橋潔)의 학문적 궤적 및 그 특징에 대해서는 박찬승, 2013, 「다보하시 기요시(田保橋潔)의 근대 한일관계사 연구에 대한 검토」, 『한국근현대사연구』 67, 2013; 김종학, 2018, 「일본의 근대 실증사학의 에토스(ethos)와 다보하시 기요시(田保橋潔)의 조선사 연구」, 『한국문화연구』 등 참조.

28 마쓰모토 시게히코(松本重彦)는 1912년 도쿄제국대학 사학과를 우등으로 졸업한 후, 게이오기주쿠대학 강사였던 1922년에 아라비아어 연구를 위해 문부성 연구원으로 2년간 독일과 프랑스에서 공부한 특이한 이력을 가진 사람이었다. 그는 경성제국대학 교수로 부임하기 이전에는 오사카외국어학교 교수(1922~1929) 및 교토제국대학 문학부 강사(1926~1929)로서 페르시아어와 사학개론, 역사연구법 등을 가르쳤다.

29 도리야마 기이치(鳥山喜一)의 학문적 경향과 특징에 대해서는 정상우, 2016, 「20세기 전

반 일본인 학자의 '북방사' 연구 모습: 도리야마 키이치(鳥山喜一)의 연구 궤적」, 『사회와 역사』112; 船木勝美, 1994, 「鳥山喜一」, 江上波夫 編, 『東洋學の系譜 [第2集]』, 大修館書店, pp. 139-150 참조.

30 座談會, 1985, 「先學を語る: 藤塚隣博士」, 『東方學』69, pp. 194-195.

31 兒島献吉郎, 1926, 「何のために朝鮮に」, 『文敎の朝鮮』(1926年 6月號) 참조.

32 법문학부 49개 강좌의 초대 교수 중에서 문과계(文科系)는 27명 전원이 도쿄제국대학 문학부 출신이었고, 법과계(法科系)도 22명 중에서 20명이 도쿄제국대학 법학부와 경제학부 출신이었다. 이것은 도쿄제국대학 의학부 출신자가 53%에 머물렀던 의학부와 극명하게 대립되었던 법문학부의 '도쿄 지향성'이었다. 정준영, 2010, 앞의 논문, 152-153쪽.

33 스테판 다나카, 박영재·함동주 옮김, 2004, 『일본 동양학의 구조』, 문학과지성사, 31-32쪽.

34 윤해동·이성시 엮음, 2016, 『식민주의 역사학과 제국: 탈식민주의 역사학 연구를 위하여』, 책과함께 참조.

35 黒坂勝美, 1910, 「偶語」, 『歷史地理 朝鮮號』, 三省堂書店, pp. 154-155.

36 가령 심희찬은 일본 근대 역사학 인식에서 전전(戰前)의 조선사 연구가 공백으로 남아 있는 이유를 다음의 두 차원에서 설명한다. ① 전전의 조선사 연구 그 자체에 대한 무관심, 즉 식민사학으로서의 '조선사' 연구가 지닌 이데올로기성과 식민주의적 논리에 대한 무자각. ② '조선사'가 일본 근대 역사학의 성립과 그 내적 논리에 커다란 영향을 끼친 점에 대한 관심의 부재. 필자는 이러한 설명에 기본적으로 동의하지만, 태동기를 벗어난 이후의 일본 국사학이 식민지의 역사를 의식적으로 배제했으며, 배제할 수밖에 없었기 때문인 측면도 있다고 생각한다. 심희찬, 2016, 「일본 근대 역사학의 성립, 발전과 '조선'의 위상」, 『동서인문학』52, 83-84쪽.

37 당시 조선에서 활동하던 식민주의 역사학자들의 면면 및 상호갈등 양상에 대해서는 정상우, 2014, 「『조선사』(조선사편수회 편) 편찬사업 전후 일본인 연구자들의 갈등 양상과 새로운 연구자의 등장」, 『사학연구』116, 155-160쪽 참조.

38 座談會, 1983, 「先學を語る: 田保橋潔先生」, 『東方學』65, p. 170.

39 후지타 료사쿠는 1932년 이마니시 류가 사망하자 그의 '조선사학 제1강좌'를 승계해서 교수로 취임했으며, 스에마쓰 야스카즈는 1938년부터 조교수로서 오다 쇼고가 1932년 퇴임한 후 오랫동안 공석으로 있었던 '조선사학 제2강좌'의 담임을 맡았으며 1939년 교수로 승진한다.

40 '식민지 아카데미즘'의 문제의식과 관련해서는 한기형, 2014, 「지식문화의 변동과 문학장의 재구성」, 『반교어문연구』38; 정종현, 2010, 「신남철과 '대학' 제도의 안과 밖: 식민지 '학지(學知)'의 연속과 비연속」, 『동악어문학회』54; 홍종욱, 2011, 「'식민지 아카데미즘'의 그늘, 지식인의 전향」, 『사이』11; 홍종욱, 2011, 「보성전문학교에서 김일성종합대학으로」, 『역사학보』232 등을 볼 것. 이런 문제의식의 연상선에서 『신흥(新興)』의 학지(學知)를 다룬 윤대석, 2017, 「『신흥』과 경성제국대학의 학지」, 『국제어문』73의 논의, 진

단학회의 모호한 위상을 다루고 있는 정병준, 2016, 「식민지 관제 역사학과 근대 학문으로서의 한국 역사학의 태동: 진단학회를 중심으로」, 『사회와 역사』 110의 논의도 참고가 된다.

41 1930년대 임시역사교과용도서조사위원회의 설치 및 경성제국대학 교수들의 구체적인 참여 양상에 대해서는 장신, 2013, 「1930년대 경성제국대학의 역사교과서 비판과 조선총독부의 대응」, 『동북아역사논총』 42가 상세하다. '조선사'를 둘러싼 경성제국대학 교수들의 미묘한 입장에 대해서는 이 연구에서 많은 교시를 받았다.

42 정상우, 2015, 「일제하 '전주(全州)' 지방의 지방사 편찬: 『전주부사(全州府史)』(1942)를 중심으로」, 『한국문화』 71 참조.

43 심희찬, 2013, 「근대 역사학과 식민주의 역사학의 거리: 이마니시 류가 구축한 조선의 역사상」, 280쪽.

44 今西龍, 1932, 「支那の帝國主義が及ばせる日韓の關係」, 『朝鮮及滿洲』(1932年 9月號).

45 이에 대한 상세한 고찰로는 전경수, 2002, 「식민과 전쟁의 일제 인류학(1)」, 『비교문화연구』 8(1); 전경수, 2002, 「식민과 전쟁의 일제 인류학(2)」, 『비교문화연구』 8(2) 등 참조.

46 山田三良, 1933年 4月 6日, 「第5回 卒業式式辭」, 『京城帝國大學學報』 第73號.

47 후지츠카 치카시, 후지츠카 아키나오 엮음, 윤철규 외 옮김, 2008, 『추사 김정희 연구: 청조문화(淸朝文化) 동전(東傳)의 연구』, 과천문화원, 5쪽(藤塚隣·藤塚明直, 『淸朝文化東伝の研究: 嘉慶·道光學壇と李朝の金阮堂』, 國書刊行會, 1975).

48 兒島献吉郎, 1926, 앞의 글, pp. 28-29.

49 고야스 노부쿠니, 이승연 옮김, 『동아, 대동아, 동아시아: 근대 일본의 오리엔탈리즘』, 역사비평사, 2005, 183-186쪽(子安宣邦, 『アジアはどう語られてきたか: 近代日本のオリエンタリズム』, 岩波書店, 2003).

50 다이라 시게미치(平重道), 2009, 「후지쓰카가(藤塚家)의 가계(家系)」, 『후지츠카 기증자료 목록집』, 과천문화원, 318-320쪽.

51 座談會, 1985, 앞의 글, p. 199.

52 후지츠카 치카시, 후지츠카 아키나오 엮음, 2008, 앞의 책, 25쪽.

53 "완당은 확실히 조선 500년 학계에서 초급급의 초월적 존재였다. 완당은 청조 문화의 핵심을 완전히 파악하여 경학의 심오한 경지까지 들어가 새로이 실사구시 학문을 조선에 가장 먼저 소리 높여 외친 인물이다. 그럼으로써 송·명 유학의 말류가 보이는 폐해에 빠져들어 편협한 채 앙상하게 말라버린 조선의 고루한 풍습을 단번에 날렸다. 혁혁한 새로운 면모를 선보인 학문적 업적에서 실로 완당은 제일인자가 아닐 수 없다." 후지츠카 치카시, 위의 책, 129쪽.

54 위의 책, 26쪽.

55 위의 책, 254쪽.

56 위의 책, 28쪽.

57 위의 책, 38쪽.

58 위의 책, 62쪽.

59 위의 책, 138쪽.

60 위의 책, 129쪽.

61 위의 책, 130-135쪽.

62 위의 책, 27쪽.

63 阿部吉雄, 1965, 『日本朱子學と朝鮮』, 東京大學出版會, p. 129.

64 兒島献吉郎, 1926, 앞의 글, p. 29.

65 鄭圭永, 1995, 앞의 논문, p. 72.

66 服部宇之吉, 1926, 「京城帝國大學始業式に於ける告辭」, 『文敎の朝鮮』(1926年 6月號), p. 4.

4장 불가능한 조선의 식민정책학?: 식민정책학자 이즈미 아키라의 운명

1 관련 연구 성과는 여기서 일일이 거론하기 어려울 정도로 여러 학제, 다양한 주제에 걸쳐 진행되어왔는데, 이를 관통하는 문제의식을 개괄한 것으로는 戶邊秀明, 2008, 「ポストコロニアリズムと帝國史研究」, 日本植民地研究會編, 『日本植民地研究の現狀と課題』, アテネ社; 板垣竜太 · 戶邉秀明 · 水谷智, 2010, 「日本植民地研究の回顧と展望: 朝鮮史を中心に」, 『社會科學』40(2), 同志社大學; 임성모 · 박상현 · 조규헌 · 유병관, 2011, 「제국일본과 문화권력: 연구사적 고찰」, 『한림일본학』 18 등을 참조할 수 있다.

2 야마무로 신이치(山室信一), 정선태 · 윤대석 옮김, 2018, 『사상과제로서의 아시아』, 소명출판의 핵심 용어이기도 하다.

3 金子文夫, 1979, 「日本における植民地研究の成立事情」, 小島麗逸 編, 『日本帝國主義と東アジア』, アジア経済研究所; 金子文夫, 1985, 「日本の植民政策學の成立と展開」, 『季刊三千里』 41.

4 浅田喬二, 1990, 『日本植民政策史論』, 未来社.

5 原覚天, 1984, 『現代アジア研究成立史論: 満鉄調査部 · 東亞研究所 · IPRの研究』, 勁草書房.

6 강상중, 이경덕 · 임성모 옮김, 1997, 『오리엔탈리즘을 넘어서』, 이산: 사카이 데쓰야(酒井哲哉), 장인성 옮김, 2010, 『근대 일본의 국제질서론』, 연암서가.

7 박양신, 2013, 「도고 미노루(東鄉實)의 식민정책론: 농업식민론과 '비동화주의'」, 『역사교육』127; 박양신, 2014, 「식민지 관료 경험과 식민정책론: 모치지 로쿠사부로(持地六三郎)를 중심으로」, 『이화사학연구』48; 박양신, 2015, 「사학 와세다 인맥을 통해 본 일본 · 식민지 조선에서의 식민정책론」, 『아시아문화연구』39; 박양신, 2016, 「가와이 히로타미(河合弘民)의 식민지 조선에서의 행적과 조선 연구」, 『역사교육』139; 박양신, 2016, 「식민정책학의 신(新)지평과 만주문제 인식: 야나이하라 타다오(矢内原忠雄)를 중심으로」, 『만주연구』21; 손애리, 2013, 「근대 일본 식민정책학의 귀결: 1942년 대일본척식학대회를 중심으로」, 『한림일본학』22; 원지연, 2002, 「니토베 이나조와 오리엔탈리즘」, 『동아문화』40; 원지연, 2017, 「니토베 이나조의 식민주의와 조선 인식」, 『이화사학연구』43; 이규수, 2004, 「야나이하라 타다오(矢内原忠雄)의 식민정책론과 조선 인식」, 『대동문화

연구』46; 이규수, 2012, 「근대 일본의 식민정책학에 나타난 조선 인식」, 『아시아문화연구』26; 이석원, 2013, 「근대 일본의 자유주의 식민정책학 연구: 야나이하라 타다오(矢内原忠雄)의 식민정책학을 중심으로」, 연세대학교 석사학위논문.

8 이석원, 2013, 위의 논문, 4-10쪽.

9 다른 식민정책학자들에 비해 야나이하라 다다오(矢内原忠雄)가 한국 학계에서 상대적으로 일찍부터 주목받은 것은 그가 김교신, 송두용, 함석헌 같은 기독교운동 지도자들이 존경했던 우치무라 간조(内村鑑三)의 직계 제자였고, 또 실제로 무교회운동을 주도하기도 했다는 사정과 관련이 깊다. 이규수, 2004, 앞의 논문 참조.

10 泉哲, 1921, 『植民政策論』, 有斐閣, p. 20.

11 이것은 단지 번역어 '植民/殖民'에만 해당하는 문제가 아니라 원어에 해당한 'colonization'에서 배태된 서구인들의 '식민주의적' 사유구조와 깊은 관련이 있다. Ania Loomba, 1998, Colonialism/Postcolonialism, Routledge 참조. 가령 영어 'colony'의 경우에도 이주한 사람들의 단체나 그들이 점유한 땅을 뜻하는데, 원주민의 실제 존재 여부와는 상관없이 철저하게 '빈 땅'을 지칭하고 형상화하고 있다. 원주민은 이주한 식민(植民)들이 개척하고 정복해야 할 자연의 일부로 대상화된다는 것이다.

12 식민정책학이 정치학, 경제학, 농정학에 걸쳐 있어 복합적인 성격을 가지며, 특히 시기에 따라 학문적 강조점을 다르게 나타나는 것도 이 때문이다. 사카이 데쓰야, 2010, 앞의 책, 246쪽.

13 위의 책, 268쪽.

14 이즈미 세이이치가 부친 이즈미 아키라를 회고한 글 중 다음을 참고. 泉靖一, 1972, 「父: 敬けんなクリスチャン泉哲のこと」, 『泉靖一著作集』第7巻(文化人類学の眼), 読売新聞社.

15 관련해서는 다음의 연구문헌이 참고가 된다. 浅田喬二, 1990, 앞의 책; 사카이 데쓰야, 2010, 앞의 책; 伊藤幹彦, 2004, 「日本植民地下の臺灣政治思想: 泉哲の政治思想を中心に」, 『南島史学』64; 佐藤太久磨, 2015, 「人類思想の蹉跌と転回: 泉哲の場合」, 『日本學報』104.

16 이즈미 아키라의 지적 편력에 관해서는 상세한 지점에서 불확실한 점이 여전히 많다. 그가 구미 유학을 통해 무엇을 배웠고 어떤 영향을 받았는지에 대해서는 귀국 후 그가 썼던 논고를 통해 재구성하는 수밖에 없다고 하겠다. 여기서는 浅田喬二, 1990, 앞의 책, p. 184 및 佐藤太久磨, 2015, 앞의 논문. p. 260의 경력 정리를 따른다.

17 사카이 데쓰야, 2010, 앞의 책. 267쪽 및 佐藤太久磨, 2015, 앞의 논문. p. 263.

18 당시 서구의 국제법학·국제정치학계의 동향과 관련해서는 篠原初枝, 2003, 『戰爭の法から平和の法へ: 戰間期のアメリカ國際法学者』, 東京大學出版會; 사카이 데쓰야, 2010, 앞의 책; 佐藤太久磨, 2015, 앞의 논문 등을 참조했다. 이 중에서 폴 라인쉬의 국제법학이 가진 의미에 대해서는 篠原初枝, 위의 책, 다니엘 짓타의 '인류'에 기반한 주권 개념의 구성과 이것이 이즈미 아키라에게 미친 지적 영향에 관해서는 佐藤太久磨, 2015, 앞의 논문이 상세한 설명을 제공하고 있으며, 여기서는 이들의 논의에 크게 기대고 있다.

19 佐藤太久磨, 2015, 앞의 논문; 篠原初枝, 2003. 앞의 책.

20 Paul S. Reinsch (1900), World politics at the end of the nineteenth century, The Mac-

milan Company, pp. 3-14.

21 위의 책, pp. 256-257.

22 위의 책, pp. 184-185.

23 사카이 데쓰야, 2010, 앞의 책, 269쪽.

24 高田早苗 解説, 1901, 『レイニッシュ氏十九世紀末世界之政治』, 東京專門学校出版部.

25 당시 번역서 ポール·エス·ランチ, 松岡正男, 田宮弘太郎 共訳, 1910, 『殖民政策』, 同文館은
    일본국회도서관 디지털라이브러리에서 직접 열람할 수 있다.

26 金持一郎, 1934, 「我國に於ける植民政策學の發達」, 『經濟論叢』 38(1), p. 422.

27 佐藤太久磨, 2015, 앞의 논문, p. 263.

28 사카이 데쓰야, 2010, 앞의 책, pp. 248-259.

29 井上勝生, 1998, 「札幌農學校と植民學の誕生」, 酒井哲哉 編, 『帝國編成の系譜』, 岩波書店
    참조.

30 佐藤昌介, 1989, 「日本農業の改良と北海道殖民との關係」, 『殖民雜誌』 2, p. 5.

31 佐藤昌介, 1905, 「戰後の經濟政策」, 『北海タイムス』.

32 이규수, 2004, 앞의 논문, 72쪽.

33 원지연, 2017, 앞의 논문, 204쪽.

34 北岡伸一, 1993, 「新渡戶稻造における帝國主義と國際主義」, 『岩波講座: 近代日本と植民地4
    統合と支配の論理』, 岩波書店, pp. 188-192.

35 新渡戶稻造, 1943, 『新渡戶博士植民政策講義及論文集』, 岩波書店, pp. 57-60.

36 北岡伸一, 1993, 앞의 논문, p. 189.

37 泉哲, 1924, 『(增訂)植民政策論』, 有斐閣, p. 24.

38 泉哲, 위의 책, p. 24.

39 米谷匡史, 2003, 「矢内原忠雄の'植民·植民政策'論: 植民地帝國日本における'社會'統治の問
    題」, 『思想』(2003年 1月號) 참조.

40 佐藤太久磨, 2015, 앞의 논문, p. 269.

41 泉哲, 1924, 앞의 책, p. 247.

42 위의 책, p. 241.

43 이즈미 아키라의 주저인 『(증정)식민지통치론』의 구성이 전반부에는 식민지의 여러 범
    주를 세밀하게 분류하는 데 치중하는 반면, 후반부가 되면 식민지 통치기관(10장), 식민
    통치의 원리(11장), 식민지 행정(12장), 식민지의 장래(13장) 등 식민지 통치의 작동 방
    식에 대한 세밀한 점검 사항을 제시하는 데 집중하고 있는 것도 이러한 그의 의도와 관
    련이 있는 것으로 보인다.

44 泉哲, 1924, 앞의 책, p. 243.

45 위의 책, p. 213.

46 위의 책, p. 221.

47 위의 책, p. 213.

48 浅田喬二, 1990, 앞의 책, p. 51.

49 泉哲, 1924, 앞의 책, p. 221.

50 위의 책, p. 11.

51 泉哲, 1919, 「臺灣統治策變更の必要」, 『東洋時報』247(1919年 4月), p. 9.

52 泉哲, 1924, 앞의 책, p. 312-313.

53 타이완의회설립청원운동의 구체적인 전개 과정 및 특징에 대해서는 若林正丈, 2001, 『臺灣抗日運動史研究』增補版, 研文出版의 제1편 참조.

54 浅田喬二, 1990, 앞의 책, p. 226.

55 若林正丈, 2001, 앞의 책, p. 192.

56 위의 책, p. 193.

57 泉哲, 1924, 「臺灣の將來」, 『臺灣』第5卷 第1號(1924年 4月).

58 위의 글, p. 2.

59 위의 글, p. 3.

60 浅田喬二, 1990, 앞의 책, p. 227.

61 泉哲, 1921. 5, 「民族自決の眞意」, 『臺灣青年』2(4), p. 6.

62 위의 글, p. 2.

63 위의 글, p. 4.

64 泉哲, 1919, 「植民地の將來(二)」第5卷 第2號(1919年 2月), pp. 18-19.

65 春秋子, 1931, 「城大敎授物語り(其三)」, 『朝鮮及滿洲』(1931年 3月號).

66 위의 글.

67 鄭圭永, 1995, 「京城帝國大學に見る戰前日本の高等敎育と國家」, 東京大學 博士學位論文, p. 239.

68 春秋子, 1931, 앞의 글.

69 이에 대한 상세한 논의는 李炯植, 2013, 『朝鮮總督府官僚の統治構想』, 吉川弘文館 참조.

70 鄭圭永, 1995, 앞의 논문, p. 241.

에필로그 경성제국대학의 조선 연구, 그 후

1 경성제대 교수 미야케 시카노스케(三宅鹿之助)의 활동과 관련해서는 김경일, 2015, 「지배와 연대의 사이에서: 재조일본인 지식인 미야케 시카노스케」, 『사회와 역사』105 참조.

2 야마다 사부로는 경성제대 총장 중에서 교수회의 자치를 통해 추대된 첫 총장이었다. 식민지 대학의 대학자치 문제에 대해서는 정준영, 2011, 「식민지 제국대학의 존재방식: 경성제대와 식민지의 '대학자치론'」, 『역사문제연구』26호 참조.

3 山田三良, 1957, 『山田三良自敍傳』, 自家出版, p. 223.

4 『京城帝國大學學報』第69號, 1932年 12月 5日, 「開學式に於ける山田總長の式辭」.

5 『京城帝國大學學報』第68號, 1932年 11月 5日, 「彙報-開學式祝辭」.

6 山田三良, 1933年 4月 6日, 「第5回 卒業式式辭」, 『京城帝國大學學報』 第73號.

7 정규영, 1999, 「콜로니얼리즘과 학문의 정치학: 15년전쟁하 경성제국대학의 대륙연구」, 『교육사학연구』 9, 36쪽.

8 京城帝國大學大陸文化硏究會 編, 1939, 『蒙疆の自然と文化: 京城帝國大學蒙疆學術探險隊報告書』, 古今書院, pp. 15-16.

참고문헌

1. 1차 문헌

『京都帝國大學一覽』, 各年度.

『京城帝國大學一覽』, 各年度.

『京城帝國大學學報』, 各年度.

『東京帝國大學一覽』, 各年度.

『東亞日報』.

『每日申報』.

「京城帝國大學各學部ニ於ケル講座ノ種類及其ノ數ニ關スル件ヲ定ム」, 『公文類聚』第50編 第31卷, 1916年 3月 20日, JACAR(アジア歴史史料センター) Ref. A01200556600.

「朝鮮史學會設立認可ニ關スル件」, 『學校設置關係書類』, 1923, 국가기록원 소장자료 (CJA0004692).

京城帝國大學大陸文化研究會 編, 1939, 『蒙疆の自然と文化: 京城帝國大學蒙疆學術探險隊報告書』, 古今書院.

高橋亨, 1920, 「朝鮮改造の根本問題」, 『太陽』(1920年 10月號).

今西龍, 1902, 「美濃の國揖斐郡片山附近の古墳」, 『東京人類學雜誌』196.

今西龍, 1906, 「新羅舊都に入る記」.

今西龍, 1909, 「新羅舊都慶州の地勢と其遺物」, 東洋協會講演.

今西龍, 1910, 「日本上代の文化と其關係とに就て」, 『朝鮮』31~32號, 日韓書房.

今西龍, 1911, 「檀君の傳說につきて」, 『歴史地理 朝鮮號』, 日本歴史地理學會.

今西龍, 1912, 「大同江南の古蹟と樂浪王氏との關係」, 『東洋學報』2.

今西龍, 1916~1917, 「朝鮮史の栞」, 『史林』1(1·3·4), 2(1~4).

今西龍, 1918, 「新羅史通說」, 京都帝國大學講義案.

今西龍, 1919, 「朝鮮史概說(講演手記)」.

今西龍, 1920, 「朝鮮の文化」, 懷德堂講演錄.

今西龍, 1921, 「朝鮮古代史稿本(總督府用)」 2冊(「조선반도사」 원고로 추정, 친일반민족행위진 상규명위원회, 2008, 『친일반민족행위관계사료집 V』, 137~344쪽 국역 수록).

今西龍, 1922, 「己汝伴跋考」, 『史林』7(4)(국역: 위가야 옮김, 2016, 『인문학연구』32).

今西龍, 1929, 「樂浪帶方に就て」, 『文教の朝鮮』41.

今西龍, 1929, 『檀君考』青邱說叢 1卷, 近澤書店.

今西龍, 1930,「通俗百濟略史」, 平壤敎育會講演.

今西龍, 1931～1933,「百濟史講話」,『文敎の朝鮮』59～81.

今西龍, 1932,「支那の帝國主義が及ばせる日韓の關係」,『朝鮮及滿洲』(1932年 9月號).

今西龍, 1933,『新羅史硏究』, 近澤書店(국역: 이부오·하시모토 시게루 옮김, 서경문화사, 2008).

今西龍, 1934,『百濟史硏究』, 近澤書店.

今西龍, 1935,『朝鮮史の栞』, 近澤書店.

今西龍, 1937,『朝鮮古史の硏究』, 近澤書店.

今西春秋, 1970,「今西龍小傳」,『(復刊本)朝鮮史の栞』, 國書刊行會.

金子光介, 1933,「今西敎授を憶ふ」,『京城帝國大學史學會會報』第3號.

金持一郎, 1934,「我國に於ける植民政策學の發達」,『經濟論叢』38(1).

大谷勝眞, 1926,「東洋史の大勢」,『文敎の朝鮮』(1926年 6月號).

大谷勝眞, 1933,「今西さんの發病前後の私」,『京城帝國大學史學會會報』第3號.

大谷勝眞, 1939,「東洋史より見た支那」,『朝鮮及滿洲』(1939年 3月號).

稻葉岩吉, 1935,「朝鮮硏究の課程」,『世界史大系 11』, 平凡社.

東畑精一, 1942,「植民學の大觀」,『東京帝國大學學術大觀: 法學部·經濟學部』, 國際出版印刷.

藤塚鄰, 1933,「故今西敎授追悼の辭」,『京城帝國大學史學會會報』第3號.

藤塚鄰, 1947,『日鮮淸の文化交流』, 中文館書店.

藤塚鄰·藤塚明直, 1975,『淸朝文化東伝の硏究: 嘉慶·道光學壇と李朝の金阮堂』, 國書刊行.

服部武, 1974,「服部宇之吉の億い出」,『紺碧遥かに』, 京城帝大同窓會.

服部宇之吉, 1924,「朝鮮帝國大學の特色」,『朝鮮地方行政』(1924年 4月號).

服部宇之吉, 1926,「京城帝國大學始業式に於ける告辭」,『文敎の朝鮮』(1926年 6月號).

史學會,『史學雜誌』, 各年度.

山本美越乃, 1925,『(改訂)植民政策硏究』, 弘文館.

山田三良, 1957,『山田三良自敍傳』, 自家出版.

小田省吾, 1933,「故今西龍博士の學問と事業に就て」,『京城帝國大學史學會會報』第3號.

速水滉, 1927. 2. 28～3. 2,「半島文化と大學の使命」3回,『京城日報』.

矢內原忠雄, 1963,『矢內原忠雄全集』第1卷, 岩波書店.

矢島武, 1941,「植民及び植民學の性格」,『法經會論叢』9.

兒島獻吉郎, 1926,「何のために朝鮮に」,『文敎の朝鮮』(1926年 6月號).

阿部吉雄, 1944,『李退溪』, 日本敎育先哲叢書/第23卷, 文敎書院.

阿部吉雄, 1965,『日本朱子學と朝鮮』, 東京大學出版會.

伊藤猷典, 1942,『鮮滿の興亞敎育』, 目黑書店.

鳥山喜一, 1933,「今西さんと私」,『京城帝國大學史學會會報』第3號.

朝鮮史學會, 1923～1924,『朝鮮史講座』1～15號, 近澤書店.

朝鮮史學會, 1927,『三國史記』, 近澤書店.

朝鮮史學會, 1927,『朝鮮史大系』1～4, 近澤書店.

朝鮮史學會, 1928, 『三國遺事』, 近澤書店.

朝鮮史學會, 1929, 『新增東國輿地勝覽』1～4, 近澤書店.

朝鮮總督府, 1916, 「朝鮮半島史編成の要旨及順序」.

朝鮮總督府中樞院, 1938, 『朝鮮史編修事業槪要』.

佐藤昌介, 1905, 「戰後の經濟政策」, 『北海タイムス』.

佐藤昌介, 1989, 「日本農業の改良と北海道殖民との關係」, 『殖民雜誌』2.

淺見登郎, 1928, 『日本植民地統治論』, 嚴松堂.

泉哲, 1921, 『植民政策論』, 有斐閣.

泉哲, 1924, 『(增訂)植民政策論』, 有斐閣.

泉哲, 1924, 『國際法問題硏究』, 有斐閣.

泉哲, 1924. 4, 「臺灣の將來」, 『臺灣』5(1).

泉哲, 1928, 「朝鮮を如何にすべきや(一), (二)」, 『外交時報』554～555.

泉哲, 1932, 「滿洲事變の法理的考察」, 『外交時報』652.

黑坂勝美, 1910, 「偶語」, 『歷史地理 朝鮮號』, 三省堂書店.

2. 2차 문헌

강해수, 2012, 「'황도유학'과 '도의' 담론 그리고 식민지 조선」, 『한국학연구』28.

고야스 노부쿠니(子安宣邦), 이승연 옮김, 2005, 『동아, 대동아, 동아시아: 근대 일본의 오리엔 탈리즘(原題: アジアはどう語られてきたか: 近代日本のオリエンタリズム)』, 역사비평사.

김기봉, 2004, 「랑케의 'wie es eigentlich gewesen' 본래 의미와 독일 역사주의」, 『역사와 담 론』39, 호서사학회.

김백영·정준영, 2016, 「유럽 사회사 연구의 흐름」, 강진연 외, 『사회사/역사사회학』, 다산출 판사.

김종준, 2013, 『식민사학과 민족사학의 관학 아카데미즘』, 소명출판.

김종학, 2018, 「일본의 근대 실증사학의 에토스(ethos)와 다보하시 기요시(田保橋潔)의 조선 사 연구」, 『한국문화연구』.

김태웅, 1995, 「일제 강점 초기의 규장각도서 정리 작업」, 『奎章閣』18.

나가시마 히로키, 2016, 「2개의 고종실록 편찬을 둘러싼 궁내성·이왕직의 갈등: 아사미 린타 로와 오다 쇼고의 역사 서술을 중심으로」, 『한국사학보』64.

나가하라 게이지, 하종문 옮김, 2011, 『20세기 일본의 역사학』, 삼천리.

다이라 시게미치(平重道), 2009, 「후지쓰카가(藤塚家)의 가계(家系)」, 『후지츠카 기증자료 목 록집』, 과천문화원.

도면회·윤해동 엮음, 2009, 『역사학의 세기: 20세기 한국과 일본의 역사학』, 휴머니스트.

디페시 차크라바르티, 김택현·안준범 옮김, 2014, 『유럽을 지방화하기-포스트식민 사상과 역사적 차이』, 그린비.

라나지트 구하, 이광수 옮김, 2011,『역사 없는 사람들』, 삼천리.

류준필, 2008,「경사대학당 학과제도의 설립 과정과 문학의 위상」,『중국문학』56.

류준필, 2009,「19C 말 일본 대학의 학과 편제와 國學·漢學·東洋學의 위상」,『코기토』66.

미쯔이 다까시, 2004,「'일선동조론'의 학문적 기반에 관한 시론」,『한국문화』33.

박걸순, 2004,『식민지 시기의 역사학과 역사인식』, 경인문화사.

박광현, 2005,「경성제국대학 안의 '동양사학': 학문제도, 문화사의 측면에서」,『한국사상과 문화』31.

박광현, 2007,「다카하시 도오루와 경성제대 '조선문학' 강좌」,『한국문화』40.

박성봉, 1976,「이마니시 류(今西龍)의 한국 고사연구(古史硏究)와 그 공과(功過)」,『한국학』12, 영신(永信)아카데미한국학연구소.

박양신, 2013,「도고 미노루(東鄕實)의 식민정책론: 농업식민론과 '비동화주의'」,『역사교육』127.

박양신, 2014,「식민지 관료 경험과 식민정책론: 모치지 로쿠사부로(持地六三郎)를 중심으로」,『이화사학연구』48.

박양신, 2015,「사학 와세다 인맥을 통해 본 일본·식민지 조선에서의 식민정책론」,『아시아문화연구』39.

박양신, 2016,「가와이 히로타미(河合弘民)의 식민지 조선에서의 행적과 조선 연구」,『역사교육』139.

박양신, 2016,「식민정책학의 신(新)지평과 만주문제 인식: 야나이하라 타다오(矢內原忠雄)를 중심으로」,『만주연구』21.

박영미, 2002,「일제강점기 재조일본인의 한문학 연구 성과와 그 의의」,『한문학논집』34.

박찬승, 2013,「다보하시 기요시(田保橋潔)의 근대 한일관계사 연구에 대한 검토」,『한국근현대사연구』67.

박찬홍, 2010,「『조선사』(조선사편수회 편)의 편찬체제와 성격」,『사학연구』99.

백영서, 2004,「'동양사학'의 탄생과 쇠퇴: 동아시아에서의 학술제도의 전파와 변형」,『창작과비평』32(4).

백영서, 2012,「중국학의 궤적과 비판적 중국연구」,『대동문화연구』80, 성균관대 대동문화연구원.

브뤼노 라투르, 황희숙 옮김, 2016,『젊은 과학의 전선: 테크노사이언스와 행위자-연결망의 구축』, 아카넷.

사카이 데쓰야(酒井哲哉), 장인성 옮김, 2010,『근대일본의 국제질서론(原題: 近代日本の國際秩序論)』, 연암서가.

서정완·임성모·송석원 엮음, 2012,『제국일본의 문화권력』, 소화.

손애리, 2013,「근대 일본 식민정책학의 귀결: 1942년 대일본척식학대회를 중심으로」,『한림일본학』22.

신주백, 2011,「1930년대 초·중반 조선학 학술장의 재구성과 관련된 시론적 탐색」,『역사문제연구』15(2).

신주백, 2016, 『한국 역사학의 기원』, 휴머니스트.

심희찬, 2006, 「일본 근대 역사학의 성립, 발전과 '조선'의 위상」, 『동서인문학』 52.

심희찬, 2013, 「근대 역사학과 식민주의 역사학의 거리: 이마니시 류가 구축한 조선의 역사상 (歷史像)」, 『조선사학사학보』 28.

야마무로 신이치(山室信一), 2011, 「제국 형성에서 공간인식과 학지」, 『한림일본학』 19.

원지연, 2002, 「니토베 이나조와 오리엔탈리즘」, 『동아문화』 40.

원지연, 2017, 「니토베 이나조의 식민주의와 조선 인식」, 『이화사학연구』 43.

윤대석, 2017, 「『신흥(新興)』과 경성제대의 학지(學知)」, 『국제어문』 73.

윤해동·이성시 엮음, 2016, 『식민주의 역사학과 제국: 탈식민주의 역사학 연구를 위하여』, 책과함께.

이규수, 2004, 「야나이하라 타다오(矢内原忠雄)의 식민정책론과 조선 인식」, 『대동문화연구』 46.

이규수, 2012, 「근대 일본의 식민정책학에 나타난 조선 인식」, 『아시아문화연구』 26.

이노우에 아쓰시(井上厚史), 2010, 「일본의 이퇴계 연구의 동향」, 『퇴계학논집』 6.

이만열, 1981, 「일제 관학자들의 식민주의사관」, 『한국근대역사학의 이해』, 문학과지성사.

이석원, 2013, 「근대 일본의 자유주의 식민정책학 연구: 야나이하라 타다오(矢内原忠雄)의 식민정책학을 중심으로」, 연세대학교 석사학위논문.

이성민, 2008, 「해제: 일제의 조선 역사 왜곡정책, 『조선반도사』의 실체와 조선사 편찬」, 『친일반민족행위관계사료집V』, 친일반민족진상규명위원회.

이성주, 1995, 「제국주의시대 고고학과 그 잔영」, 『고문화』 47.

이승일, 2001, 「조선총독부의 '조선도서 및 고문서의 수집·분류활동」, 『기록학연구』 4.

이용범, 2015, 「김태준 초기 이력의 재구성과 '조선학'의 새로운 맥락들」, 『민족문학사연구』 59.

이진호, 2008, 「오구라 신페이(小倉進平)의 국어 음운론 연구」, 『우리말 연구』 23.

이태숙, 2004, 「조선·한국은 아일랜드와 닮았다: 야나이하라 타다오의 아일랜드와 조선에 관한 논설」, 『역사학보』 182.

임성모·박상현·조규헌·유병관, 2011, 「제국일본의 문화권력과 학지: 연구사적 고찰」, 『한림일본학』 18.

임지현·이성시 엮음, 2004, 『국사의 신화를 넘어서』, 휴머니스트.

장신, 2009, 「조선총독부의 조선반도사 편찬사업 연구」, 『동북아역사논총』 23.

장신, 2012, 「경성제국대학 사학과의 자장(磁場)」, 『역사문제연구』 15(2).

장신, 2013, 「1930년대 경성제국대학의 역사교과서 비판과 조선총독부의 대응」, 『동북아역사논총』 42.

전경수, 2002, 「식민과 전쟁의 일제 인류학(1)」, 『비교문화연구』 8(1).

전경수, 2002, 「식민과 전쟁의 일제 인류학(2)」, 『비교문화연구』 8(2).

젊은역사학자모임, 2017, 『한국 고대사와 사이비역사학』, 역사비평사.

정규영, 1999, 「콜로니얼리즘과 학문의 정치학: 15년전쟁하 경성제국대학의 대륙연구」, 『교육사학연구』9.

정근식·박명규·정진성·정준영·조정우·김미정, 2011, 『근대지식과 식민권력: 경성제국 대학 연구』, 서울대출판문화원.

정민, 2004, 『18세기 한중 지식인의 문예공화국: 하버드 옌칭도서관에서 만난 후지쓰카 컬렉 션』, 문학동네.

정병준, 2016, 「식민지 관제 역사학과 근대 학문으로서의 한국 역사학의 태동: 진단학회를 중 심으로」, 『사회와 역사』110.

정병준, 2016, 「식민지 관제 역사학과 근대 학문으로서의 한국역사학의 태동」, 『사회와 역사』 110.

정상우, 2008, 「1910~15년 조선총독부 촉탁의 학술조사사업」, 『역사와 현실』68.

정상우, 2011, 「조선총독부의 『조선사』 편찬사업」, 서울대학교 박사학위논문.

정상우, 2014, 「『조선사』(조선사편수회 편) 편찬사업 전후 일본인 연구자들의 갈등 양상과 새 로운 연구자의 등장」, 『사학연구』116.

정상우, 2015, 「일제하 '전주(全州)' 지방의 지방사 편찬: 『전주부사(全州府史)』(1942)를 중심 으로」, 『한국문화』71.

정상우, 2016, 「20세기 전반 일본인 학자의 '북방사' 연구 모습: 도리야마 키이치의 연구 궤 적」, 『사회와 역사』112.

정상우, 2017, 「일제하 일본인 학자들의 한국사에 대한 통사적(通史的) 이해: 1930년대 중반 의 저작들을 중심으로」, 『역사와 현실』104.

정승철, 2010, 「小倉進平의 생애와 학문」, 『방언학』11.

정종현, 2010, 「신남철과 '대학' 제도의 안과 밖: 식민지 '학지(學知)'의 연속과 비연속」, 『동악 어문학회』54.

정준영, 2009, 「경성제국대학과 식민지 헤게모니」, 서울대학교 박사학위논문.

정준영, 2010, 「식민지 의학교육과 헤게모니 경쟁」, 『사회와 역사』85.

정준영, 2011, 「식민지 제국대학의 존재방식: 경성제대와 식민지의 '대학자치론'」, 『역사문제 연구』26호.

정준영, 2015, 「군기(軍旗)와 과학: 만주사변 이후 경성제국대학의 방향 전환」, 『만주연구』 20.

조동걸, 1983, 「식민사학의 성립 과정과 근대사 서술」, 『한국민족주의의 발전과 독립운동사 연구』, 지식산업사.

조범성, 2016, 「일제강점기 조선사학회(朝鮮史學會)의 활동과 근대사 인식」, 『한국민족운동사 연구』84.

천진, 2010, 「식민지 조선의 지나문학과(支那文學科)의 운명: 경성제대 지나문학과를 중심으 로」, 『중국현대문학』54.

최재석, 1987, 「이마니시 류(今西龍)의 한국고대사론비판(韓國古代史論批判)」, 『한국학보』 13(1).

하타다 다카시(旗田巍), 이기동 옮김, 1983, 『일본인의 한국관』, 일조각.

한기형, 2014, 「지식문화의 변동과 문학장의 재구성」, 『반교어문연구』 38.

홍종욱, 2011, 「'식민지 아카데미즘'의 그늘, 지식인의 전향」, 『사이』 11.

홍종욱, 2016, 「보성전문학교에서 김일성종합대학으로」, 『역사학보』 232.

葭森健介, 2008, 「漢學から東洋史へ」, 『東アジア文化交渉研究』 別冊 3.

江上波夫 編, 1984, 『東洋學の系譜』 第2集, 大修館書店.

桂島宣弘, 1998, 「近代國史學の成立」, 『江戸の思想』 8, ぺりかん社.

駒込武, 2005, 「帝國の狹間から考える」, 『年報 日本現代史』 10.

駒込武, 2007, 「帝國と'文明の理想': 比較帝國史研究というアレーナで考える」, 駒込武ほか編, 『帝國と學校』, 昭和堂.

今西龍, 1932年 9月, 「支那の帝國主義が及ぼせる日韓の關係」, 『朝鮮及滿洲』.

金子文夫, 1979, 「日本における植民地研究の成立事情」, 小島麗逸 編, 『日本帝國主義と東アジア』, アジア経済研究所.

金子文夫, 1985, 「日本の植民政策學の成立と展開」, 『季刊三千里』 41.

丹羽香, 2006, 「近代日本人の中國意識についての一考察: 服部孔子教提唱の始点から」, 『中央學院大學人間・自然論叢』 41.

杜軼文, 2003, 「兒島献吉郎の支那文學史研究について」, 『二松學舍大學人文論叢』 71.

藤田大誠, 2011, 「近代日本の高等教育機關における'國學'と'神道'」, 『國學院大學人間開發學研究』 3.

李成市, 2004, 「コロニアリズムと近代歴史學: 植民地統治下の朝鮮史編修と古蹟調査を中心に」, 『植民地主義と歴史學』, 刀水書房.

李曉辰, 2014, 「京城帝國大學における韓國儒教研究活動」, 『東アジア文化交渉研究』 8.

李曉辰, 2014, 「藤塚鄰の朴齊家研究」, 『文化交渉』 3.

林直樹, 1999, 「今西龍と朝鮮考古學」, 『靑丘學術論集』 14.

末廣昭 編, 2006, 『地域研究としてのアジア』, 岩波書店.

米谷匡史, 2003, 「矢内原忠雄の'植民・植民政策'論: 植民地帝國日本における'社會'統治の問題」, 『思想』 2003年 1月號.

山本有造, 『帝國の研究』, 名古屋大學出版會.

箱石大, 2007, 「近代日本史料學と朝鮮總督府の朝鮮史編纂事業」, 『前近代の日本列島と朝鮮半島』, 山川出版社.

小林英夫, 2004, 『帝國日本と總力戰體制』, 有志舍.

松田利彦, 2014, 「京城帝國大學の創設」, 酒井哲哉・松田利彦 編, 『帝國日本と植民地大學』, ゆまに書房.

水野博太, 2015, 「19世紀末における漢學と'支那哲學': 服部宇之吉の學問的可能性と淸國留學への道程」, 『思想史研究』 21.

永島廣紀, 2004, 「日本統治期の朝鮮における'史學'と'史料'の位相」, 『歴史學研究』 795.

熊澤惠里子, 2000, 「明治政府の大學校構想と京都學校問題」, 『東京大學史紀要』 18.

原覚天, 1984, 『現代アジア研究成立史論: 満鉄調査部・東亞研究所・IPRの研究』, 勁草書房.

伊藤幹彦, 2004, 「日本植民地下の臺灣政治思想: 泉哲の政治思想を中心に」, 『南島史學』 64.

李梁, 1995, 「清末民初における政治と社會の一側面: 内藤湖南と服部宇之吉の場合」, 『文経論叢』 人文學科 篇 15.

田琛, 2013, 「服部宇之吉の儀礼研究: 儀礼鄭注補正三を中心に」, 『文化交渉』 1.

鄭圭永, 1995, 「京城帝國大學に見る戰前日本の高等教育と國家」, 東京大學博士論文.

井上勝生, 2006, 「札幌農學校と植民學の誕生」, 酒井哲哉 編, 『帝國編成の系譜』, 岩波書店.

井上厚史, 2010, 「近代日本における李退渓研究の系譜學」, 『総合政策論叢』 18.

町泉壽郎, 2006, 「幕末・明治期に於ける學術, 教學の形成と漢學」, 『日本漢文學研究』 11.

佐藤太久磨, 2015, 「人類思想の蹉跌と転回: 泉哲の場合」, 『日本學報』 104.

酒井哲哉, 2007, 『近代日本の國際秩序論』, 岩波書店(국역: 장인성 옮김, 2010, 『근대일본의 국제질서론』, 연암서가).

中見立夫, 2009, 「地域概念의 政治性」, 『滿洲學報』 9.

陳瑋芬, 1995, 『斯文學會の形成と展開: 明治期の漢學に關する一考察』, 『中國哲學論集』 21.

陳瑋芬, 1997, 「日本儒學史の著述に關する一考察」, 『中國哲學論集』 23.

浅田喬二, 1990, 『日本植民政策史論』, 未來社.

村上正二, 1991, 「小伝 那珂通世: 草創期の東洋史學」, 『史學』 60(2-3).

澤井啓一, 1995, 「日本と韓國における儒教比較研究に向けて」, 『比較思想』 17.

板垣竜太・戸邉秀明・水谷智, 2010, 「日本植民地研究の回顧と展望: 朝鮮史を中心に」, 『社會科學』 40(2), 同志社大學.

戸邉秀明, 2008, 「ポストコロニアリズムと帝國史研究」, 日本植民地研究會 編, 『日本植民地研究の現狀と課題』, アテネ社.

Betts, Raymond F. (2005), *Assimilation and Association in French Colonial Theory, 1890-1914*, University of Nebraska Press.

Foucault, Michel (1980), *Power/Knowledge: Selected interviews and Other writings, 1972-1977*, ed. by C. Gordon, Pantheon Books.

Iggers, Georg G & Edward Wang (2008), *A Global History of Modern Historiography*, Routledge.

Iggers, Georg G. (2000), "Historiography between Scholarship and Poetry: Reflections on Hayden White' Approach to Historiography", *Rethinking History 4(3).*

Iggers, Georg G. (2011), "The Intellectual Foundations of Nineteenth-Century 'Scientific' History: The German Model", in MacIntyre, Maiguashca & Pók eds, *The Oxford History of Historical Writing*, Vol. 4: 18001945, Oxfors University Press.

Lingelbach, Gabriele (2011), "The Institutionalization and Professionalization of History in Europe and the United States", in MacIntyre, Maiguashca & Pók eds, *The Oxford History of Historical Writing*, Vol. 4: 18001945, Oxfors University Press.

Loomba, Ania (1998), *Colonialism/Postcolonialism*, Routledge.

Marwick A. (1995), "Two Approaches to Historical Study: The Metaphysical(Including 'Postmodernism') and the Historical", *Journal of Contemporary History 30(1)*.

Schmidt, Brian C. (1998), "Anarchy Within: Colonial Administration and Imperialism", *The Political Discourse of Anarchy*, State University of New York Press.

Takahiro Nakajima (2017), "New Confucianism in Modern Japan", in *The Bloomsbury Research Handbook of Contemporary Japanese Philosophy*, ed. Michiko Yusa, Bloomsbury Academics.

Tanaka, Stefen (1995), *Japan's Orient: Rendering Pasts into History*, University of California Press.

Vann, R. T. (1998), "The Reception of Hayden White", *History and Theory 37(2)*.

Veyne, Paul (1978), *Comment on écrit l'histoire*, Les Editions du Seuil(폴 벤느, 이상길 · 김현경 옮김, 2004,『역사를 어떻게 쓰는가』, 새물결).

Veyne, Paul (1983), *Les Grecs ont-ils cru à leurs mythes?: Essai sur l'imagination cconstituante*, Les Editions du Seuil, 1983(폴 벤느, 김운비 옮김, 2002,『그리스인들은 신화를 믿었는가?』, 이학사).

White, Hayden (1973), *Meta-history: The Historical Imagination in Nineteenth-Century Europe*, The Johns Hopkins University Press, 1973.

White, Hayden (1987), *The Content of the Form: Narrative Discourse and Historical Representation*, The Johns Hopkins University Press, 1987.

찾아보기